文庫

フーコー・コレクション

# フーコー・ガイドブック

ミシェル・フーコー

小林康夫　石田英敬　松浦寿輝　編

筑摩書房

フーコー・コレクション
フーコー・ガイドブック

【目次】

# 2

# 3

・本書は、一九九四年にフランスのガリマール社から刊行された Michel Foucault *Dits et Ecrits 1954-1988*, Edition établie sous la direction de Daniel Defert et François Ewald, Paris, Ed. Gallimard, Bibliothèque des sciences humaines, 1994, 4 volumes.
の日本語版『ミシェル・フーコー思考集成I〜X』（一九九八年一一月一〇日〜二〇〇二年三月二五日刊行。以下、『思考集成』と略記）より、コレージュ・ド・フランス各年度講義要旨と年譜を集め、それに文庫オリジナルの書き下ろしブックガイド・キーワード解説を併せたものである。『思考集成』におけるテクスト番号は、「――『思考集成I』No. 1」のように表記している。

・＊1、＊2、……とアステリスク付数字で指示した註は、原書編者註である。

・〔1〕、〔2〕、……と〔 〕付数字で指示した註は日本語版の訳者註である。なお、本文中の訳者による補足は〔 〕で示してある。

フーコー・コレクション

# フーコー・ガイドブック

NY にて（*Michel Foucault : Une histoire de la vérité*）

# 序　フーコーを読むために

本書は、ちくま学芸文庫『フーコー・コレクション』（全6巻）の別巻として、フーコーの著作を読むための「入門」編として編まれたものだ。いままでフーコーの著作を体系的に読んだことがない読者も念頭において、『フーコー・コレクション』各巻を始めとして、それ以外のフーコーの本も含めてフーコーの著作を読むための「ガイドブック」として役立ててもらうために計画された。

私は、『フーコー・コレクション』の編者であると同時に、このガイドブックの編者として、読者の皆さんにまずフーコーの人と仕事を簡単に紹介したうえで、このガイドブックの使用法を提示することにしよう。

## フーコーの頭

このガイドブックに収録されている複数の写真からも分かるように、フーコーはひと目見たら忘れられないスキンヘッドの哲学者だ。思想家には欠かせない「頭」そのものが存在と化したような風貌の人だった。もともと若い頃から髪の毛は少なかったようなのだけれど、あるとき托鉢僧のように頭を剃り上げることを決意して実行した。以来自分は毛髪の問題から自由になったのだと本人は述べているから、意志と決断によって自由を手に入れるタイプの人だったのだ。鋭い思考と強い意志とを一致させることで自己を統治すること、フーコーの風貌はそのような哲学者としての思考する主体のあり方が作り出した思想家のアイコンなのだ。あなたが、フーコーのスキンヘッドにある種のかっこ良さを感じるとすれば、それはそのような哲学者のハビトゥス（身の処し方）を感じとっているからだろう。

## 知の巨人

さてミシェル・フーコー（一九二六年生まれ、一九八四年没）だが、二〇世紀後半の〈知の巨人〉である。

なぜ、どのような意味でそうなのか、その理由を述べてみよう。

「大思想家」といわれると、あなたは誰を思い浮かべるだろうか。高校の倫理の教科書や大学での哲学概論や哲学史などにも必ず顔を出す、プラトンやアリストテレス、デカルトやスピノザ、ヒュームやロックやライプニッツなどの古典的な哲学者、あるいは、カント、ヘーゲルやマルクス、ニーチェのような近代の大思想家たちだろうか。

フーコーはまちがいなく二〇世紀が生んだ大思想家である。しかし、それは彼が思想の不死の殿堂にでも入るべき存在だというわけではない。フーコーはそのようなことは決して思っていなかっただろうし、望んでもいなかったにちがいない。

フーコーが私たちにとって重要であるのは、彼の仕事が、私たちが「私たち自身の時代」を、「私たちの文化」を、「私たちの政治」を考えるための「歴史的な条件」をラディカルに変えてしまったからだ。フーコーの前と後では、すべてががらりと変わってしまっている。

ここで「私たち自身の時代」という言い方を、「近代」と言い換えてもいい。フーコーは、「近代」という時代を考えるための「知」の構図を大きく変革した。以後、私たちはかれが描き出した構図から多かれ少なかれ影響を受けている。

今しがた挙げた大思想家たちとの関係とも、それは無縁ではない。フーコーは、「思想史」や「哲学史」のなかに位置を占めるというよりは、思想の歴史や観念の歴史とはそもそも何なのかということを、私たちが新しいやり方で考え直すきっかけをもたらした。彼が使用した「知」という用語や、「知の考古学」という方法はそれを意味している。

デカルトやライプニッツのような「古典主義」の時代と、カントを境とした一九世紀のヘーゲルやマルクスの「近代」、そして、ニーチェやフロイトを境とした二〇世紀以降という、知のパースペクティヴを、彼は独自のやり方で折り返しつつめざましい仕事をした。その折り返し方、折り畳み方はじつに精妙な鮮やかなもので、これから、このガイドブックを通してその主要概念が解説されることにもなる、「理性／非理性」の「分割」や、「表象」や「言説」や「知」、「権力」や「規律」、「真理の歴史」、「統治」といった、私たちの世界をつくりだしている力の襞に思考の襞を重ね合わせることによって、私たち自身が生きている時代の文化、歴史、政治、知のそれぞれの成り立ちがまったく新しい角度から説明されることになった。

フーコーが生きた二〇世紀。世紀の前半にはフッサールやハイデガー、フロイトやウィトゲンシュタインといった大思想家たち、フーコーに先行する世代には、サルトルやメルロ＝ポンティなどの哲学者たちがいた。同世代には、精神分析家のラカンや文化人類学者のレヴィ＝ストロース、マルクス主義哲学者のアルチュセール、文学理論家バルトや哲学者のドゥルーズやデリダがいて、「構造主義」と呼ばれるようになった二〇世紀を横断する言語や文化や芸術をめぐる知の革新の動きを戦後のフランスで発展させ、現在では「ポスト構造主義」と呼ばれるようになった現代思想の潮流を生みだすことになった。

こうした過去百年ほどにわたる知の革新の動きとフーコーの仕事は深く結びついている。あるいは、それらの知の潮流のかなりの部分をフーコーは生みだしたのであり、だから大思想家なのだ。

## フーコーの仕事

フーコーが生きていた時代、フーコーの仕事は刊行されるたびに〈大事件〉となった。かれの著作が、私たちの〈世界〉や〈歴史〉や〈政治〉の問題系と深いところで響き合っていたからだ。そしてそのことが私たちの世界を震撼させた。フーコーの仕事を理解することは同時に、かれの著作を通してどのような問題系が私たちの世界をとらえてきたのかを理解することでもある。

このガイドブックには、フーコーが生前に刊行した主要著作の解説を載せてある。おもに若い世代の研究者たちによって書かれたダイジェストだが、読者の皆さんのなかで、まだそれらの主要著作を読んだことのない人は、だいたいどのようなことが書かれているのか、そこで問題とされたこと、著作の構成と狙い、主要な概念を把握できるようになっている。それをもとに、ぜひそれらの著作をじっさいに読んでもらいたい。この主要著作案内は、『フーコー・コレクション』6巻に収録されたテクストを読むためのマップとしても役立ててもらえるはずだ。

フーコーの仕事が最初に注目を浴びるのは一九六一年にソルボンヌに提出された博士論文「狂気と非理性：古典主義時代における狂気の歴史」によってだ。ヘーゲル哲学者として有名なイポリットを指導教授に提出された学位論文と、「カントの人間学」についての副論文が、科学哲学のカンギレム、精神分析家のラガーシュを審査員として高い評価を与えられ、ブローデル、アリエスらの歴史家がすぐさま大きな関心を持って迎えた。『狂気の歴史』は西欧の近代の理性がどのように生みだされたのかを問うという、正統的に哲学的な問題を扱うと同時に、精神分析や心理学、そして歴史学の問題領域へと踏み込むものだったのだ。監禁や排除が生みだした精神医学という「人間の知」を問うという、知と権力の問題を初めて提起した本でもあった。西欧の秩序がゆらぎ、近代理性が問われた一九六〇年代の始まりとともにこの著作が出現したことが、まさしく〈事件〉だったのだ。サイードの『オリエンタリズム』が、その構想を『狂気の歴史』の序文に負っていることを思い出してみるだけで、フーコーの仕事が与えた衝撃とそれが生みだした影響の大きさが分かるだろう。

そして、フーコーの仕事を決定的な光のもとに照らし出したのは、一九六六年に刊行された『言葉と物――人間科学の考古学』である。「記号についての書物」として計画された著作だが、〈人間〉は最近の発明にかかわるものであり、二世紀とたっていないひとつの形象、われわれの知のたんなる折れ目にすぎず、その間もない消滅はすでに告知されている、「人間はやがて海辺の砂の顔のように消え去るだろう」という結びの言葉に表されているように、〈人間〉を中心とした近代の〈知〉の配置が歴史的なひとつの時代の〈知〉（それをフーコーは「エピステーメー」と呼んだ）にすぎず、〈人間〉を中心として意識や精神を基礎にする学問は、言語や記号やプログラムのような形式言語を単位とする学問へと道を譲ろうとしている。〈人間〉を中心として組織されてきた表象の世界が消え去り、まったくことなった〈言語〉の次元を中心として、〈言説〉が組織される〈知〉の配置へと転換しつつある、「構造主義」とはそのような知の変動の兆候なのだという主張がそこには書き込まれていた。

『狂気の歴史』が、西欧の「理性」が「狂気」を他者として排除し監禁し研究することで自らの知をどのように作り上げていったかという「他者」の歴史の研究であったとしたら、

『言葉と物』は、その「理性」が自らの歴史の内側にどのような「知の基盤」と「断層」を抱えてきたのか、という「同一者」の歴史の研究である。この本は、「構造主義」の知を歴史的に位置づけた書として注目を浴びたが、その後の私たちの世界がへてきた道のりを考えるとき、「人間」の消滅以後の世界を考える手がかりになる書であると考えられている。

さらにフーコーは、一九七五年には『監視と処罰――監獄の誕生』を刊行する。そこでは監獄をモデルに、学校、軍隊、工場といった近代社会の基本的な組織をつらぬいている「身体の政治技術」としての「規律」がとりあげられ、「規範」や「試験」といった人間管理の技術の歴史的な成立が明らかにされていった。〈権力〉と、人間管理の〈知〉としての「人間科学」との相関が問われたのだった。この著作でとりあげられたベンサムの「パノプチコン」の監視装置のモデルとともに、〈権力〉にしたがえられて成立する身体の〈主体化=従属化〉の問題は、近代社会の教育や懲罰や軍事や産業といった諸制度を説明する原理とされ、その後、フーコーの権力論は、社会、政治、国家の研究に不可欠の視点となってきた。そのことによって現代社会の権力メカニズムが暴かれることになったのだった。また国民国家が変容期に入った一九八〇年代以降、フーコーの権力論は、近代的な政治・文化の諸装置を論ずるうえでもっとも基本的な準拠枠として機能することになった。

そして、最後にフーコーが向かったのは、「性」と「真理」の問題系だった。一九七六年から死の年一九八四年まで、フーコーが書き上げていったのは『性の歴史』全四巻（第三巻まで生前刊行、第四巻は未刊行）だった。この時期、最後のフーコーの思考は、〈統治〉、

〈主体化〉、そして〈性〉をめぐって転回する。第一巻「知への意志」においては、「性の抑圧」説への批判がおこなわれ、性を語ること（例えば、告白のような）が性をとおして主体の真理を語ることに通じるという認識と実践のかたちがどのように生みだされたのかが、「牧人権力」や「生政治」といった概念の導入とともに問われた。さらに八年の推敲をへて死の直前に刊行された第二巻、第三巻では、知の形式、権力の関係、そして主体がつくりだされるプロセスを、〈統治〉をキーワードにして結びつけている。

一九八〇年代以降の世界が、かつての「解放」の思想に主導されるのではなく、「管理」がクローズアップされ、「生命」の管理や「生」のコントロール、あるいはさまざまなレヴェルでの「統治」や「ガヴァーナンス」が問題となるなか、フーコーが立てた「主体化」、「統治性」や「生政治」の問いは、今日ますます私たちの世界にとって本質的な問題系として現れてきているのだ。

このように、フーコー以前とフーコー以後では、すべてが一変してしまっている。フーコーは、私たちの「知の地平」を画している巨人なのだ。

## フーコーの生

フーコーは、しかし、孤立したケースとして、とつぜんに彗星のように現れたわけではない。いやむしろ、フーコーほど同時代と深く結びついていた思想家は稀だし、時代に帰属していたからこそなおいっそう彼の仕事の射程は世界の歴史の深部にまで達したと考えた方がよいだろう。

そういう意味で、皆さんにはぜひ本ガイドブックに収録されている「年譜」を通読していただきたい。この年譜を書いたダニエル・ドフェールは、社会学者で生涯の伴侶だった人だ。一九六〇年代始めからフーコーの死に至るまで生活を共にし、共に戦い議論や論争を共にしたこの人が、同時代の政治状況や知識界との交流を描いたこの「年譜」は、フーコーの生涯および彼が生きた時代についての第一級の証言資料なのだ。フーコーという人物をキーとして、同時代の知識人がどのような状況を生きてきたのかが分かるはずだ。

フーコーは、一九二六年、フランスの大西洋側の町ポワチエに外科医の息子としてうまれた。かれの世代にとって同性愛者であることは考えられないほどの重い問題を提起していた。そのような伝記的事実や高等師範学校への入学、様々な師や友人との出会い、文化人や知識人たちとの交流、あるいはさまざまな政治運動、さらには国や政府との関係などが、随所にフーコー自身の書簡を引用しつつ克明に描き出されている。

フーコーは第二次大戦終戦の翌年、高等師範学校に入学する。サルトルからフーコーに至る時代、このフランスのエリート校はもっとも知的に豊穣な時代を迎えていた。ヘーゲル研究で知られる哲学者イポリットや宗教学者デュメジルや科学哲学者カンギレムとの出会い。メルロー＝ポンティの影響下に心理学を専攻した経緯……。あなたは、これらの師たち、大哲学者たちとの出会いから、なぜフーコーの世代が古典教養にも学際性に富んだあれほどまでに豊かな仕事を成就することができたのか理解できるだろう。また同世代の人びと、バルトやドゥルーズやデリダやブルデューたちとの出会いと交流の記述は、同時代の知識界の歴史として、また知的運動史として、多くの知られていない証言に満ちている。ひとつの知識人たちの世代が、どのように思考し、どのように時代を生き、何をめざして戦ったか、そのパノラマをあなたは手に入れることができるにちがいない。じつに多様で豊かな読み方が可能な記述がここにはあるのだ。

## フーコーの講義

フーコーは著述家であっただけでない。フーコーには大学人、大学教師としての側面があった。一九七〇年の任命以後、コレージュ・ド・フランスでの講義が、フーコーのアカデミックな活動の中心となる。

コレージュ・ド・フランスとは、一六世紀にフランソワ一世によって創設されたフランスの最高教育機関である。と同時に、その講義はすべての人びとにむけて開かれている。フーコーは、イポリットの後を継ぐかたちで一九七〇年に教授に就任した。レヴィ＝ストロース、バルト、ブローデル、ル・ロワ・ラデュリー、ブルデューらを同僚にしていた。フーコーの講義には多くの聴衆が押し寄せた。この最高研究教育機関の教授の仕事は、まったくオリジナルな講義を年十数回行うのが唯一の義務である。

一九七〇年の開講講義は、『言説の秩序』として刊行されている。フーコーにとって、「講義」は、それまでの自分の仕事を再定義し、現在進行中の仕事を提示し、試行錯誤のなかからいわば手探りで、新しい研究の方向、これから著作として結実することになるテーマを練り上げる機会でもあった。

コレージュには、「年鑑」があり、一年の講義が終了した年度末にその年の講義およびセミナーの活動報告が提出される。このガイドブックには、一九七〇年から重ねられたフーコーによる報告を収録してある。一九七〇年から一九八二年までの講義要旨を読むと、どのような巨大な問題系の鉱脈がそこを貫いていて、どのような広がりを見せていたのかが分かるはずだ。

とくに一九七六年の『性の歴史』第一巻の刊行の後、一九八四年の死の直前の同第二巻、第三巻の刊行までの八年間は、いわゆる「沈黙」の期間にあたる。この間、決して論文の刊行が途絶えたわけではない。しかし、主要著作としては刊行の空白期間がつづいたのであって、「講義」要旨は、フーコーの思考がどのような方向へ向かったのか、どのような作業が進められていったのか、そこに結晶化していったテーマとはどのようなものであったのかを知るための重要な手がかりとなるテクスト群なのである。「講義」自体も現在刊行がすすめられており、二〇〇六年現在四巻まで刊行されている（邦訳は筑摩書房から現在刊行中）。

本ガイドブックの「ブックガイド」の章の中の「その後のフーコー」と合わせて読めば、著作とはならなかったが、後期の彼の思考を貫いていた問題群をとらえることができそうである。

## フーコーの受容

『フーコー・コレクション』に収められたテクストの性格と、フーコーの日本での受容について、最後にひとこと述べておこう。『フーコー・コレクション』は、『ミシェル・フーコー思考集成』(筑摩書房、全一〇巻)から抜粋して選集としたものである。

その『思考集成』の刊行は、フーコーのコーパスのあり方を大きく変えた出来事だった。原題は、*Dits et Ecrits de Michel Foucault* であって、ミシェル・フーコーが「言ったことと書いたこと」というひどく散文的なタイトルである(全四冊)。

フーコーが生きていた頃の著作および彼が刊行したテクスト群、語ったことのあり方から、死後には明らかに大きな変化が起こった。生前は、主要著作の刊行があり、インタビューやさまざまな記事や論文の類、それに講義があり、というように、まさに時間とともにテクストが分散していた。集めようとすれば確かに多くのテクストは集められたかもしれないが、しかし、網羅的にしかも刊行の日付にもとづいて並べられて四冊の本のかたちで刊行されるのとは違っている。散逸状態にあった様々の言われたこと書かれたことが、一挙にまとめられて提示されることになったのである。

さらに、また特殊な事情も、死後のフーコーのテクストのあり方を徴づけてきた。それが

「遺言」の問題である。

フーコーは、一九八二年九月当時軍政下の反体制運動支援のためポーランドに出発する前に、「事故の場合に」開封すべき遺書を書き残していた。その遺書の三箇条の指示のうちの二つには（三つ目は財産に関して伴侶ダニエル・ドフェールについての指示）、「不具よりは死を」、そして「死後出版は認めず」と記されていた（本ガイドブック「年譜」）。「死後出版は認めず」というフーコー自身の遺言によって、少なくともいままでのところ『性の歴史』の第四巻の刊行のめどは立っていない。その他にも重要な未刊行草稿は存在しているが、それらの第一次資料は当分の間刊行の対象とはならないことになったのである。他方、『ミシェル・フーコー思考集成』に示されるように、生前刊行のテクストに関しては、生前であればフーコーが同意したかは分からないような年代的かつ網羅的な編集によってまとめられて読者へと提供されることとなったのである。一九九〇年代後半からは当初は遺言から不可能と考えられていたコレージュ・ド・フランス全講義の刊行が開始され、およそパブリックな関係において人びとが接しえたすべてのフーコーの事績と業績を読むことができるという条件が整いつつある。ひとことで言えば、一方では生前既刊行テクストについては網羅的刊行という意味での死後出版の進展、他方で未刊行テクストについては故人の遺志が生きているという意味での完全な意味での「死後」の未成立という、二重の状態にフーコーの業績は二分されることになったのである。これが〈一九八四年六月二五日〉以後、〈ミシェル・フーコー〉という名と結ばれている〈言われたこと・書かれたこと〉が置かれている状況である。

他方、日本では、比較的早く一九六〇年代から主要著作の翻訳は開始され、現在では生前刊行の主要著作のすべて、そして『思考集成』、さらに刊行が始まった『講義』と、ほぼすべての著作を日本語で読むことができる。

日本でのフーコー受容も、初期の理解から、フーコーの使用および活用へと段階は進み、必ずしもフーコーのフランス語原典に接することがない人びとも、フーコーの仕事の様々な側面を、自分がものを考える際の手がかりとし、研究の方法の一部とするようになってきている。

だから、とくに、新しい世代のフーコー読者に向けて、アクセスが容易でしかもしっかりとした原典理解にもとづいた知識が提供されていくことが、私たちのフーコー受容の成熟にとって重要なのだ。本ガイドブックがそのきっかけになってくれたらたいへん幸いである。

編者　石田英敬

# 1 思想と著作

ブックガイド・キーワード解説

フーコーの思考に迫るには、もとより彼自身の言葉と向き合うにしくはない。

生前に彼が公の場で書いたり話したりしたことは以下のように大別できる。A。生前からの単行本。B。新聞、雑誌、論文集その他に発表された（要するにA以外の）テクスト。C。講義。

Aは、オリジナルも単行本として刊行され続けており、日本語訳もすべて存在する。翻訳は、一九六〇年代末から一九八〇年代後半にわたって――フーコー自身の作業からそれほど遅れることなく――おこなわれた。そのため、今日の視点からこれらを読みかえすと違和感を覚えたり、読むのに困難を覚えたりするばあいもあるだろう。時代からそのつど影響を受けて訳語が工夫されていったという経緯もあり、また残念ながら翻訳者に恵まれなかった本もあるからである。以下では、主要な著作にかぎり簡潔に解説を試み、あわせて、それぞれの著作で前面に押し出されているキーワードを紹介している。それらのキーワードにはこれまで、ばあいによってはさまざまに異なる訳語があてられてきたが、その事情にも必要に応じて触れている。

Bは、日本語訳では全一〇巻の『ミシェル・フーコー思考集成』に、時代順に、原則としてすべて収められている。フランス語で出されている全四巻の親本が死後刊行だったということもあり、この『思考集成』は一九九〇年代末から刊行された。そのため、基本的にこれまでの知見をふまえた最新の翻訳となっている（ただし、かつてなされた翻訳がほぼそのまま再録されているばあいもある）。とはいえ、訳語の統一はなされず、訳語の選択にむしろ制約を設けないことでフーコーの思考の幅広さに対応しようという原則が採用されている点には注意が必要である。なお、この『思考集成』からエッセンスを抽出したものが、本書を補遺とする全六巻の『フーコー・コレクション』となる。

Cは、コレージュ・ド・フランスで一九七〇年から一九八四年までおこなわれた講義を指す。二〇〇六年現在、フランス語での刊行は進行中であり、日本語訳も順次『ミシェル・フーコー講義集成』として刊行されている。またフーコーは、各年度の講義終了後、要旨をまとめてコレージュ・ド・フランス発行の年鑑に掲載していた。これは『思考集成』に年を追って収められているが、読者は飛び飛びに読むことになるので全体像をつかみにくい。この講義要旨が、本書には一一年分、あらためてまとめて収録されている。

以上、読めるもの、読むべきものはすでに少なくない。とはいえやはり、つねに立ち戻るべき主軸は単行本である。以下の解説の試みを手がかりにし、また『思考集成』（ないし『コレクション』）と『講義集成』を読みこむことで、主要著作の理解を更新し続けていただければ幸いである。

（高桑和巳）

# 『狂気の歴史』（一九六一）

*Histoire de la folie à l'âge classique*

『狂気の歴史』は、フーコーが一九六一年にソルボンヌ大学に「狂気と非理性」というタイトルで提出した国家博士論文である。

ここには、いかにもフーコーらしい執拗なほど反復の多い書き方や、何よりも以後発展させられていく思考の原型が見られる。『狂気の歴史』はまさに、ある一貫したフーコー的なものの、つまり「フーコー」という思考の誕生の場所である。

書名にあるとおり、この著作で問題になっているのは「狂気」の「歴史」である。私たち現代人が「狂気」と言うとき、ごくふつうにその「狂気」は「精神疾患」として理解されがちである。しかし狂気を精神の病気と結びつけるこのような知覚あるいは意識は、けっして自明なものではなく、歴史的に形成されてきたものである。この精神医学の対象としての「狂気」はいかにして誕生したのか？　西洋社会における狂気経験の変化の歴史をフーコーは克明に辿り直すのである。

フーコーによれば、古典主義時代（一七、一八世紀）に狂気経験の大きな変動が起こる。西洋社会においては、長い間社会から排除されていたのはらい病患者であった。ところが中世末期にらい病患者およびらい施療院の数は次第に減少していく。そしてこのらい病患者の代わりに、社会の排除の対象となるのが、「狂人」なのであり、この新しい排除の象徴的事件が、一六五六年の「一般施療院」の設立である。

では閉じ込められることによって、社会から排除されるのはどんな者たちなのか？　監禁の対象となったのは、実は狂人だけではないのである。貧者、浮浪者、性病患者、同性愛者、放蕩者、浪費家、瀆神家、無宗教者、自殺を試みる者といった人々も狂人とともに監禁される。現在の私たちからすれば、とても同一のカテゴリーに入れることのできないこの者たちを同じひとつの場所に閉じ込めることを可能にする共通項とは何だったのだろうか？　それが「非理性」なのである。

狂人といっしょに一般施療院に監禁された者たちはみな、人間に固有の理性を普通に行使することのできない否定的存在として、そしてキリスト教的倫理やブルジョワ的価値観を否認する、社会にとって危険な存在として道徳的観点から非難・弾劾されたわけである。

その意味で、この「大いなる閉じ込め」は何よりも倫理的な措置であり、社会の秩序維持のための治安上の措置でもあった。そして同時に、貧者を収容し働かせることで失業を解消しようという経済的な措置でもあった。

重要なのは、この一般施療院がけっして医学的な目的をもった施設ではなかったということだ。狂気は古典主義時代には、当時の社会的感受性にとって道徳的に容認しがたい非理性を構成する数多くの実在形式のひとつでしかなく、「狂気」はまだそれ自体としては認識されていなかったのである。

例えば、デカルトの『省察』の一節を分析するフーコーは、デカルトの「懐疑」が思考から狂気の可能性を排除していることを明らかにする。そこでは理性と非理性とのあいだに決定的な分割線が引かれ、狂気はこの境界線の向こう側に閉じ込められている。これはまさに社会において一般施療院への監禁で起こったことではないか。理性がみずからの圏域から非理性を追放するのと同様に、社会は非理性的存在を排除することで、安定した均質性を獲得しようとする。デカルトのテクストはフーコーにとって、監禁を通じて西洋社会で起こった非理性の「他者」化を端的に表現しているのである。

フーコーによれば、中世およびルネサンスにおいて、狂気とはボッシュやブリューゲルの絵画が示しているように宇宙的な闇夜のヴィジョンであり、世界終末の脅威でありながら、人々を何よりも魅了するものだった（フーコーはこうした経験を狂気の悲劇的形式と呼ぶ）。またフーコーは、モンテーニュやエラスムスを引用しながら、どんな思考からも狂気の可能性は排除されていなかったと言う。狂気は一六世紀までは理性の一部であり、理性に対する批判的意識としても認識されていたのである。

フーコーは古典主義時代に起こった「監禁」以降、西洋社会は狂気の悲劇的形式を隠蔽してしまったと指摘する。そしてこの悲劇的な狂気経験が、ヘルダーリンやニーチェやゴッホやアルトーに復活するのを見る。私たち読者はこれらの者たちとフーコーが文学について触れるたびに再会することになるだろう。したがってフーコーを魅惑してやまない狂気とは、理性や真理など歯牙にもかけず、それ自体として存在するような「他者」であるといえるかもしれない。

さて、一七世紀以降このような悲劇的形式の狂気は消失し、理性によって道徳的に告発される非人間的（そして動物的）な狂気が、非医療的な一般施療院に監禁されたわけだが、狂気を病として知覚する意識が存在しなかったわけではない。一八世紀の医学は、自然界において植物の種目を分類するように、病気を分類しようとする。そのような動きのなかで、狂気を分類の空間に位置づけることが試みられるが、この企てが成功することはなかった。中立的な医学的合理的精神に従って分類するには、個々の狂気現象はあまりに道徳的な意味合いを負わされていたからである。

とはいえ一八世紀の医学的経験は、狂気を精神疾患として知覚するための条件を徐々に形成していく。フーコーが重視するのは、狂気においては、「身体」と「精神」がともに問題であるという意識が一般化したことである。そこから狂気の原因を精神の器官である脳の障害に見いだそうとする解剖学的発展が可能になる。また、人間身体の感受性とそこに影響を与える外的環境が重視され、狂気はこの感受性の障害とも考えられるようになる。

ここで興味深いのは、狂気の本質的な構造は言語活動だとフーコーが指摘していることだ。なるほど精神と身体の感受性の乱れが幻覚や幻聴などイマージュを生じさせるかもしれない。しかしイマージュはそれ自体としては純粋なものであって、狂気ではないのだとフーコーは言う。つまりどのようなものが見えてしまおうが聞こえてしまおうが、それを「非理性的」、「非論理的」に解釈してしまう異様な言語活動が存在する場合のみ「狂気」なのである（ここで「非理性的」とは、もちろんまわりの者にとって、ということだ）。狂気が、かりに異常なものであれ何らかの論理にもとづいて構築された言語活動ならば、理性による把握ができるはずである。こうして狂気の危険性は打ち払われ、狂気は理性の取るに足りない「対象」とされる。

さらに一八世紀の医学は、外的環境からの影響に左右される身体の浸透性、器官から器官への影響の伝達を可能にする身体の連続性、神経繊維の刺激感応性といった概念を発展させ、ヒステリーとヒポコンデリーを「神経病」に同化させる。このような概念は、純粋に医学的な発展を遂げる前に、またもや道徳的判断を帯びている。神経病につきものの錯誤や夢想をもたらす「神経」の異常な興奮の原因が、生活の不自然さ、小説の耽読、観劇や学問への度を超した情熱といった規範からの逸脱に求められるからである。

同時に、一八世紀には神経病の様々な治療技術が考案される。藪医者が排除されていき、国家主導の医学の制度化が進む。重要なのは、病気の原因を突き止め、それにふさわしい処置を施し、病気全体を根絶しようとする「治療」の実践が練り上げられていくことである。理論と実践が密接に関連を持つようになり、医師と患者との直接的な一対一の関係がそれを裏打ちすることになる（これらの主題は『臨床医学の誕生』でより詳細に論じられることになる）。

注目すべきは、このような医学的な理論および実践が、一八世紀後半まで一般施療院への監禁の実践とは具体的な関わりを持つことなく発展したことである。そしてこの頃に狂気に対する社会意識の変化が始まる。

人間と「自然」の関係が本質視されるようになり、人間の真理は動物的な自然に対する無媒介性にあるとされる。人間は自然との直接的な関係から脱することで、反自然としての狂気の危険にさらされると考えられるようになる。ここでは狂気概念の反転が起こっている。かつては荒れ狂う獣性（すなわち自然）にほかならなかった狂気はいまや自然を否定するもの、文明の進歩という人間の「歴史」の派生物とされているからである。

こうして一八世紀後半に、狂人たちは、いっしょに監禁されていた他の非理性的な形態から切り離されて個別的に知覚されるようになる。しかしこれはけっして狂人に対して、人道主義的、医学的な配慮が払われるようになったからではないとフーコーは言う。むしろ、かつて狂人とともに監禁された「貧者」に対する政治的・経済的意識に原因は求められるのである。

一七世紀には監禁は失業対策でもあったが、一八世紀になると、監禁には経済的効果がないことが明白となり、工業の発展とともに、貧者たちは富の生産者および消費者、すなわち「人口」として認識され、この国家にとっての生きた「財産」を貧困から救済し、健康な状態で維持する必要が生じる（後期のフーコーにおける「人口」概念の萌芽をここに認めることができるだろう）。より効率的な病人の治療の場として、「家庭」などの人間にとって「自然」だと考えられる環境が重視されるようになる。こうして一般施療院などの監禁施設は経済的には無駄、医療の実践の場としても非効率的な場として閉鎖されはじめる。

いまや狂気は、労働と利益追求に価値を置くブルジョワ的社会には居場所のない非経済的存在であり、国家を乱し、道徳にもとる混乱でしかない。すると、救済すべき病として知覚されるようになった狂気をどこで治療するのか、ということが問題になってくる。社会秩序の攪乱分子である狂人を受刑中の犯罪者と同じく監獄の内部に収容しておくべきか、家庭のない病気の貧者と同様に、狂人にも準家庭的なものを組み立ててやるべきか？　結局、監禁の空間と治療の空間を一致させるという両者を融合した形態が選ばれることになる。それが「狂人保護院」である。

一八世紀末、フランスでは医師ピネルによって、狂人収容施設となっていたビセートルで鎖につながれていた精神錯乱者たちが釈放される。ビセートルは以後狂人保護院としての機能を担い、ここに狂人の「解放」という伝説が形成される。しかしフーコーによれば、そこで起こったのは、そうした伝説と全く反対のことなのである。たしかにピネルの狂人保護院では、精神錯乱者たちは自由に動き回ることができる。しかし狂気を裁く監視者の視線を内在化させられる。つまり狂気を罪過として内面化し、社会の道徳価値から逸脱したおのれを罪人としてみずから裁くことを強いられるのである。その意味で治療とは道徳的懲罰と同義である。したがって狂人は「解放」されたのではなく、「監禁」の内部構造が再編成されただけである。

このような保護院の構造は医者と病者とのあいだに新しい関係を生むことになる。医学的人間に対する過度の崇拝という構造である。それが私たちの知っている「精神医学」を可能にするというのである。しかしフーコーが注意を促すのは、この「精神医学」の成立の条件が、純粋に医学的な知の発展ではないということである。保護院で医師に求められていたのは、医学的な知というよりも、むしろ法律上および道徳上の保証だったからだ。医師はいわばブルジョワ社会の秩序・家族・道徳の権威を体現することになる。医師は、「父」および「審判者」として、狂気という「罪」を背負った「子供」、すなわち患者を裁くのである。

一九世紀以降、狂人保護院が次第に医学空間化していき、精神医学が実証主義的知としての客観性を帯びるにつれて、隠蔽され忘却されてしまったのは、精神医学の道徳的起源――精神医学はそもそも道徳中心の実践であった――という事実なのだ。精神医学とその対象としての「狂気」の出自を問うこと――フーコーが行なったのはまさに西洋的理性の系譜学なのである。

（小野正嗣）

▼『フーコー・コレクション』に収録された関連文献――1巻4、5、8、13、3巻12

# 『臨床医学の誕生』（一九六三）

*Naissance de la clinique : Une archéologie du regard médical*

私たちが病気になったときに訪れる医院や病院、そこで医者が患者の身体に対して行なう診断や治療。このような私たちがふだん接している一般に「臨床医学」と呼ばれている医学的経験は、いつ生まれたのか？　フランスにおけるその歴史的成立の過程を辿り直すのが本書である。

フーコーによれば、臨床医学の誕生の契機は、一八世紀末から一九世紀初頭にかけての半世紀のあいだに求められる。この時期に医学をめぐって大きな変化が起こり、この断絶をフーコーはまず医療をめぐる社会的・政治的な制度の再編成と、医学的「知」そのものの再編成という、たがいに密接に関連する二つの領域において記述している。

ではどのようにして医学の制度的な再編は起こったのか？　フーコーは「流行病」に対する政治意識の変化に着目する。流行病は集団的現象であり、感染を通じて拡大していく。

これを予防する、あるいは追跡し、蔓延を阻止するためには、全国各地を網羅する監視体制および国家的な規模での介入が必要であり、このような認識が一八世紀末のフランス革命の前後に一般化される。それまでは施療院や病院といった場所での医療行為に限られていた医学が、いわば社会空間全般へと拡大し、社会の構造それ自体と結びつく。医学は国家的な任務となり、中央集権化されていくのである。

例えば、病人に対する公的扶助の考えが発展する。王立医学協会のような医師たちの全国的組織が設立される。また、国民の健康を有効に管理するために、医学的知識および医療的実践を均質化・標準化し、そのような知識を身につけた医師を養成することが国家の課題となる。藪医者が横行するのを妨げるために、国家の管理の及ばない医師の同業者組合は禁止され、医療に従事できる資格を、国家によって定められた学位を取得した者だけに制限する教育改革が提案される。

そして注目すべきは、こうした医学教育の変革において重視されているのが、臨床——理論ではなく、病院で個々の症例を観察し、患者を治療する実地体験——を中心とする教育だったのである。つまり一八世紀末に、臨床医学的教育を中心にして医学が再組織化され、現在の医学へとつながる制度的な環境が整備されたわけである。

ここで大切なのは、フーコーが医学にまつわる二つの「物語」あるいは「神話」を否定していることである。ひとつ目の「神話」とは、フランス革命期に支配的であった啓蒙主義に固有の「自由主義」によって、臨床医学の発展が可能になったという考え方である。ところが実際には、上述のように、国家による臨床医学の中央集権的管理化・制度化こそが、臨床医学を医学的経験の中心にすえることになったのである。

二つ目の「神話」は、臨床医学が一八世紀末以来ずっと存在してきた、というものである。臨床医学は、医学に関わる原初的な様々な形態のなかにすでに存在しており、歴史とともに誤った知識が脱落していき、病についての真理としての臨床医学がついにこの時期にみずからの本来的な姿を現わすに至ったのだと、つまり医学的経験はいずれにしても臨床医学的な形態をとるべく連続的かつ直線的に発展してきたとする目的論的歴史観をフーコーは退ける。

それまでの医学的経験と臨床医学とのあいだにある認識論的な大きな断絶とはどのようなものだったのか。フーコーはそれを医学的まなざしの構造の変化として捉えようとする。医学とは知覚によって、とりわけまなざしの行使によって、築かれてきた学問であり実践である。そこには病は可視的なものであるという前提がある。フーコーによれば、一八世紀にこのまなざしに対する病気全体の関係が大きく変わる。徴候および症状と病の本体との関係が、「意味するもの」と「意味されるもの」の関係となる。

臨床医学的まなざしにとっては、「意味するもの」と「意味される」ものが完全に一致しているということは、一八世紀までの医学が可視的な現象の背後に病の不可視の本質を探そうとしていたことからすれば、大きな変化である。要するに、臨床医学的なまなざしの下では、病気の構造全体が透明なものとして、完璧に解読可能なものとして現われる。これは同時に、知覚されるものをそのまま語ることが病気の実体を表現することを意味する。臨床医学においては、見られることと語られることはぴったり重なるわけである。

このすべての可視的なものは完全に陳述可能であるという仮説に支えられて、臨床医学的観察は、病院と教育という二つの領域（臨床講義は病院で行なわれる）で発展していく。臨床医学者たちにとっての問題は、患者の身体において、可視的症状に属するものと言語的分析に属するものとをひとつの図表に統合することとなる。可視的（空間的）なものの総体と、記述可能な（言語的）な総体が正確に対応するような図表を作ることが目指されるのである。

ここから臨床医学に関するいくつかの認識論的な神話が、なかでも臨床医学的なまなざしとはすぐれた「感受性」であるという神話が生まれたことは重要な帰結を伴う。臨床医学の理想形にあっては、見えるもの（病が語りかけてくるもの）と語ること（知覚された構造を記述する）とのあいだに、知的作業（見えるものの発生過程を再現し、再構成すること）は介在しないからである。知覚したままに語ることが病の真実を開示する。つまり臨床医学においては、あらゆる真理は純粋な感覚的真理だということになる。まなざしはまっすぐ一気に真実に触れる「一瞥」という美学的な分析構造を取るようになるのである。

この意味で、一瞥は、指差し、告発する「人差し指」により近づく。見ることと触れることの親近性が認識構造において認められ、そこから臨床医学経験にひとつの新しい空間が開かれることになる。その空間とは、現実に触れることのできる人間の身体空間である。一八世紀末以降、臨床医学は「屍体解剖」に基づく「病理解剖学」という形式のもと発展していく。フーコーによれば、これこそ西洋医学の歴史における大転換であり、この転換に大きな役割を果たしたのが医学者ビシャの仕事なのである。ビシャの病理解剖学の独創性は、諸器官の容積、「厚み」を、同質の組織が重なる大きな広がり、「表面」として見たところにある。この表面の局所に具体的に現われる変化の性質によって、特定の疾患を認識できるようになるのである。

病理解剖学において屍体解剖が中心的役割を担うようになったのは、医学において「死」という現象に対する認識が大きく変わったからだとフーコーは注意を促す。死は、分解という現象によって疾患そのものも変性させてしまう。しかしその一方で、死の直後に解剖を行なうことで、生体内に現われた病の発展過程や障害の進行状況を限りなく純粋な状態で明らかにすることができる。こうして一八世紀末以降、病の延長線上にあり、生命が消えゆく「闇」であった死が、生体の空間と病の時間を明らかにする「光」となる。生についての正確な認識は、死という鏡に映し出されることよってはじめて可能になるということだ。

フーコーはまた、病理解剖学発展によって臨床医学的経験に生じたいくつかの重要な変化を指摘する。病理的現象の時間的発展の分析を重視していた初期臨床医学と異なり、病理解剖学的な臨床医学では視覚と聴覚と触覚が三位一体となって、三次元の空間として捉えられた身体空間を測量・知覚することになる。聴診や触診の技術を動員しながら、医者のまなざしは、不透明の厚みとしての患者の生体のなかに存在する病の真実を可視化しようとする。「不可視なる可視性」というものが、臨床医学の認識論的構造となるわけである。解剖学的なまなざしは、真理に到達するために、それをヴェールのように覆う微妙な差異を重視せざるをえず、そこから病との関係において、どれひとつとってもけっして同じではない「個体」というものに対する認識がはじめて可能になる。フーコーはこのことを芸術活動における死に対する認識の変化と関連づけている。ルネサンス期には、個体の差異を抹消するものであった死が、一九世紀になると、個々人の単独性を形づくるものとして主題化されているからである。

最後に、私たちの知る現代的な臨床医学の成立の歴史的条件として、一九世紀初めに生じた「熱病」をめぐる認識の変化をフーコーは指摘する。ここでフーコーは一九世紀初頭の医学者ブルッセの仕事を重視する。一八世紀には、神経症と本態性熱病は、器質的損傷を伴わないものだとされていた。例えば、それまでの疾病分類学では、熱病患者に観察される局所的損傷は熱病の徴候に過ぎず、病の本質を表わすものではないとされていた。つまり熱病の本体は器質的な基盤を持たないとされる。ところがブルッセはむしろ、熱病と炎症が同じ病理過程に属するという古くからある仮説を掘り下げ、器質的な原因を発見しようとする。ブルッセは、炎症とは外部からの刺激因子に対して組織内に起こる生理的な過程であると考え、生理学的医学の必要を唱える。

ここに医学的まなざしの大きな変化が生じる。かつては病的現象から個別的な差異や副次的現象を取り除けば、病気の本質に到達できるものと考えられていた。ところがブルッセにおいては、あらゆる病が刺激的原因に対して反応する諸組織の複雑な運動でしかない以上、もはや病気の本質など存在しない。病んでいる器官を特定し、外的因子を出発点にその過程を説明し、原因を取り除くことによって解決策を提示することこそが問題となる。いまや医学的まなざしにとって、病の空間とは諸器官から構成される生体の空間、病める生体そのものである。こうして臨床医学は諸疾患の医学であることをやめ、病理的反応を中心に据えた器官の医学となり、これが一九世紀以来現代医学の根幹をなす構造となる。こうしてついに現代の医学的まなざしの歴史的条件が整ったのである。

この『臨床医学の誕生』においても、自明なものとして理解されていることの「歴史性」を問うというきわめてフーコー的な手法は一貫している。自由主義が臨床医学を可能にしたという神話、一八世紀末まで道徳観や偏見が屍体解剖に対する障害となって病理解剖学の進展を妨げていたといった神話、広く共有されていたブルッセに対する誤解を、フーコーは反駁し、そうした通説において言われていることと反対の事態が起こっていたことを明らかにしている。

死を参照することによって病はまなざしに開かれ、読まれるようになる。フーコーによれば医学的思考の中に死を統合することで、医学は個人の科学となったのだった。死というものが個に意味を与えるという経験は、まさに近代的文化の特徴なのだとフーコーは言う。ヘルダーリン、ニーチェ、フロイトの思考などを例にあげて、フーコーは近代において個性の経験が死の経験と結びついていることを指摘している。各人が死と単独的な関係を取り結び、それが各人の言葉に力を与える。人間についての科学のひとつである医学と、文学などの叙情的経験とが、一八世紀末以降、有限性としての人間という考え方を中心にして同じ運動に従っているとフーコーは考える。その意味で、ここにはのちに『言葉と物』において発展させられる「エピステーメー」の概念の素描がすでにうかがえると言ってもよいのかもしれない。

（小野正嗣）

▼『フーコー・コレクション』に収録された関連文献――6巻4、7

## 『レーモン・ルーセル』（一九六三）

*Raymond Roussel*

フーコーは一九六〇年代に文学について数多くのテクストを書いている。その多くは雑誌論文という形態で発表されているが、この『レーモン・ルーセル』だけは一冊の書物として刊行された。

タイトルが示すように、これはレーモン・ルーセル（一八八七―一九三三）というフランスの作家の主要著作を論じたものである。ルーセルは『どのようにして私はこの種の本を書いたか』という死後出版の書物のなかで、みずからの作品の書き方、書くための「手法《プロセデ》」を明らかにしている。フーコーのルーセル論は、この「手法」を導きの糸として、ルーセルの文学言語の特異性を微細に分析しようとするものである。

一九世紀末から二〇世紀にかけてのフランス文学において、ルーセルはむしろマイナーな作家と言ってもよい。フーコーのこのルーセルへの深い関心は何に由来するのだろうか？

それはルーセルと「狂気」の関係である。ルーセルは一九歳のとき自分の天才を確信し、異常な至福状態に陥る。その後、長年にわたって重度の神経衰弱を煩い、『狂気の歴史』でも言及される精神医学者ピエール・ジャネの患者であった時期もあり、自殺によってその生涯を閉じる。しかしルーセルが通俗的な意味で「狂人」と呼ばれうるような作家だったというだけでは、フーコーが一冊の本を書いてしまう理由にはならない。ルーセルの言語活動が示す諸特性が、フーコーの考えていた一九世紀以降のある種の文学言語の構造と「狂気」の構造との類縁性を示す格好の例だったことが重要である。

すでに『狂気の歴史』にも明らかなように、フーコーはある種の文学「作品」のなかに、精神疾患として分類され、いわば社会から排除される狂気とは別の種類の「狂気」を見ている。フーコーは一九世紀以降の文学について語りながら、「狂気」と「作品」が両立できないものであることをくり返し語っている。

狂気とは書き手がみずからの理性を、自分自身を失う体験であるとしたら、そこに実現された言語活動は、「不在」の体験そのものである。「作品」と呼べるものは、何かに（他者に、読者に）差し向けられた理性的な（だから何らかの意味を担った）言語活動なのだから、本質からして意味から逃れ去る「狂気」は、「作品の不在」にほかならない。それを「作品」として読めば、「狂気」を否定することになるし、それを「狂気」だとすれば、

「作品」としては読めなくなる言語活動。ではこのたがいに相容れないはずの文学言語と狂気のどこに類縁性があるのか？

それは言語活動の「二重性」ということである。狂気の言葉とは、自分自身しか指し示さない。語ることが、みずからの「狂気」そのものを露呈してしまう。狂気は何かの言語体系に属して、その規則にのっとって語っているわけではない。むしろそうしたコードに従うことができず、そこから逸脱してしまうからこそ「狂気」なのである。その意味で、狂気の言葉はそれ自体が発話を可能にする規則であると同時に、実現された発話そのものである。それ自体がひとつしかない独自の言語体系《ラング》であり、かつ言葉《パロール》であるという「二重性」。フーコーによれば、一九世紀以降の文学言語の特徴がまさにこの自己包含的な「二重性」なのである。要するに文学は、所与の言語の内部で既存の修辞や手法を用いて「書く」ことであることをやめる。

「文学もまた（そしてそれはマラルメ以後なのだが）徐々に、その言葉が、それが述べる事柄と同時にまた同じ運動において、その言葉を言葉として解読可能にする言語を言表するような、ひとつの言語活動になりつつある。（中略）一九世紀の終わりに（精神分析の発見の時代か、そのほぼ同時期）、言語の作品は、それ自身のうちに、自らの解読の原理を書き込んだ言葉となった。」（「狂気、作品の不在」『フーコー・コレクション1』二九〇―二九一頁）。文学言語の特徴として、フーコーが重視するのは、「自己完結性」あるいは「自己参照性」とでも言うべき「二重性」なのである。

実際、ルーセルの「手法」とは、まさに言語がみずからを生み出し組織化していくための「二重化」の原理であった。指示される「物」よりもそれを指し示す「語」のほうが少ないという事実によって、私たちの言語には同一の形を持ちながら意味のことなる単語（同音異義語）が数々存在する。ルーセルはこの言語の特性を利用して、同じひとつの語に二つのことを言わせる。形としてはほとんど同一でありながら、まったく別の意味を持つ文や表現を実現するのである。あるいはまた、そうやって選び取られた単語から自然に連想される別の単語、さらにまたその単語から連想される別の単語を選びとり、それらによって文章を組み立てていく。

要するに、ルーセルの「手法」では、何か具体的な意味内容を伝えるために言葉が選ばれ、文学作品として構築されているというよりも、むしろ作家の意図を無視して（単語の意味は書く者より以前にすでにつねに存在し、その単語のほうが同音異義語や同義語などの連鎖を生み出す）単語が増殖していく。その結果、あたかも「偶然」の産物であるかのように、現実世界にはありえないような異形の怪物や機械仕掛け、摩訶不思議な状況が作品世界を満たす。しかしこの「偶然」は、「手法」という厳格な原理に基づいて産出された以上、必然的な偶然でもある。そしてこの言語の「二重化」によって構築されたルーセルの世界においては、あたかも内容が形式を二重化するように、「分身」や「反復」が作品の主題となっていることもフーコーは指摘している。

ルーセルには、「手法」を用いて書かれたものではない作品もある。そうした作品の言語の特徴として、フーコーは「可視性」を挙げている。そこでは、まるでまなざしにさらされた物そのものがみずから語っているような描写が延々と展開される。つまりまなざしは、「物」の語る言葉に耳を傾け、それを記述しているだけのように見えるというのだ。

このまなざしと対象との関係は、ルーセル論と同年に刊行された『臨床医学の誕生』を思い出させずにはいない。まさしく臨床医学的まなざしの歴史的構成を語るこの著作のなかで、フーコーは一八世紀医学における「可視的なものはすべて記述可能である」というまなざしの神話を詳細に分析していたからだ。

フーコーによれば、臨床医学が「生」を正確に知覚できるようになったのは、「死」に対する認識の変化のおかげであった。同様に、ルーセルの作品の生成の秘密をより明らかにしてくれるのも「死」、死後出版の書物であった。「死」こそがまなざしを可能にする「光」となるという構造が、両者には共通している。ちょうどルーセルの「手法」が同じ語を引き裂いて、まったく異なる二つの意味を出現させるように、「まなざし」への関心が二つに分裂して、『レーモン・ルーセル』と『臨床医学の誕生』というまったく異質な二冊の著作を生み出したかのようだ。

ルーセルの作品世界は、みずからの言葉以外に参照体系も規則も持たないような自己完結的な世界を形成している。この世界においては、「言葉」と「物」は、表象と存在は、結びつけられていない。言葉が表象しているのは、現実世界には根をもたない、言葉からできた存在である。くり返すが、フーコーがルーセルの作品に見いだしたのは、「書く」ということが、何ものにも差し向けられず、自己以外の何ものも語ることのない言語を生み出すということだった（そのような言語は、「狂気」の言葉と同じく誰にも聞き届けられないのかもしれず、だからこそ「沈黙」と不可分なのである）。それがフーコーにとっては一九世紀以降の文学の特徴である。そのような文学言語観は『言葉と物』においても、とりわけ「人間とその分身」（強調引用者）をタイトルとする第九章に反復されている。

（小野正嗣）

▼『フーコー・コレクション』に収録された関連文献――1巻12、2巻2

# 『言葉と物』（一九六六）

*Les mots et les choses : Une archéologie des sciences humaines*

一年で二三、〇〇〇部のベストセラーになり、路上で人々が「構造主義」を口にしたと神格化された著作のひとつであるが、親しみやすい書名には注意が必要である。本書は、「ことば」と「もの」の関係について書かれたものではない。西欧の歴史のなかで、人間が「世界」をどのように理解してきたかという認識史《エピステモロジー》（科学史・認識論）であり、「ことば」と「もの」の関係、さらにその関係にたいして人間の認識がもつ関係の変容を問題にしているのである。そうとはいえ、ものの分類はことばを通してなされるとの見解をベースにフーコーの探究は始まる。

この際にフーコーが問題とするのは、認識（ものの分類と配分）の「盤《ターブル》」である。西欧近代・科学のパラダイムに立つ今日では、いましがた壺を割った犬と猫よりも二頭のレトリバーの方に類似の関係を認める。だが、このような認識のしかたは、ある特定の地域

050

## エピステーメー epistēmē

古典ギリシア語でもともと「理解」、「技能」、そして「理性的知識」などを意味する語。三年後に公にされる方法論『知の考古学』は、したがって「エピステーメーの考古学」とも言い換えられるわけであり、方法論のなかでより鮮明にされる科学認識史家G.カンギレームの影響は、すでに十全に本書でも認められる。ルネッサンス、古典主義、近代の知の「盤」あるいは「一覧表」の「（認識論的）切断」が本書では問題になっているのだ。フーコーの使用する「エピステーメー」は、ある特定の時代に諸学問（認識）や諸経験（対象）がそのようなものとして現れる基層の知という意味を含んでいる。

と時代に根づいた「知」（エピステーメー）であるとフーコーは考える。認識する側がものにたいして向ける「注意」や「まなざし」、「言語」が「ものの秩序」の格子をつくるとしても、その基礎にはエピステーメーによるバイアスがあるのだ。

やや乱暴な分類だが、本書が記述するのは、ルネッサンス期（一六世紀末まで）、古典主義期（一七世紀中葉から）、近代（一九世紀以降）と、三つの段階におけるエピステーメーの様態、そしてエピステーメー間の「（認識論的《エピステモロジー》）切断」についてである。

西欧の一六世紀末までの知のあり方は、認識において「類似」を、表現において「模倣」を基盤とする。ことばによる表現は、生の「劇場」であり世界の「鏡」であった。「類似」の形式には四種類あり、つまり「適合（convenientia）」（近接性）、「競合（aemulatio）」（照応）、「類推（analogie）」（連鎖）、「共感（sympathie）」（誘因）である（第二章「世界の散文」）。

「適合」とは、たとえば魂と肉体、天と地など配置における類似にもとづくものであり、「生長に関していえば植物は野獣に適合しており、感情から見れば野獣は、知性により天体の残りすべてに一致している人間に適合している」（G・ボルタ『自然魔術』、一六五〇）と一本の連鎖として表現された（34／四四）。これにたいして「競合」では、眼が明るさにおいて天空の太陽と月に、口が接吻や愛の囁きにより愛の女神ウェヌスに近づこうとする。草は星に……という発想の行き着くところは、人間とは「自らの内奥に星辰を含みもっており［……］、蒼穹とその及ぼす力のすべてを有しているのだ」（パラケルスス『リベル・パラミクスム』、一五五四）といわれた。「類推」は星と空、草と大地、感覚と表情などの関係のことである。人間とその環境の大地との間には、肉と土、骨と岩、血管と大河の関係がある。同時代人でパラケルスス派の医師、クロリウスの時代には、「卒中と嵐」の比較は頻繁であったといわれる。最後の「共感」は、類似のエピステーメーを考える上でおそらく最も重要なものである。重いものは大地の重力に、向日葵の花は太陽の運行に向かう。これが共感であるが、この範疇に反感が混入してはじめて世界のエネルギーの源となる。つまりオリーヴやぶどうは、レタスを憎む。天竺ねずみと鰐は反目し、蜘蛛もまた天竺ねずみを狙い、毒蛇とも不仲である。この接近と離反の動力として「共感」は捉えられるのだ。このことはいわゆる四大元素について説いたS・G・S『デュシェーヌの「世界の大いなる鏡」注解』でも反復される。

こうした「類似」の知の時代を、フーコーは、世界を象徴文字による一冊の「書物」として読み解く冒険と位置づける。たとえば、「頭蓋骨の傷を癒す」のがクルミであるのは、その厚い緑の外皮に包まれた実（脳髄）との類似によったらしい（クロリウス『残徴論』、一六二四）。しかし、そんなことを現代のわたしたちは信じることができるだろうか。この認識の隔たりこそが、エピステーメーの変容、つまり認識論上の「切断」を証すものなのだ。ルネッサンス期、つまり「類似」の知の時代は、「記号に語らせ、その意味を暴露させる知と技術の合体」である「解釈学」の時代なのである（44／五四）。似ているものが、別の似ているものを指し示す記号の連鎖による知のあり方は、二〇世紀のC・S・パースによる記号論における「解釈項」の関係と同じ発想である。似ているものを理解するためには、より先の似ているものに解決を先送りすることにつながり、連鎖は無限に続く。

そしてフーコーは、このようなセミオーシス（記号生成の連鎖）の過程をルネッサンス期の「エピステーメー」の本質と捉えるのである。活版印刷術の隆盛という十六世紀の技術的状況もあり、このパラダイムでは「エクリチュール（書字）」が特権的となる。そして書かれたもの（書物・世界）＝物質的存在／その注釈あるいはパロール＝透明性／真理あるいは意味＝不可視性という「テクスト」の三層構造がエピステーメーを規定した時代として結論される。

十七世紀の初頭に変化が見受けられる。『ドン・キホーテ』（一六〇五）に代表される「寓意」の時代の知のあり方、つまり、敵の軍勢に「類似」した家畜の群れに突撃するような発想は、もはや「知」ではなく「錯誤」であると批判されるようになる。その徴候のひとつが、デカルトの『精神指導の規則』（一六二八年頃）であり、彼は「類似」の思考を批判して、「比較」による「相違」を見出すことに、知の可能性を見る。合理主義の誕生である。古典主義期には、比較・分類・演繹、あるいは計算と分析が知のモードとなる。もはやことば―ものの透明な対応性は失われ、ことばは思考（認識）がものを秩序づける際の道具となる。フーコーは、この時代のエピステーメーを「マテーシス」（数学・計量的な知）と「タクシノミア」（分類による知）により特徴づける。

古典主義が発生させた一般文法、博物誌、富の分析などの学問は、それぞれ「ことばと諸存在と需要の領域における秩序の学」（71／八二）であるとされる。もはや世界の「解釈」ではなく、世界の「秩序」が問題であり、秩序を定める「記号」（論理・文法、代数、貨幣）の学問の時代なのである。古典主義期は、「意味」（真理）は言語（記号）で直接に記録されるのではなく、演繹と分析の操作による秩序の「構成」のなかにあるということになろう。現代でいうとソシュールの差異の記号学的世界にも似ている。

マテーシスとタクシノミアの古典主義期を代表する学問として語られる博物誌と同時に、書かれたものの保管（古文書）、図書館の整備（蔵書目録、カタログ）が行われたのは、やはり同時期の一般文法（ポール＝ロワイヤル派）と同様に、「分類」による「システム」の意志、つまり記号的な普遍性の追究のエピステーメーを基盤とするのであり、決して偶然のことではない（143-144／一五五）。

本書のエピステーメーの変遷の歴史に従うと、最後の時代に来るのが、われわれの時代、そしてまさに本書のような歴史記述の試みを可能にするパラダイムである「近代」ということになる。一八世紀末から一九世紀にかけて、「秩序」による一般文法、博物誌、富の分析は、時間を考慮した階層秩序による分類の重層化により、それぞれ文献学、生物学、経済学へと変貌してゆく。ここで鍵となるのは、もはや古典主義期と異なり、可視的な特徴ではなくて「見えない特徴」により、分類がなされる点である。これは「時間」の変数の導入と同時に可能になる。そこで、文献学における語族の統一性を保つ（接辞など可視的な形態素ではない）「格変化」、生産様式の分析における死すべき人間としての「労働量」、また生物の系統と分類における「組織」などが、ア・プリオリな特徴とされるようになる。

この時代の科学は、「歴史」、「系列」、「関連」による階層秩序のなかから、いかに「恒常性」（真理）を見出すかに向かうことになるだろう。このことは、方法論の問題というよりも学問の外部、つまり経験的諸領域一般に前提として認められることになる。あらゆるものは継起と時間系列のなかにおかれる（231／二三九）。たとえば、生物学は単に「蠕形動物」、「魚類」、「鳥類」、「四足獣」を区別して、そこに属や種を認めるにとどまらず、系統を問題にするようになる。軟体動物と同じ組織（筋肉質の心臓）を有する甲殻類はそこに連続しておかれ、蜘蛛類や昆虫類はこの組織を有さないがために、甲殻類のあとにおかれることになる（ラマルク『無脊椎動物の体系』、一八〇一）。

本書のフーコーは、単なる認識の歴史（とその切断）を記述するにとどまらず、認識の表現のしかた、つまり「表象」のあり方（実践）を問題にする。たとえば、「類似」が認識の基盤であったルネッサンス期の表象（ことばによる記述）では、「記録」と「観察」と「寓話」の間にいかなる区別もなく、平面の一覧表の上にものが敷かれてゆく（寓話、博物誌、歴史物語など）。これが近代になると、実定性（あるテーマが繰り返し言及されることで対象（ディスクール）がモノのように定着する）のあり方が、歴史のなかに繰り広げられることになる。平面上の一覧表《タブロー》が、歴史のなかの展望におきかえられるのである。したがって、記述上は認識と表象が区別されても、特定のパラダイムにおける主体のまなざし（表象と認識）はいつでも同一体であることになる。そして、フーコーが二〇世紀（後期近代）の傾向として、今後書かれるべき歴史として指摘するにとどめるのが、言語学、人類学、精神分析といった反―科学のエピステーメーであり、ここでは観察する者が観察される者になり（無意識）、表象すべきものが認識の対象となり（言語活動）、エピステーメーを担ってきた西欧がその外部（未開文明）により揺るがされることになるのだ。

二部構成の浩瀚な『言葉と物』の最後を飾る無題の節は、「人間の発見と終焉」を語っている。このことが、特別にスキャンダラスな内容であるように刊行時は取りざたされた。しかしながら、フーコーがいうのは、古典主義期には「生命」がなく「生物」しかなかったのだから、生命科学（生物学）は問題とならず生物のタクシノミーである「博物誌」の時代であった事実と同様に、近代の「人間諸科学」（言語学、人類学、精神分析）が勃興したのも「人間」という対象に新たな科学史・認識論上の視座が与えられたからなのだということにすぎないのである。

※訳出すべて著者。参照はアラビア数字→原書、漢数字→新潮社版邦訳書。

（原　宏之）

▼『フーコー・コレクション』に収録された関連文献——3巻1、2、3、6

# 『知の考古学』（一九六九）

*L'Archéologie du savoir*

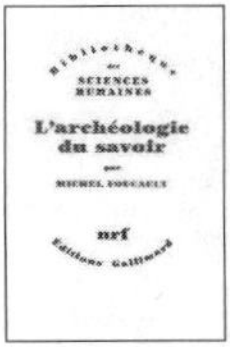


フーコーは一九六九年『知の考古学』を刊行する。この本の準備は『言葉と物』（一九六六年）を脱稿した直後から始められたのだが、刊行されたのはMai 68（六八年五月）とフランスでは呼ばれているひとつの革命が起こった翌年だ。じっさい、本ガイドブックの「年譜」の一九六八年から一九六九年にかけての記述にもあるように、学生の叛乱から始まったこの大事件は政治危機としてだけでなく、文化の革命としても知識界に大きな衝撃を与えたのだった。伝統的マルクス主義のようなそれまでの革命についての考え方、社会理論、歴史の「法則」の理解、文化の理論、それらがいっぺんにひっくり返されたような衝撃的な出来事だったのだ。

思想の領域、社会や文化や歴史についての理論の領域でも、一九六〇年代には大きな変化が起こっていた。「構造主義革命」と呼ばれたりするようになる〈知〉の地殻変動だった。「構造が街頭に降り立った」と言われたように、「知の革命」は「五月の出来事」を説明するものであるかのように理解されたのだ。

フーコー自身にとって、『知の考古学』はすべての点でそれまでの仕事を整理し、自分自身の方法を問う「方法叙説」とでもいうべき書だ。この本を書いていた当時フーコーはだいたい四〇歳。一九六六年から六七年ごろに書かれたと推定されるプレオリジナル稿(フランス国立図書館所蔵の手書き原稿)には、自分は「自分の仕事のちょうど中点」に差しかかっているのだ、「自分がやろうとしてきたことが何であるのかを語るには十分に進んできた」し、「将来の計画を描くにはどのぐらいの時間が残されているのかを見通しうる」地点に達してもいる、「何しろもう四〇歳なのだから」、と記されている。

『狂気の歴史』(一九六一)、『臨床医学の誕生』(一九六三)、『言葉と物』(一九六六)と着実に積み上げられてきた仕事に方法論としての見通しを与えようというわけだ。なかでも、『狂気の歴史』以来自分の方法を指す言葉として「歴史」との対比において使われていた「アルケオロジー(考古学)」の概念の定義、そして特に『言葉と物』のなかで問題となった「ディスクール(言説)」に一般理論としての定義を与えることが、この本では中心的な課題となった。

一九六〇年代のフランスを中心とした戦後構造主義からポスト構造主義へといたる現代思想の展開を考えるとき、思想の歴史のなかでも極めて濃密で非常に活発な時代だったことを知っておく必要がある。本書「年譜」の一九六六年の項を参照してほしい。人間科学や哲学・思想の文字通り百花繚乱の時代といえるこの時期のほんの数年間は、他の時代であれば何十年分にも当たる大きな変化をもたらした。とくに「構造主義」の運動は、「言語」や「記号」を方法の中心として起こったから、言語理論や意味の理論においてどのような立場を打ち出すかは、方法論の上で決定的な重要性をもっていたのだ。

一九六九年に刊行された『知の考古学』は、Ⅰ題名のない導入から始まり、Ⅱディスクール（言説）の規則性、Ⅲエノンセ（言表）とアルシーヴ（アーカイブ）、Ⅳアルケオロジー（考古学）的記述、そして、Ⅴインタビューの形式をとった、題名のない結論、という、五章から成る、フランス語原書で二六〇頁の著作である。フランス語の概念をここでは片仮名で表記して対応する日本語を括弧のなかで指示することにする。

それぞれの章には明確な狙いがある。

Ⅰの導入は、「歴史」をめぐる問題提起だ。フランスではアナール学派とか「新しい歴史学」と呼ばれ、ブローデルやル・ロワ・ラデュリらに代表される現代の歴史学が文明の長い周期を対象として歴史研究を刷新したのに、同じ時期、科学史、思想史や哲学史、文学史など文化的な歴史の研究がむしろ認識の歴史の「切断」や「閾」、「非連続性」を問題としているのはなぜかと問うことから始めている。問題は「長さ」ではないのだ。「歴史」についての理解そのものが大きな変化を起こしていてアナール学派にもあるいはアルチュ

## ディスクール discours

「言説」と訳される。英語では「discourse」。フランス語の普通名詞としては「演説」や「論述」といった複数の意味があるが、フーコーの著作においては、そのような普通名詞としての語義にとらわれる必要はない。むしろ、次の二つの文脈に注意しておくことが重要である。「ディスクール」がキーワードとして頻出するようになるのは『言葉と物』からだが、この著作において「ディスクール」は、ときに大文字で書かれ古典主義時代の「表象作用」をになう言語の働きを指す語である。言語や文化を理解するための一般理論の用語として概念化の作業が行われるのは『知の考古学』およびコレージュ・ド・フランス開講講義である小冊子『ディスクールの秩序』においてである。「ディスクール」とは、言語学との対比において、じっさいに実現された言語活動としての〈言われたこと〉・〈書かれたこと〉の集合を指す。個々の〈言われたこと〉・〈書かれたこと〉は、フーコーにおいては「エノンセ（言表）」と呼ばれる。「エノンセ」は言語活動の実現の出来事である。「エノンセ」の生産に規則性をあたえ、その対象や主体、共存の場などを統御している規則性のレヴェルが「ディスクール」、ディスクールが集まってさらにマクロなレヴェルで形成するのが「ディスクール編成」である。ひとつの時代の文化は、この観点からは「ディスクール編成」から成り立っている。「エノンセ」の保存、解釈、再活性化などを管理している、社会的実践の「制度化」の部分は、フーコーにおいて「アルシーヴ」（英語の「アーカイヴ」）と呼ばれる。

セールらの哲学にもそれは共通している。閾、断絶、切断、変化、変形といった歴史の「非連続性」をめぐる「認識論的な変化」をとらえているのがバシュラールやカンギレムらの科学史なのだ。文学理論や文学史の新しい動向もまた作者や著作、書物、世代や流派や運動といった単位の下に、テクストや構造を見ようとしているではないか。歴史はひとつの意識の観点から総合されるような全体史としてとらえられるのではなくて、マクロにせよミクロにせよ幾つもの層にまたがって複数の系列と不連続な出来事、それぞれのレヴェルに固有な区切れに横断されている。そのような「非連続性の歴史」へと向かうのが自分の仕事なのだ。ならば、フーコー自身の仕事は、そのような非連続性の歴史のどのレヴェルに定位し、何を単位として何を手がかりにどのような出来事の記述をめざしてきたのか。「アルケオロジー（考古学）」という用語が意味をもつのはこうした文脈においてなのだ。

普通のフランス語では、「アルケオロジー（archéologie）」とは「考古学」のことだ。フーコーがこの語を使用するときにはもちろんこの意味の脈絡もある。しかし、フーコーにおいては、もうひとつの固有の概念を指す用語である「アルシーヴ（archive）」とも深く関わっている。こちらのフランス語名詞も翻訳がしにくい言葉だが、古文書の集合や文書を保存・管理している機関や設備・施設のことをいう。英語読みで片仮名表記される日本語の「アーカイヴ」のことだ。そして、フーコーはこの「アルシーヴ」という語もまた固有な意味で理論概念として使っている。フーコーにおいては、「アルシーヴ」とはひとつの時代、ひとつの社会、ひとつの文化において、〈言われること〉・〈書かれること〉の存在論的なステータスを具体的に統御しているシステムのことだ。例えば、いま試しに読者のあなたは、思いつくままに任意の言葉を発してみたり、任意の文字列を紙に書きとめてみるといい。ほんとうにデタラメに恣意的な言葉や文章を並べてみたとしても、あなたはすぐにそれがどのような場面でどのような場所で使われ、どのように扱われるべき言葉や文章なのかを即座に理解できるはずだ。文化はそのように言語の実践を制度化することによって成り立っている。その「制度化」の部分がフーコーのいう「アルシーヴ」なのだ。そして、「アルケオロジー」とは「考古学」であっても、ある時代における「アルシーヴ」の研究を指しているのだ。そうした意味でフーコーの「アルケオロジー」とは「アルシーヴ学」(英語流にいえば「アーカイヴ学」)とさえ訳すことができる概念なのだ。

書名である「知の考古学」は、したがって、「知のアーカイヴ学」とでも言うべき方法を指している。じっさい、これまでフーコーが『狂気の歴史』以来行ってきた研究といえば、スウェーデンのウプサラの大学で医学文庫を発見して以来(本書「年譜」一九五六年の項目を参照)、ルネッサンス期から古典期そして近代へと至る研究対象の領域の歴史的文献や記録(つまり「アーカイヴ(古文書)」)を綿密に網羅的に読み込み、どのような「知」が生みだされ、歴史的な変容や切断を経験し、また新たな歴史的配置を生みだしたのかという、時代のアーカイヴを「記述」し「分析」することから成り立っていた。ある時代、ある社会、ある文化において〈言われたこと〉・〈書かれたこと〉を記述することからのみ成り立つ研究こそ、彼の「アルケオロジー」なのだ。

それでは、〈言われたこと〉・〈書かれたこと〉を記述し、そこに働いている「規則性」を捉えることができる事象の成立のレヴェルはどこにあるのだろうか。〈言われたこと〉であれ、〈書かれたこと〉であれ、それらはいずれも〈言語〉から成り立っているととりあえずは言えるだろう。上述したように、『知の考古学』が出版された一九六〇年代は、〈言語〉を認識モデルとした「構造主義」が隆盛を極めていた時代である。〈言語〉の活動のどのレヴェルに、そうした規則性の認識をゆるす契機があるのだろうか。II章およびIII章は、この問題に焦点を当てて書かれている。

「ディスクール（言説）」という、フーコーの名前と強く結びつけられることになった用語が定義されるのは、この観点からである。「ディスクール（discours）」とは、言語学の用語としても、じっさいに実現した言葉という意味である。ソシュールの「ラング（言語体系）／パロール（発話された言葉）」の区別からいえば「パロール」に当たる。あるいは、コミュニケーション理論の「コード／メッセージ」の区別からいえば「メッセージ」に相当する。しかし、問題はひとつの理論がそれをどのような理論構成と概念の配置のなかで考えるかだ。構造主義言語学のように言語を「記号のシステム」と考えて研究したり、チョムスキーの生成文法のように言語を「文法能力」において研究したりすれば、じっさいに実現した言語活動は、モデル化され抽象化された「システム」や「能力」の「実現」や「運用」という扱いを受けることになる。ところが、フーコーの「アルケオロジー」が照準するのは、ひとつの〈言われたこと〉・〈書かれたこと〉がなぜそれでなければならずそれ以外ではなかったのか、何がじっさいに歴史的に〈言われたこと〉・〈書かれたこと〉の「規則性」をつくりだしているのか、という問題のレヴェルなのだ。

実際に実現した言葉の出来事の単位をかれは「エノンセ（言表）」と呼ぶ。「エノンセ(énoncé)」とは、「発話されたこと、言表されたこと」という意味だ。どんなに意味不明なことばや文であっても、例えばパソコンのキーボードをまったくデタラメに打って出力された文字列であっても、〈言われる〉・〈書かれる〉という出来事こそが、「エノンセ（言表）」を生みだすのである。つまり、「言表」は、言葉が実現する、表現が実現するという〈出来事〉を単位としているのである。言語や記号は、「エノンセ」となることによって「存在」し始める。

人間がもつ文法能力からみて〈言われうること〉・〈書かれうること〉の膨大な可能性に比して、人間がじっさいに〈言い〉・〈書く〉ことの数は極端に少ない。これを、フーコーは「ディスクールの稀少性」の規則と呼ぶのだが、この落差は、人間の文化が人々の〈言うこと〉・〈書くこと〉を、つまり「エノンセ（言表）」の出現を文化的・社会的に統御しているからだ。チョムスキーのいうように、言語能力からみれば文法規則からは無限の文の生産が可能であるのに、実際に実現する言葉のあり方はごくわずかである。それは、言葉の文法規則や論理以外に、言葉の出来事としての実現と存在とを規制している規則性が働いているからである。それこそが、実際に実現したものとしての言葉の出来事がつくりだしている「ディスクール（言説）」の次元である。それぞれの文化あるいは社会は、言表の出来事（あるいはより広く意味の出来事）を統御する「ディスクール編成」にもとづいて組織されている。その「ディスクールの秩序」は、注釈や引用といったディスクール相互間のルール、禁止や検閲などの強制力、図書館などの言表の保存と消滅の制度、すなわち「アルシーヴ」によって保たれている。またそれぞれのディスクールの体制によって、ディスクールの〈主体〉の場所と機能（たとえば「作者」）、ディスクールの〈対象〉、〈発話の様態〉などが規定されている。一つの言説はしたがって孤立しては存在せず、他の言説と共有する発話の場にしたがって生み出され、それぞれの社会および文化、時代にしたがって、固有な配置をもち、「言われうる」ことの可能性の領域をつくりだしている。

フーコーが分析の対象としてきた、〈知〉の諸領域についていえば、ひとつの時代が、狂気について、死について、生命や富や言葉について、どのような「ディスクールの規則」がどのような知の主体を生みだし、知の対象を構成し、知の場所を指定し、「エノンセ」の出現と消滅とを統御していたのか。そして、それがある時どのように配置を変えて、別の「ディスクール編成」を生みだすのか。そうした記述の企てが、彼がここまでおこなってきた「知のアルケオロジー」の方法だというのである。そうして「エノンセ」の統御、「ディスクール」の編成は、ニュートラルな文化の場所において起こるわけではない。むしろ、そうした「制度化」は、「権力」の働きと不可分であって、『知の考古学』以後フーコーは「権力」をめぐる問題系の研究へと向かっていく。

（石田英敬）

▼『フーコー・コレクション』に収録された関連文献——1巻4、2巻17、3巻3、5、4巻16、5巻8、6巻5

# 『監視と処罰』（一九七五）

*Surveiller et punir : Naissance de la prison*

フランス語オリジナルではメイン・タイトルが「監視と処罰」、副題が「監獄の誕生」。日本語訳ではこれが逆になっている。

一九七〇年からのコレージュ・ド・フランス講義で深められた研究と、一九七一年から二年間にわたっておこなわれた「監獄情報グループ」での実践的活動が、陰に陽にこの本に影響を与えている。これ以降、つまり一九七〇年代後半に展開されるフーコーの思考が最初に定式化された本と見なせる。

この本がまず焦点を合わせているのは、フランス革命前後の数十年のあいだにおこなわれた、処罰メカニズムの近代化である。

『言葉と物』の時期のフーコーは、個々の時代を特徴づける知の配備を「エピステーメー」と名づけていた。時代の大枠を標定しようとするこの種の姿勢が見られるのは『言葉と物』にかぎらない。これは『監視と処罰』にも見られる。だが、ここでは「エピステーメー」という用語はもう使われず、「装置《ディスポジティフ》」「メカニズム」「テクノロジー」といったありふれた用語が使われる。それは、フーコーの考察の対象が狭義の知や学問から物理的構築物を含むあらゆる実定的制度へと拡張されたためである。これらの用語の言わんとするところは、いくつもの道具が組み合わさって動いている仕組み、いくつもの技術《テクニック》が複合的に作動している技術群《テクノロジー》、ということである。『監視と処罰』においては、近代における「メカニズム」を刑罰システムを通じて明らかにするという試みがなされていると言える。

この本で作業上、立てられている時代設定は二つであり、その二つの対比によって、議論にわかりやすい輪郭が与えられている。一七―一八世紀ごろ（つまりは古典主義時代、旧体制《アンシアン・レジーム》などと言われる時代）までの前近代システムと、フランス革命やナポレオン・ボナパルト以降の近代システムである。

前者は、一方の栄《は》えある主権と他方のその誇示を受ける大犯罪者との、身体を舞台とした（体を張った）関係によって象徴される。処罰の権力を行使するものとしての主権者（つまり王）は、処罰を政治的な儀礼、スペクタクルとして組織する。民衆は、その権力の顕示から、犯罪と主権に対する激しい感情（恐怖と賛嘆）を覚えるとされる。フーコーがこの時代に与えたキーワードは「輝き《エクラ》」である（エクラとは派手に砕け散る様子、そこから生ずる爆裂音・閃光などを指し、譬喩的には威光・壮麗さを表す）。このシステムにあっては、司法は、真理を探査することをではなく、真理の生産を保証することを役割とする（どのように犯罪がなされたかを確定することがではなく、犯人を決めるということが重要である）。拷問も処罰も一体となって、正義という真理の生産に参与する。その真理をじかに語るとされるものこそ、身体にほかならない。

それに対して後者、すなわち近代にあっては、処罰は身体にではなく精神に加えられる。刑罰の実態は、体刑から拘禁刑へと大きくシフトする。民衆は、処罰への恐怖を内面化することでいわば調教される。ここに至り、それまで細々と運用されてきた拘禁という技術が大幅に拡大され、監獄というシステムが誕生する。

この二つのシステムを対比することによって、フーコーは近代の刑罰システムへの評価を相対化する。慣例では、フランス革命をはじめとする政治における近代化（あるいは啓蒙一般）は純然たる進歩だったと見なされるが、この一般的な考えかたが疑問に付される。つまりフーコーはここで、刑罰システムの話をしながら、より大きなシステムを批判の射程に入れる。統治一般のありかたが近代に至って変容する（しかもその変容は単に「よい」ものではない）というのが彼の主張である。これはやはり、『狂気の歴史』や『言葉と物』などと同様、人権や民主主義、近代科学といったものが配備されている近代自体に対する全面的再検討と言ってよい。その再検討はどのようになされるか？　刑罰システムのさまざまな細部に働く「微小権力」――法制度などの大枠には現れない実定的・実際的な権力――を注視することによって、である。

監獄は当初から、再犯防止の役割を期待されていた。つまり、拘禁は懲罰という意味に加え、犯罪者の矯正という意味ももつものと見なされていた。この矯正に関する「装置」にフーコーが与えた名が「規律《ディシプリーヌ》」である。監獄制度が狙いを定めている精神（そしてその容器として再定義された新たな身体）に対して「規律」が行使される、という図式は、監獄の誕生以前に成立していた。フーコーの検討はこの、近代にわずかに先行して成立したテクノロジー一般へと向かう。

このテクノロジーは、個人をひとしなみに標定するために、施設への囲いこみや「碁盤状配備《カドリヤージュ》」と呼ばれる区分けを要求する。いずれ成立する監獄にかぎらず、学校や兵舎、工場や病院も、同種の分類・区分のもとで配備される。人間は分類の対象となり、矯正・懲罰・試験などに関する細かい規定が人間の行動全般に形を与える。ここで得られるのが「従順な身体」である。

この新たな身体に対するまなざしは「監視」という形を取る。その窮極の形としてフーコーが再発見するのが「一望監視《パノプティック》」である。これは、見られることなくつねに満遍なく見る（少なくともそのような印象を与える）制度的権力である。それまでの権力はむしろ自分を見せつけることに意を配っていたのに対し、近代の権力は逆に身を潜め、むしろ対象のほうを目に見えるものにする、とフーコーは言う。これにより、人間はつねに権力からのまなざしを意識することになり、権力は意識として内面化される。なお、この近代的人間の成立が、法制度のような、国家権力の象徴として扱われてきた制度によって実現されたのではないということには再三、注意が喚起されている。近代的人間は、より一般的な「装置」によって鋳造されるのである。

以上の、近代人の成立という大枠の変容をふまえたうえで、フーコーはあらためて監獄に立ち戻る。そこの住人である犯罪者に対するまなざしの変容と、それにともなう犯罪者自身の変容について、さらなる検討がおこなわれる。

それによれば、犯罪者はこれ以降「非行者《デランカン》」と見なされる。ここで言われる非行者とは、集合的な呼称、いわば科学的な用語である。彼らの犯罪の理由・動機・経緯などは、分類を通じて標定できるものとされる。つまり、さまざまな学問分野が犯罪と犯罪者とに対して分類をおこない、その素因について記述する、ということである。その学問分野は狭義の犯罪学にとどまらず、心理学・精神医学・社会学などを幅広く含む。

ところが、このように配備された監獄の「規律」メカニズムも、一見すると失敗しているように見える。というのも、監獄が犯罪者の再生産の場になっているということは、かなり早い時期から明らかになっているからである。つまり矯正・訓育は成功しておらず、累犯者は後を絶たない。この事実に対してフーコーは、監獄はじつは失敗することで成功している、と述べる。すなわち、監獄は犯罪者を、累犯する「非行者」として固定的に再生産する。犯罪者が後を絶たないのなら、せめて扱いやすい連中を産み出そう、というわけである。このことは、社会における犯罪の標定を容易にするのみならず、ばあいによって

**規律《ディシプリーヌ》** discipline

近代にわずかに先立って社会を律し、近代の枠組みとなったというメカニズム。英語ふうに「ディシプリン」、あるいは意味を補足して「規律訓練」「規律訓育」などと書かれることもある。この語は、規律のほか、懲罰・しつけ・訓練・調教といった意味あいをもち、さらには学問分野という別の意味もある。とはいえこれらはすべて同じ意味の核のまわりに位置している。すなわち、行動全般の矯正のために導入され、近代的な人間を鋳造するために用いられる、あらゆる枠組みである。語源はラテン語の「学童（discipulus)」に、さらには「学ぶ（discere)」に求められる。ちなみに「従順な身体」の「従順な（docile)」は「教える（docere)」に由来し——つまり「教えやすい（docilis)」という意味——、ちょうど対をなす。「規律」というこのメカニズムを説明するにあたって補助的に用いられる用語に「クラス（classe)」もある。ラテン語のclassisはローマ時代の軍の区分けを指す。その陣営の細かい組織立てが時代を超えて「規律」メカニズムに導入されたとき、私たちの知る「学級」になる。クラスは「分類《クラスマン》」を容易に想起させもする。

はこの新しい階層の人間を活用することを可能にもする。すなわち、密偵や密告者、警察のイヌとしてである。フーコーは、犯罪者あがりの密偵であるヴィドック（世界初の私立探偵の一人とされる人物）を引き合いに出して、警察と非行の緊密な関係を説明している。

　このようにして、犯罪は（またあらゆる分野における異常なものは）、規律の名のもとに攻囲されることになった。規範を通じて正常なものを追求し、それにあたってさまざまな学問分野を動員するというこの装置は、もちろん、一九世紀初頭を中心として分析されたものではある。だが、フーコーの念頭にはつねに、一九七〇年代の監獄行政、またそれを支える社会全体のありようがあったにちがいない。つまり、彼は、誕生期の監獄について「規律」を語りながら、現在時の「規律」を読者が思い浮かべるようにはからっているとおぼしい。私たちも、フーコーの議論をそのように読み、現在に生かすことが充分に可能である。

**一望監視《パノプティック》** panoptique

もともとはジェレミー・ベンサムが一八世紀末に提唱した建築プランであり、英語読みで「パノプティコン」とも、「あまねく（pan-）」「見る（optic）」というもともとの意味をふまえて「一望監視施設」とも書かれる。円形に配置された独房の内側と外側に窓が設けられ、円の中心に建てられる監視塔からは、被収容者に見られることなくあらゆる被収容者をつねに見る——見ていると思わせる——ことが可能。フーコーはこのモデルを、近代的な監獄の成立以降の権力一般を説明す

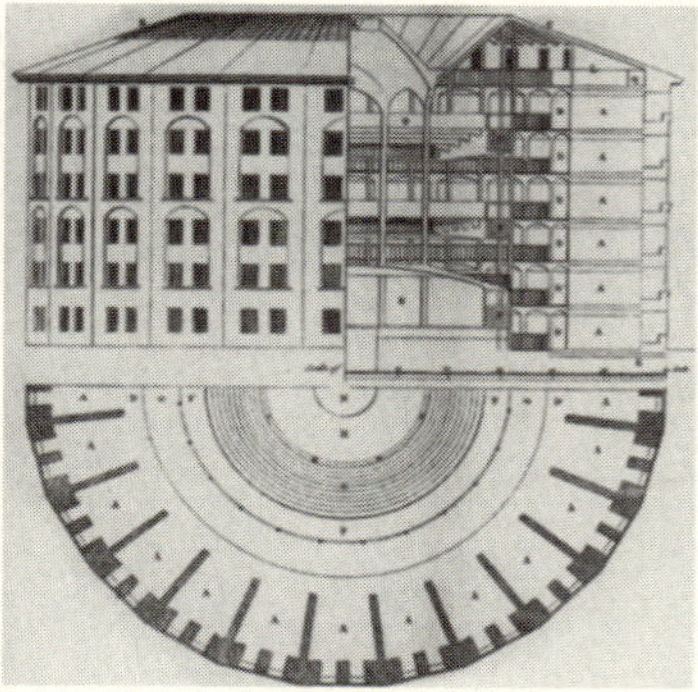

ジェレミー・ベンサム　パノプティコン

るために用いている。兵舎・病院・学校・工場などは、その意味で監獄に似ている。制度として一般化して呼ぶときには「一望監視制《パノプティスム》」とも言われる。

　フーコーがこのモデルを近代の象徴として提示したのは、一九世紀初頭の文献に頻繁に言及があること、卓越した事例であるにもかかわらず『監視と処罰』刊行当時にはほとんど忘れ去られていたことに加え、この装置を提唱したのがほかならぬ、「最大多数の最大幸福」をもとに幸福を計量化・最大化すると主張する功利主義を創造した、近代人の代表者ベンサムだったということによる。これはちょうど、従来は狂人の解放者と見なされていた近代人フィリップ・ピネルが、『狂気の歴史』では狂人の新たな囲いこみの立役者として登場しているのと同じである。

とはいえ、一点のみ注意が必要である。ここでの議論ではテクノロジーの分析は時代を追って二段構えになっているが(主権から規律へ)、この本の執筆後、議論は三段構えになる。たとえば、『監視と処罰』では「規律」に含められていた非行者の有効活用は、後年であれば、分類による囲いこみを特徴とする「規律」にではなく、その後に出現する第三のテクノロジーに属するものとされていただろう。そのテクノロジーは、既定・緊急の出来事に現状追認的・場当たり的に対処する臨機応変な運用を特徴とし、「安全《セキュリティ》」と呼ばれることになるものである。これを端的に自由主義と呼ぶこともできる。

これ以降、フーコーの探究はしだいにこの第三のテクノロジーへと向かい、読者もまた、現在時の分析にあたってはそれを参照するようになる。したがって、「規律」を批判の対象とする『監視と処罰』は、つまるところ、その第三のテクノロジーの探究に至るまでの過渡期の研究、布石にすぎなかった、と言えるのかもしれない。だが仮にそうだとしても、なんと価値ある、動かしがたい布石だったことか。

(高桑和巳)

▼『フーコー・コレクション』に収録された関連文献——4巻4、7、8、9、15

# 『性の歴史』

*Histoire de la sexualité*

1 『知への意志』（一九七六） *La volonté de savoir*
2 『快楽の活用』（一九八四） *L'usage des plaisirs*
3 『自己への配慮』（一九八四） *Le souci de soi*

『セクシュアリティの歴史』とすべきかもしれない。シリーズになっており、全三巻が刊行された。『知への意志』（一九七六年）、『快楽の活用』（一九八四年）、『自己への配慮』（一九八四年）である。『肉の告白』と題された第四巻がほぼ完成形で遺されているというが、刊行はされていない。『快楽の活用』『自己への配慮』は、フーコーの生前最後の単行本となった。

『知への意志』は、『監視と処罰』刊行の一年後に発表されている。近代西洋の再検討をやはり主題としているという意味からも、同様の問題設定から書かれた本だと言える。今回、問題とされるのは監獄に窮極の形を得た「規律」ではなく、セクシュアリティをめぐる奇妙にも饒舌な言説である。とはいえ、この標的に対してやはり前作同様、国家の大権力ではない細かい権力の関係に注目することでアプローチがなされる。とくに、権力のもつ、禁止や抑圧に関わるのではない効果、個人を積極的にある種の行動へと駆り立てるたぐいの効果が注目の対象となる。それはとりもなおさず、彼が取り組むのが、きわめてねじれた構造をもつ対象だからである。

「かつては大らかに扱われていた性に関わる事柄が、近代に入って禁止・抑圧され、口にされなくなる」という命題に反駁することから、フーコーは始めている。この命題は一般に信じられているが、彼に言わせれば事実は正反対である。近代に入ってからというもの、人々は、科学という形、また性の解放という形で、セクシュアリティをめぐる言説を膨大に形成してきた。にもかかわらず、この誤った臆見は攻撃されなかった。それは、この臆見によって、むしろ「性について語ること」に逆説的に価値が付与されたからである。フーコーは続けて、ここにはさらに、それ以前に大枠の前提があると主張する。すなわち、「性に関わる事柄は口にできない恥ずべきことである。そして、口にされないがゆえに真理である。とすれば、その真理のすべてが語られなければならない」とする、西洋文明特有の奇妙な前提である。

## セクシュアリティ sexualité

フランス語読みに近づけるなら「セクシュアリテ」。文脈に応じて「性現象」「性行動」「性的欲望」などの訳語が工夫された歴史もあるが、現在では、フェミニズムやジェンダー研究などを経由して再導入された英語読み「セクシュアリティ」を、それらすべてを包括する用語として使用できる。一般には、性に関するおよそあらゆる事柄、またそれらが包括的に示す性格・特徴を指すと思えばよい。

フーコーによれば、言説の対象としてのセクシュアリティは、「隠されてあるべきものを告白する」という実践がキリスト教から近代科学へと引き継がれることにより成立した、いわば西洋近代に特有のものであり、正常なタイプと、規範から逸脱した、倒錯と呼ばれるさまざまな異常なタイプとからなる。フーコーは最終的にはこの体制全体からの離脱を目論む。ただし、セクシュアリティをめぐる言説は性の解放に関する言説をも含みこんでいるため、離脱は容易ではない。

フーコーはこの離脱を、「身体と快楽の、また別のエコノミー」と呼ぶ。それは、「性科学《スキエンティア・セクスアリス》」と対比される「性愛の技《アルス・エロティカ》」でもあろうし、あるいはすでにセクシュアリティとは位相をずらした何らかの友愛でもあろうが、ともあれ、「性の解放」ではない何らかの解放なるものの想像は容易ではなく、『快楽の活用』や『自己への配慮』にも解決の道は示されていない。だが、セクシュアリティの体制の自滅を誘うべくなされる、倒錯者（とされた者）の一種の開き直りに対しては、真理の裏をかくものであるとしてフーコーは一定の評価を与えている。

これは、罪のすべてを意識化し語ることを強いるキリスト教の「告解」に根をもつとされる。一七世紀には、少なくとも理念上は、全信者が性に関するすべての罪を語ることが制度化されるとフーコーは指摘する。それがセクシュアリティという名の「真理」の誕生であり、以来、罪の形を取ったこの真理の分類が、いわば「規律」的メカニズムのなかでおこなわれることになる。

これを引き継ぐことになるのが、近代のさまざまな道具立てである。その最たるものはセクシュアリティを扱う科学である。一八世紀以降、統治の対象が領土から人口に重心移動した。それにつれて、人口の維持と増大を扱う包括的学問分野である「ポリツァイ学」が発達してくる。性に関わる事柄もその観点から注目されることになる。すなわち、真理を牛耳るものが宗教から科学へとシフトするのにともない、性的健康が真理の座を占めるということである。

その結果、規準となる正常な性なるものが規範化され、それ以外がさまざまな特性をもつ倒錯として類型化される。また、少年のセクシュアリティに介入する方法論も確保される。フーコーはこれを、世界各地に見られる「性愛の技《アルス・エロティカ》」の伝承とはまったく異なる、西洋に固有の「性科学《スキエンティア・セクスアリス》」の成立であると述べる。ここに、表向きは黙りこくっているが陰で姦《かしま》しく語り続けているセクシュアリティなるものが誕生する。

この体制においては、「すべてを語ること」が許可されるが、あくまでもそれは科学のまなざしのもとに置かれる。その体制からはじき出されたかに見える「倒錯者」の言説もやはり、すべてを語る文学となることでのみ真理の座を獲得する。性の解放の言説もまた、「真理はセクシュアリティにこそ宿る」という図式をそのまま引き継いでいる（精神分析がキリスト教の告解のスタイルを結局そのまま使うことになったのは皮肉な例証である）。どの立場からも、セクシュアリティと名づけられた真理のメカニズム自体が疑われることはなく、むしろこの真理という誤謬が活用される（この指摘はたとえば、『監視と処罰』においてなされた、規律というメカニズムが刑罰システムの側からも「非行者」となった犯罪者の側からも活用されるようになったという指摘と同じ方向に向かう）。

以上のような議論を展開したフーコーは、この本の最後で、このような体制を取る近代を、より一般的に捉えなおしている。『監視と処罰』では主権から規律へという二段構えになっていた近代化プロセスが、ここでは、主権から規律へ、次いで生政治へ、という三段構えで考察すべきとされる。近代は人間の身体を主要な統治の対象としたが、一七世紀にまずなされたのがその身体の調教であり、これが規律にあたる（「解剖政治《アナトモポリティック》」とも呼ばれる）。そして一八世紀に現れるのが、集合としての「人口」の調整であり、これが「生政治《ビオポリティック》」と呼ばれる。かつて臣民を殺す権力を誇示していた主権が、人民を生かす権力を隠しもつ近代的政治へと移行する。セクシュアリティとは、この新たな体制のなかで私たちの身体の真理とされる道具にすぎないとフーコーは見なす。『知への意志』は、この体制からの離脱があいまいに主張されて終わっている。

残る『快楽の活用』と『自己への配慮』は、前作から八年を隔てて刊行される。『知への意志』に続く巻として当初予定されていた各巻はあくまでもキリスト教と近代に関わるものだったが、この八年のあいだに計画は大幅な修正を被り、ギリシア‐ローマ時代が扱われることになった。最初期から、広い意味での近代をほぼつねに問いに付してきたフーコーにしてみれば意外であるが、当初からフーコーの問うセクシュアリティはあくまでも真理と欲望の問題として立てられており、この同じ問題の淵源が──近現代社会におけるあの姦しい「セクシュアリティ」とどれほどつながりがあるかは議論の余地があるとはいえ──古代に探られている、とも見なせるだろう。

ただし、問題はすでに近代のセクシュアリティからはひとまず切り離され、真理と欲望の舞台は「自己」として再定義されている。というのもフーコーによれば、古代にはセクシュアリティは真理の位置にはなく、生きる術（倫理）という、より大きな自己制御の一翼を担うにすぎなかったからである。したがって、『快楽の活用』と『自己への配慮』では、外見上は性に関する事柄（節制など）が議論されているばあいでも、議論の主軸は性から生へと移行している。

その、生の自己組織・自己統治の方法、「自己との関係」が古代を舞台にさまざまに探究されるのがこの二冊であり、議論はそこから、キリスト教における自己制御の問題を批判的に再検討する作業に接続されるはずだったのではないかとおぼしい。しかしやはり、最晩年のこの二冊については、探究の暫定的到達点をひとまず資料集として刊行したという雰囲気も感じられ、単独ではその含蓄を計りにくい。一九八二年のコレージュ・ド・フランス講義『主体の解釈学』などとの併読が望ましい。

(高桑和巳)

▼『フーコー・コレクション』に収録された関連文献——5巻1、2、3、5、7、8、9、10、11、12

# その後のフーコー

『快楽の活用』と『自己への配慮』の二冊が刊行されて間もなく、フーコーは死去する。その意味では、「その後のフーコー」は事実上存在しない。

だが、晩年（五〇歳代）の思考の展開を生前の単行本から十全にたどるのが難しいことは否定できない。というのも、『知への意志』の刊行（一九七六年）と最後の二冊の刊行（一九八四年）のあいだには八年が経過しており、そのうえこの最後の二冊は進行中の作業をとりあえず形にしたという性格を呈しているからである。

しかし、いわば空白のこの八年の内実が、『思考集成』や『講義集成』の死後刊行が進むにつれてしだいに明らかになってきた。読者は最晩年の二冊をあらためて読みかえせるようになり、さらには、『知への意志』のなかに、その後展開されることになる問題設定の萌芽を遡行的に見分けられるようにもなった。

まず、広義の政治に関する、新たな視点の提示が見られる。キーワードは「生政治」と「統治性」である。

「生政治《ビオポリティック》(biopolitique)」という造語は、『知への意志』にすでに姿を現している（ハイフンを入れて bio-politique とも表記されるが意味は同じ）。「生命政治」「生体政治」「生物政治学」「バイオポリティクス」など、さまざまな訳語が提案されてきたが、現在では「生政治」に落ち着きつつある（関連語である biopouvoir も「生権力」が定着しつつある）。

　これは、近代（およびそれを準備する時代）以降に見られるメカニズムを指す。「人口」として捉えられる、集合的な住民の生命の安定的維持と増大、つまりは「安全《セキュリティ》」を目的とする、西洋近代の政治メカニズム一般である。単なる生命が対象となっていることにかんがみると、biopolitique（生きかた《ビオス》の政治）というより zoopolitique（「生命《ゾーエー》」の政治）と名づけるほうが適切だったかもしれないが、近現代語では、ギリシア語に存在していた単なる「生命《ゾーエー》」一般と特定の「生きかた《ビオス》」との対比は必ずしも明確ではなく、zoo- はむしろ「（人間以外の）動物の」を指す傾向にあるため、この命名は次善と見なせる（とはいえ、ここで問題となっているのは人口に対する、ある意味「動物的」な統治ではある）。

　人口をなす人間の生命に対する配慮が近代の体制において不可欠な位置を占める、というこの指摘は、『知への意志』の末尾で素描されただけかと思われたが、じつはコレージュ・ド・フランス講義では一九七〇年代後半を通して議論の中心に位置していた。「統治性《グーヴェルヌマンタリテ》（gouvernementalité）」もフーコーの造語である。これは、「生政治」をめぐる議論を補完するものとして登場すると言える。「統治《グーヴェルヌマン》（gouvernement）」という、政府という狭い意味でも用いられる一般的な用語は、もともとは船の操舵を指す（ラテン語 gubernare が「操舵する」という意味）。一六世紀以来、「操舵」の特権的対象はやはり国家ではあったが（「統治術」をめぐる多数の文献が残されている）、この「操舵」にはまた、キリスト教的な意味での魂の「指導」（信者を羊の群れに見立てた「司牧」という固有の形式を取る）や、行動の自己制御（自分の操行——「操行《コンデュイット》（conduite）」は振る舞いという意味だが、もともとは広く「操縦」を指す——を正すこと）をも含む意味の拡がりがあった。フーコーはこのかつての意味の拡がりを「統治性」という造語に担わせ、それによって、狭義の政治にとどまらず社会全体に拡がった体制を標定しようとする。これは今日まで続いている自由主義体制のことである。「生政治」も「統治性」も、権力論という観点から自由主義を再定義するために発明された概念だと言える。

以上が、広義の権力の標定に関する新機軸である。さらに最晩年のフーコーの思考には、「主体」や「自己」をめぐる、また別の問題設定も見られる。これはもともとは、近代的セクシュアリティの体制（『知への意志』で分析されている）への抵抗のありかたを探るうちに、古代に見いだされた問題設定である。すなわち、ここで問題となるのは「実存の術」や「自己の技術」という形で組織される克己や自己養生のテクノロジーである。しかし、ここで彼の前に姿を現したものは結局、セクシュアリティの相対的軽視や、近代とは別の形を取る自己制御でしかなかったかもしれない。

晩年に至るまでのフーコーの仕事に一貫しているのは、「人間とは、真理という誤謬なしには生きられない生きものだ」とするニーチェの批判的認識だったと言える。その「誤謬」が、フーコーにおいては「エピステーメー」「装置」などとして標定されてきた。フーコーはこのニーチェ流の認識を最晩年まで貫いた、と考えるのが理にかなっている。自己や主体への配慮という問題設定も、道徳の系譜を批判的に跡づける試みの枠内でこそ意味をもつように思われる。

（高桒和巳）

▼『フーコー・コレクション』に収録された関連文献——6巻6、7、8、10

# 2 講義

# コレージュ・ド・フランス講義要旨

一九七〇年より、フーコーはコレージュ・ド・フランスで教鞭をとる。その内容は、各年度末にフーコー自身の手によって要旨がまとめられ、『コレージュ・ド・フランス年鑑』に毎年掲載されることになった。以下は、コレージュ・ド・フランスに提出された研究計画と、年鑑に掲載された、一一年度分の講義要旨である。

# 研究内容と計画

「研究内容と計画」、パリ、一九六九年、小冊子（コレージュ・ド・フランスへの立候補に際しての、M・フーコー自身による自己推薦文）。
«*Titres et Travaux*» Paris, 1969. Plaquette, Paris, s. é. (Présentation de M. Foucault par lui-même lors de sa candidature au Collège de France.)
——『思考集成III』No. 71

## 現在までの研究

『古典主義時代における狂気の歴史』〔邦題『狂気の歴史』〕において私は、あるひとつの時代にひとが精神の病について知り得たことがらを明確なかたちで示そうとした。そのような知はもちろん、病理学的なさまざまの類型を名付け分類し説明しようとする諸々の医学的理論のなかに見出される。そうした知はまた、臆見という現象——狂人が古来引き起こしてきた恐怖、狂人についての愚直な見方、さらには狂人を舞台や文学において表象する際のやり方——においても目にすることができる。これらのいずれの場合においても、他の歴史家たちによる分析が私の研究を導いてくれた。しかし、私には、いまだ探索されていないひとつの次元が残されているように思われた。すなわち、狂人たちはどのようにして、それと認知され、他と区別され、社会から排除され、監禁されそして治療されたのか。また、どのような制度的機関が、狂人たちを受け入れ拘留し、ときには彼らを看護するという任務を引き受けたのか。さらには、どのような決定機関がどのような基準のもとに彼らを狂人であると判断したのか、そして彼らを拘束し、懲らしめ、治療するために、どのような方法が用いられたのか。要するに狂人は、どのような制度的、実践的組織の網のなかに捕らえられ、それと同時にそこで狂人としての規定を与えられることになったのか。こうしたことを、探求する必要があった。ところで、このネットワークについて、その機能ぶりと当時それに与えられた正当化の数々を検討してみると、そこには一貫性と整合性とが見事なかたちで備わっているのがわかる。つまり、明確に分節化したひとつの知が、そこには与えられているのである。そのとき私の前に、諸制度の複合的体系のなかに充当された知、というひとつの対象が、その輪郭を露にすることになった。そしてここにひとつの方法が課されることになる。通常なされるごとく学問的な書物を有する図書館のみを踏査するのではなく、政令、条例、病院ないし監獄の記録簿、判例の記録といったものを有する一群の古文書保管所を訪れることが必要となった。つまり私は、アルスナル図書館や国立史料館において、理論的ないし科学的言説でも文学でもなく、日常的で規則的な実践をその可視的な本体とする知の分析を、企てたのである。狂気の例はしかし、そうした企てにとって十分に適切なものではないように思われた。すなわち、十七世紀そして十八世紀において、精神病理学はあまりに未発達であるため、それを単なる伝統的臆見のよせ集めと区別することができない。それに対して臨床医学は、その誕生に際し、より厳密なかたちでの問題を提出するように思われた。十九世紀の初頭において、臨床医学は実際、生物学、生理学、病理解剖学のような、すでに成立したあるいは成立の途上にある諸科学とのあいだにつながりをもつ。しかしその一方で、臨床医学は、病院、福祉施設、臨床教室のような一群の制度的機関や、行政的調査のような諸々の実践とも結びついている。そこで、私は次のように問いかけることになった。これら二つの標識のあいだにひとつの知が、科学的理論に対して、新たな観察領野、未知の問題、それまで知覚されることのなかった対象を提示しつつ、どのようなやり方で誕生し、変容し、そして発展することができたのか。そして逆に科学的な認識の方は、どのようにしてそうした知のなかに取り入れられ、処方及び倫理的規範としての価値を持つに至ったのか。医学の実践は、厳密な科学と不確かな伝統とをひとつの不安定な混合物として組み合わせるばかりではない。この実践は、自らに固有の均衡と整合性をもつ知の体系として、強固な骨組みを有しているのである。

こうして、科学と正確には一致しないけれども単なる精神的慣習というわけでもない、そうした知の諸領域を、認めることができた。そして私は、『言葉と物』において、前とは逆のかたちでの試みを行った。すなわち、実践的及び制度的側面について、いずれまたそこに立ち戻るという計画を保持しつつそれを一時的に宙づりにし、ひとつの時代における知のいくつかの領域（十七、十八世紀における、博物学的分類、一般文法、富の分析）を考察し、そのひとつひとつを順番に検討することによって、それらが提起した諸問題、使用した諸概念、問題化した諸理論といったものの類型を、規定しようと試みた。こうした研究によって、それらの領域の各々に内的な「アルケオロジー」を規定することができたばかりではなく、それらの領域のひとつひとつのあいだに、諸々の同一性、類比関係、差異を見出しそれを記述することになった。ひとつの包括的な布置が現れたということであって、その布置が古典主義時代の精神一般を特徴づけていたというわけでは決してないけれども、それは経験的認識のそっくりひとつの領域を整合的なやり方で組織化していたのである。

したがって私は、互いに他と区別されるべき二つの結果を前にすることになったわけである。すなわち、一方で、諸々の「充当された知」という、特殊性を備えた他に対して自律性を有する存在が確認された。他方で、私はそれらの知の各々に固有の構造のなかに、体系的な諸関係を見出すことになった。そこで、問題を明確にすることが必要となり、私は、『知の考古学』においてそれを試みた。臆見と科学的認識とのあいだに、ひとつの特殊なレヴェルを認めることが可能であり、それを知のレヴェルと呼ぶことにする。そうしたものとしての知は、理論的テクストないし経験の手段においてのみならず、諸々の実践や諸々の制度においてもやはり具現化する。とはいえ知とは、そうした実践や制度の純然たる結果でもなく、それらの半ば意識的な表現でもない。知は実際、自らに固有の諸規則を備えており、それによってその存在、その機能の仕方、その歴史が特徴づけられる。ひとつの領域のみに特有の規則もあれば、いくつかの領域に共通の規則もある。また、ひとつの時代にとって一般的であるような規則もありうるだろう。そして、そうした知の発達とその変容とは、因果性の複合的諸関係を機能させる。

## 授業計画

今後の研究は、二つの要請に従う。まず、分析のための経験的地盤として役立ち得るような具体的な例を常に念頭に置くこと。次に、私がこれまでに出会った、あるいはこれから出会うことにもなるであろう、諸々の理論的問題を練り上げること。

1　私はしばらくのあいだ特権的な例として、遺伝についての知を扱おうと考えている。十九世紀を通じて発展したこの知は、飼育の技術、種の改良の試み、集中栽培の試行、動植物の伝染病に抗する努力、こうしたものに始まって、二十世紀初頭の遺伝学の誕生へと至る。一方でこの知は、極めて特殊な経済的諸要請と歴史的諸条件の結果として現れた。すなわち、農地開拓の規模や形態、市場の均衡、収益性という規範、植民地農業のシステムなどに生じた諸々の変化によって、遺伝についての知は根本的に変容することになったのである。そうした変化は、この知における情報の性質のみならず、その量とその尺度とを変容させることになった。また他方、この知は、化学や動植物生理学などのような諸科学が獲得し得た知識に対し、受動的であった（十八世紀の植物の受精の理論によって可能になった、窒素肥料の使用ないし交雑の技術が、そのことを証言している)。しかしこのような二重の依存関係が、この知からその諸々の特徴やその諸々の内的な調整形態を取り除くというわけではない。この知は、適用された諸技術(ヴィルモランによる種の改良の技術のような)と、認識論的に豊かな諸概念(ノーダンによって、定義されたとは言えないにせよ少なくとも明確にされた遺伝的特徴の概念のような)とを、同時に可能にすることになった。ダーウィンはこれを見誤ることなく、遺伝をめぐる人間の実践のなかに、自然における種の進化の理解を可能にするためのモデルを見出したのである。

2 練り上げるべき理論的諸問題については、それらを三つのグループにまとめることができるように思われる。

まず最初に、この知の地位を明確にしなければならないだろう。すなわち、それをどのような場所に標定すればよいのか、それを記述するためにはどのような範囲、どのような手段を選べばよいのか(遺伝という知において、材料は膨大である。それは、ほとんど沈黙しており伝統によって受け継がれたもろもろの習慣に始まり、正式に書き記された実験や準則に至る)。また、この知がどのような道具を使用し、どのような分布の経路をたどったのかということ、そして、この知はあらゆる社会的グループおよびあらゆる地域において同質的なやり方で広がったのかどうかということを、探求しなければならないだろう。最後に、そうしたひとつの知のさまざまなレヴェル、その意識化の段階、その調整と修正の可能性が、一体どういったものであり得るのかということを明確にするよう努めなければならないだろう。

そのとき現れる理論的問題は、個人的で意識的な認識をモデルあるいは基礎としないような、社会的で匿名のひとつの知にかかわる。

第二のグループの問題は、この知の、科学的言説への練り上げに関するものである。確かに、そうした移行、変容、敷居とともに、ひとつの科学が生成する。しかし、現象学的なタイプの企図においてなされたようなやり方で科学の第一の起源、その基礎的な企図、その可能性の根元的諸条件を探求するそのかわりに、ひとつの科学のひそかで多様な始まりを見出そうと試みなければならないだろう。ときには、ひとつの科学にとっての出生証書でありその第一憲章のようなものであるような決定的テクストを見つけ出し、その日付を特定できることもある(私が例として選ぶ領域においては、ノーダン、メンデル、ド・フリース、モーガンらのテクストが、交互にその役割を演じる)。しかし重要なのは、知が科学的な認識という地位と機能とを手に入れるためには、そうしたテクストより以前、その周囲、あるいはその内部で、どのような変容が実現されなければならなかったかを、明確にすることである。要するに、ひとつの科学の設立についての理論的問題を、超越論的な観点からではなく、歴史的な観点から分析することが重要なのである。

第三のグループの問題は、知の領域における因果性の問題にかかわる。おそらくかなり以前から、出来事と発見とのあいだ、あるいは経済的な必要と認識のひとつの領域の発達とのあいだには、包括的な相関関係が設定されてきた(例えば、十九世紀に大流行した植物の病が、変種の研究、そしてその適応能力及びその安定性の研究に対して、どのような重要性を持っていたかということが知られている)。しかし、どのようにして――どのような経路を通りどのようなコードにしたがって――知は、選択や変容を伴いつつ、それまでみずからに対し外部にとどまっていたものを書き留めるようになるのか。どのようにして知はみずからにとって異質なプロセスを受容するようになるのか。最後に、知の諸々の分野のうちのひとつあるいはその諸々のレヴェルのうちのひとつにおいて生じた変容が、どのようにして他の場所に伝達されそこで効果をあげるのか。こうしたことを、より明確なかたちで示さなければならない。

以上のような三つのグループの問題についての分析によって、知はおそらく、その三重の様相のもとに姿を現すであろう。まず、知は一群の実践と制度とを、特徴づけ、再編成し、関連づける。次に、知は、そこに科学が成立するような、不断に揺れ動く場所として現れる。最後に、知は、諸科学の歴史がそこに包み込まれるひとつの複合的な因果性の領界である。以上から、次のことがわかるだろう。すなわち、ひとつの時代の明確に限定された思考体系、あるいはその時代の「世界観」のような何かを規定することが問題なのでは全くないということである。問題は逆に、さまざまに異なる諸々の体系を見極めることであって、すなわち、各々がみずからに特有なひとつのタイプの知を持ち、行動、行為の規則、法則、習慣、処方といったものを互いに結びつけ、安定していると同時に変容が可能でもあるような布置を形成する、そのような諸体系を見極めることなのである。そしてまた、さまざまな領域のあいだでの衝突、隣接、交換の諸関係を規定することも重要である。思考の諸体系とは、あるひとつの時代に、諸々の知がそこにおいて独自性を受けとり、その均衡を手に入れ、そして互いに交渉を持つような、そうした諸形式のことなのである。

私が出会った問題はおそらく、その最も一般的な表現形式においてそれを見るなら、哲学がおよそ十年ほど前にみずからに課した問題と類比的な関係があるだろう。純粋意識の反省哲学という伝統と感覚の経験論とのあいだに哲学が見出そうとしたのは、生成でも、紐帯でも、接触の表面でさえもなく、第三の次元、すなわち、知覚と身体の次元であった。今日思考の歴史には、おそらくそれと同様の再調整が必要であろう。すでに成立している諸科学(しばしばその歴史が探求されるものとしての)と、臆見という現象(歴史家がそれを扱う術を知っているものとしての)とのあいだに、思考の諸体系についての歴史を企てなければならない。しかし、知の特殊性をこのように際立たせることによって、ただ単に、ここまでないがしろにされてきた歴史分析のひとつのレヴェルが規定されるだけではない。それによって、認識とその諸条件、そして認識する主体の地位に対し、再び問いかけることが必要となるであろう。

(翻訳 慎改康之)

# 知への意志（一九七〇—一九七一年度）

「知への意志」、『コレージュ・ド・フランス年鑑』七一年度、「思考システムの歴史」講座、一九七〇—一九七一年度、一九七一年、二四五—二四九ページ。
«La volonté de savoir», *Annuaire du Collège de France, 71e année, Histoire des systèmes de pensée, année 1970-1971*, 1971, pp. 245-249.
——『思考集成Ⅳ』No. 101

本年度の講義は、それぞれの断片が集まって次第に少しずつ「知への意志の形態学」を構成することをめざした、ひとつの分析のシリーズを開始するものである。知への意志というこの主題は、ある時は、限定された歴史的研究のなかで考えられていくことになるだろうし、またある時には、それ自身として、その理論的内実において扱われることになるであろう。

本年度行われたのは、この主題の場所を位置づけ、思考システムの歴史におけるその役割を定義すること、少なくとも暫定的に分析の初期モデルを定め、最初の諸例についてそのモデルの有効性を試してみる、ということである。

(1) すでに先行して行われた研究は、思考システムを分析する諸レヴェルのうちでも特異な一つのレヴェルを認めることを可能にした。すなわち、それは、言説実践のレヴェルである。そのレヴェルにおいては、論理的タイプにも言語学的タイプにも属さない体系性が問題となる。言説実践を特徴付けているのは、諸対象の場の切り取りであり、認識主体にとっての正当なパースペクティヴであり、諸々の概念や学説を形成するための諸規範の固定化である。それぞれの言説実践は、したがって、排除と選択を規制している一連の指示を前提としているのである。

ところが、それらの規則性の諸集合は、個々人の作品＝業績とは一致しない。たとえ、それらの規則性の集合が、個人の作品＝業績を通して姿を見せるものであり、それらの作品＝業績の一つにおいてまず顕著に現れるものであるとしても、そうした集合は個人の作品＝業績をはるかに超え出たものであり、しばしばかなりの数の作品＝業績をまとめあげているものなのである。しかしだからといって、それらの集合は、ひとが科学あるいは学問（ディシプリン）と呼ぶことを習慣としているものとも、その境界設定がときには暫定的に一致したとしても、やはり必ずしも一致しないのである。むしろ、一つの言説実践が、様々な学問や科学を集めたものである、あるいはまた、一つの言説実践が、複数の学問や科学を横断し、それらの学問や科学の諸領域を見かけ上は目立たない一つの統一単位においてまとめあげているということの方が、よりしばしば起こることなのである。

言説実践はたんに純粋に言説の制作様態であるわけではない。言説実践は、諸々の技術的総体、諸制度、諸々の行動図式、伝達および伝播の諸タイプ、言説実践を強制するとともに維持することになる教育の諸形態のなかに、具体化＝身体化しているものなのである。

最後にまた、言説実践は固有の変容様式をもっている。それらの変容は、個人的で具体的な発見に帰すことはできない。といってまた、心性、集団的態度あるいは精神状態の全般的な変化として特徴づけることもできないのである。ひとつの言説実践の変容は、しばしば極めて複雑な諸々の変化の総体に結びついているのであって、それらの変化はその言説実践の外で起こるものであることもあれば（諸々の生産形式や、社会関係や、政治制度などにおける変化のように）、内で起こることもあり（諸対象の決定の技術とか、諸概念の精密化や調整とか、情報の蓄積とかといった変化のように）、あるいはまた、その横で起こることもある（他の言説実践における変化のように）。そして、その言説実践の変容は、たんなる結果というのではなく、それ自身の自律性と同時に、自らを規定しているものに対するはっきりと定まった機能の総体を保持した、ひとつの効果というあり方で、それらの変化に結びついているのである。

以上のような排除と選択の諸原理、つまり、存在の仕方が多様で、実効性は諸々の実践において具体化し、変容が相対的に自律した諸原理は、それらを次々と継起的に発明したり、始源的なレヴェルでそれらを根拠づけたりするようなひとつの（歴史的あるいは超越論的）認識主体へと送り返すことになるのではない。それらの諸原理は、匿名で多形的な、規則的な変容を被りうる、標定可能な依存関係の戯れにとらわれた、ひとつの知への意志をむしろ指し示しているのである。

精神病理学、臨床医学、博物誌などについての、実地の研究は、そうした言説実践のレヴエルを抽出することを可能にした。それらの実践の一般的特徴とそれらを分析するための諸々の方法は、考古学の名の下に整理された。知への意志に関して企てられる研究は、今度は、そうしたすべてに理論的正当化を与えるべきなのである。今のところ、非常に一般的なやり方で、どのような方向にその理論的正当化が進むべきなのかを示すことはできる。それは、知と知識との区別をめぐる方向、知への意志と真理への意志の差異をめぐる方向、その意志に対する、単数形あるいは複数形の主体の位置をめぐる方向である。

(2) 知への意志を分析するために、作り上げられた概念道具はいままでのところ極めてわずかにすぎない。多くの場合、ひとはかなり粗雑な諸概念を使っている。例えば、好奇心、認識によって支配あるいは所有する必要、未知を前にした不安、未分化なものの脅威を前にした反応といった、「人間学的」あるいは心理学的な諸概念。一時代の精神とか、時代の感受性、関心のタイプ、世界観、価値体系、本質的な欲求といった歴史的一般概念。時間を通じて明示的になる合理性の地平といった哲学的主題。さらにまた、欲望と知における主体と客体の位置に関する精神分析のまだ極めて初歩的な理論形成が、そのまま歴史的研究の場に持ち込めると考えさせる理由は何もないのである。おそらく、知への意志を分析することをゆるす概念道具は、個々の具体的な研究によって描き出される要求と可能性に応じて、作業の成り行きにそって、作り出され定義されていくことになるだろうということを認めねばならないのである。

哲学の歴史は、この知への意志に関して、分析が最初の手がかりと見なしうる理論モデルを提供している。研究され、試されるべき哲学者たち（プラトン、スピノザ、ショーペンハウアー、アリストテレス、ニーチェら）のうち、今年まず取り上げられたのは、最後の二人である。というのも、この二人は、極端で相対立するあり方を示しているからである。アリストテレスのモデルは、おもに、『形而上学』、『ニコマコス倫理学』、『霊魂論』[*1]から出発して分析された。アリストテレスのモデルは、感覚のレヴェルからすでに働いている。このモデルが打ち立てようとするのは、

——感覚と快楽とのあいだの結びつき、
——感覚が持ちうる生への有用性に対する、上記の関係の独立性、
——快楽の強度と感覚がもたらしうる認識の量とのあいだの直比例関係、
——快楽の真理と感覚の誤謬との両立不可能性、

である。

同時に与えられ、身体の有用性と直接的な関係にない、多数の対象の距離をおいた感覚としての視覚的知覚は、それが自らもたらす満足感において、認識と快楽と真理との間の結びつきを表している。この同じ関係は対極において、理論的凝視の幸福のなかに転位されている。『形而上学』の冒頭が普遍的かつ自然なものとして提示する知る欲望は、すでに感覚が表しているこの原初的帰属に基づいているのである。[*2]そして、この結びつきこそ、この最初のタイプの認識から、哲学において定式化されるような、最終的な認識のタイプへの連続的な移行を保証するものなのである。アリストテレスにおいては、認識の欲望は、認識、真理、

快楽を予め結んでいる関係を前提として、それを転位したものなのである。
『悦ばしき知』において、ニーチェは、まったく異なった関係の総体を定義している。それは次のようなものだ。

――認識はひとつの「発明」[*3]であって、その裏側にあるのはそれとはまったく異なったもの、すなわち、本能、衝動、欲望、恐怖、所有の意志の戯れである。それらが闘争し合う舞台において認識は生み出されることになる。

――認識は、そうした本能、衝動などの調和や幸福な均衡の効果としてではなく、それらの間の憎悪、疑わしくかつ暫定的な妥協、いつ裏切られるかもしれぬ脆い同盟の効果として生み出されるのである。認識は恒常的な能力ではなく、ひとつの出来事、あるいは少なくとも一つながりの出来事なのである。

――認識はつねに奴隷的で、依存的、利益関心に支配されている（決して認識それ自身に関心があるのではなく、認識を支配する単数あるいは複数の本能に利益をもたらしうるものに関心がある）。

――認識は自らを真理の認識であると主張するとすれば、それは、認識が、真と偽との区別を定立する原初的でつねに更新される偽造のゲームによって真理を生み出すからである。

利益関心がしたがって認識に先立つものとされ、利益関心は認識を単なる道具として従えるのだとされる。認識は、快楽と幸福から切り離されて、戦い、憎悪、悪意へと結びつけられる。それらの戦い、憎悪、悪意は、自分たち自身を対象とし、さらなる補足的な戦いと憎悪と悪意にもとづいて自分たちを断念するに至るとされる。真理に対する認識の起源的な結びつきは解かれることになる。というのも、真理とは、それ自体としては、一つの効果、真と偽の対立と自らを名付けた偽造の効果にすぎないからである。本質的に利益関心に貫かれ、願望の出来事によって生み出され、偽造によって真理の効果を決定するような認識というこのモデルは、おそらく古典的公準からもっとも遠くに位置するものである。今年の講義において、ひとつのまとまった事例系列に関して、自由に援用しつつ、活用されたのは、このモデルである。

(3) その事例系列は古代ギリシャの歴史と制度から借りられた。それらの事例はすべて司法に属している。紀元前七世紀から五世紀にかけて起こった変化を追うことがめざされた。その変容とは、司法の運用、正義についての考え方、犯罪に対する社会的反応に関わるものである。

次の事項が順次研究された。

――裁判係争における宣誓の実践、および、神々の復讐に身を曝す訴訟人たちの挑戦としての宣誓から、目撃し立ち会ったものとして真を述べるものとされる証言者の確かな言を誓うものとしての宣誓への推移。

――貨幣の制度化にともなう、たんに商業的交換におけるだけではなくポリス内での社会的諸関係における、正しい尺度の追求。

――正しき分配としての、ノモス（法）の探求。その法は、世界の秩序としての秩序をポリスに支配させることによって、ポリスの秩序を保障するものとされる。
——殺害の後の浄化の諸儀式。

正義の分配は、研究対象となった時代のすべてにわたって、重要な政治闘争の賭け金であった。そして、それらの政治闘争は、最後には、ひとつの知に結びついた司法の形態を生み出すことになったのである。その知においては、真理が、目に見え、確証可能であり、測定可能であり、世界の秩序をつかさどる法則と同じような法則に従うとされ、その真理の発見はそれ自体として浄化の価値を持つものとされたのである。こうしたタイプの真理の肯定こそ、西欧的な知の歴史において決定的なものであったと考えられるのである。

＊

本年度の演習は十九世紀フランスにおける刑罰制度の研究を全体的な枠組みとした。ことしは王政復古時代の刑事精神医学の初期の発達を対象とした。使用された題材は、大部分、エスキロールの同時代人と弟子たちによる法医学鑑定の文書である。

（翻訳　石田英敬）

原書編者註

＊1　アリストテレス『形而上学』（J・トリコ仏訳）、パリ、ヴラン書店、一九五六年刊。『ニコマコス倫理学』（J・トリコ仏訳）、パリ、ヴラン書店、一九五九年刊。『霊魂論』（E・バルボタン仏訳）、パリ、ベル・レットル社「フランス大学叢書」一九六六年刊。

＊2　アリストテレス『形而上学』、前掲書、A、I 980 a 二一―二二ページ。「すべての人間はその本性から知る欲望をもっている。諸感覚が引き起こす快楽はその証拠である。というのも、それらの感覚の有用性の外に、それらの感覚はそれ自体で私たちに快いものであり、他の諸感覚にもまして、視覚的感覚はとくにそうである。」

＊3　ニーチェ（F）『悦ばしき知 Die Fruhliche Wissenschaft』、ヘムニッツ書店、一八八二年刊。副題の「La Gaya Scienza」が現れるのは一八八七年（『悦ばしき知』、P・クロソフスキー仏訳、『哲学全集』、パリ、ガリマール社、第五巻、一九六七年刊）。

# 刑罰の理論と制度（一九七一－一九七二年度）

「刑罰の理論と制度」、『コレージュ・ド・フランス年鑑』七二年度、「思考システムの歴史」講座、一九七一－一九七二年度、一九七二年刊、二八三－二八六ページ。
«Théorie et institutions pénales», in *Annuaire du Collège de France, 72ᵉ année, Histoire des systèmes de pensée, année 1971-1972*, 1972, pp. 283-286.
——『思考集成Ⅳ』No. 115

今年度の講義は、十九世紀のフランス社会における刑罰制度（より一般的には、社会的な諸制御および懲罰の諸体系）の研究に対する歴史学的な前置きとなるべきものだった。その研究はそれ自体、さらに大きな企図の内部に書き込まれるものである。その大きな企図については前年に素描した。すなわちそれは、これこれのタイプの知の形成を、その知を産み出しその支えとなっている法的－政治的母型から出発して辿る、という企図である。作業仮説は以下のとおりである。権力諸関係（また、その諸関係を貫いている諸闘争、維持している諸制度）は、知を通りやすくしたり通りにくくしたりする役を果たすだけではない。権力関係は知を優遇したり刺激したり、あるいは歪曲したり局限したりするだけではない。権力と知とは、様々な利害やイデオロギーの働きによってのみ互いに結びついているのではない。

したがって、権力がどのように知を自らに従属させ自分の諸目的の役に立たせるか、また、権力がどのように知の上に自らを重ね書きして知にイデオロギー的な諸内容や諸限定を課すかを規定するということだけが問題なのではない。コミュニケーション、記録、蓄積、転位、これらからなるシステムなしに自らを形成する知は一つとしてない。それ自体が一つの権力形式であるこのシステムは、その存在と機能において、他の諸形式の権力と結びついている。反対に、しかじかの知の抽出、横領、分配、貯蔵なしに行使される権力も一つとしてない。この水準では、一方に認識が他方に社会が、もしくは一方に学が他方に国家があるのではない。そこにあるのは「知としての権力」のとる基礎的な諸形式である。

計測[1]についてはすでに昨年度、ギリシアのポリスの構成に結びついた「知としての権力」の形式として分析を行ってあった。今年度は調査[2]が、中世国家の形成との関係において、同様に研究された。来年度は試験[3]を、産業社会に固有の制御・排除・処罰の体系に結びついた知としての権力の形式として検討することにする。計測、調査、試験のいずれも、それが歴史的に形成されるにあたっては、権力を行使する手段であると同時に、知を打ちたてるにあたっての規則でもあった。計測は、人間間ないし要素間の争いにおいて秩序、正しい秩序を打ちたてる、もしくは打ちたてなおす手段であるが、同時にまた、数学的・物理的な知の母型でもある。調査は、事実・出来事・行為・所有・権利を確証する、ないしは回復する手段であるが、同時にまた、経験的な知と自然科学との母型でもある。試験は、規範・規則・分割・資格・排除を定める、ないしは修復する手段であるが、同時にまた、一切の心理学・社会学・精神医学・精神分析の、つまり人間諸科学と呼ばれているものの母型でもある。たしかに、計測も調査も試験も、多くの純然たる理論や厳密に制御された道具と同様に、多くの科学的実践において働いている。この水準、この役割においては、たしかにそれらは権力の諸形式との関係から切り離されている。しかし、決まった認識論的領域の内部に共に位置を占め蒸留される前には、それらはある政治的権力の設置に結びついていた。それらは政治的権力の効果であると同時に道具でもあった。計測は秩序の機能に応え、調査は中央集権の機能に応え、試験は選別と排除の機能に応えるわけである。

したがって一九七一―一九七二年度の講義は二つの部分に分けられた。

その一方は、調査と中世におけるその発展とに関する研究にあてられた。とりわけ、刑罰の実践の領域における調査の出現の諸条件が採り上げられた。復讐の体系から処罰の体系への移行。弾劾という実践から糾問という実践への移行。損害という、係争を惹き起こすものから、違反という、起訴を規定するものへの移行。試練による決定から証拠による判定への移行。勝者を指し示し正当性のありかを示す決闘から、証言に依拠して事実を打ちたてる調書への移行。こうした変容全体が、刑事の司法行政を徐々に厳しく接収する傾向をもつ国家の誕生と結びついている。そしてこのことは、秩序の維持の諸機能が国家の手中に集中し、封建制による司法の接収が司法の実践を富の移動のなす大循環の内に記入したのと軌を一にしている。司法における調査という形式は、カロリング朝の行政の残存物に形を借りたものかもしれない。しかし、それよりは、それがローマ教会の運営と制御をモデルにしたというほうが確かだろう。こうした実践の総体に以下のものが属する。調査に特有の問い（誰が何をしたのか？ その事実は周知のことか？ 誰がそれを目撃し、証言しうるか？ どんな状況証拠があるか？ どんな物的証拠があるか？ 自白はあるか？）。調査の諸局面（事実を打ちたてる局面、有罪者を規定する局面、情状を打ちたてる局面）。調査に関わる人物（訴追する者、告発する者、目撃した者、否認もしくは自白する者、判決を下し決定すべき者）。調査というこの司法上のモデルは、権力の一大体系に依拠している。この体系こそが、知として構成されるべきものを定義づけ、知がどのようにして誰から発して誰を経由して抽出されるのかを定義づけ、知がどのような仕方で位置を変え伝えられるのかを定義づけ、知がいかなる点に集約され判決や決定を正当化するのかを定義づける。

この「糾問」というモデルは、場を移し徐々に変形されて、十四世紀から、経験にもとづく学を形成する審級の一つを構成するようになる。実験や旅行に結びついていようといまいと、調査は、伝統の権威に、また象徴的な試練[4]による決定に強く対立しており、科学的実践の内で働き（たとえば磁気学や博物学）、方法論的な省察の内で理論化され（あの支配人ベイコン）、様々なタイプの言説の内へと置き換えられることになる（〈試論〉〈瞑想〉〈概論〉に対して分析の形式となった〈調査〉）。我々は糾問に根ざした文明に所属しており、この文明は今や数世紀にわたって、知の抽出と移転と併合とを実践している。その実践は次第に複雑になる諸形式にもとづいてなされているが、それら諸形式はすべて同一のモデルから発している。糾問とはすなわち、我々の社会にとって本質的な知としての権力の形式である。実験による真理とは糾問から生まれた娘である――すなわち、問いを立て、答えを無理に引き出し、証言を取り集め、断言を制御し、事実を打ちたてる、政治的、行政的、司法的な権力から生まれた娘だ、ということである。それはちょうど、計測と均整による真理がディケーから生まれた娘であるのと同じである。

経験主義が自らの始まりを忘却し覆い隠した日は非常に早く訪れた。恥ずべき起源《プデンダ・オリゴ》、というわけである。経験主義は調査のもつ落ち着きを糾問のもつ暴虐さに対立させ、利害を離れた認識を糾問体系の情念に対立させた。そして経験の真理の名において、糾問は、自分が追い祓うと言っている悪魔をその拷問の内に産み出しているのではないかと非難された。しかし、糾問は糾問体系の一形式――長い間、多くの形式の中で最も完成された形式であったもの――にすぎず、その糾問体系は、我々の知の最も重要な法的‐政治的母型の一つなのである。

講義のもう一つの部分は、十六世紀における、社会の制御の新たな諸形式の出現にあてられた。閉じ込めの大々的な実践、警察装置の発達、人口の監視。これらが新たなタイプの知としての権力の構成を準備した。この新たなタイプの知としての権力は、試験という形式をとることになった。一九七二―一九七三年度に企てることにしているのは、十九世紀におけるこの新たなタイプの知としての権力、その諸機能とその諸形式の研究である。

*

月曜日の演習では、十九世紀における法医学的な諸実践および諸概念の研究がおこなわれた。ある一つの事例が詳細にわたる分析のために、また今後の出版のために採り上げられた。十九世紀のほとんど無名の殺人犯ピエール・リヴィエールである。二十歳の時、彼は自分の母、弟、妹の首を掻き切って殺した。逮捕の後、彼は説明的な報告書を書き、これは判事たちと、精神鑑定の任を負った医師たちに渡された。この報告書は一八三六年に医学雑誌に部分的に公表されたが、J－P・ペテールによってその全体が、大半の関連資料とともに再発見された。R・カステル、G・ドゥルーズ、A・フォンタナ、J－P・ペテール、P・リオ、セゾン嬢が参加してこの全体の出版が準備された。

入手できるあらゆる刑事精神医学の資料の中でこの資料がとりわけ注意を惹いたのにはいくつかの理由がある。むろん、周囲が痴愚すれすれと思っていたらしい殺人者、このノルマンディーの農村の若者が書いた報告書の存在。その報告書の内容（その第一部は、彼の父母の結婚の計画がなされて以来の、父方と母方の家族をあるいは結びつけあるいは対立させたあらゆる契約、衝突、折り合い、約束、破綻についての極度に細心な物語に割かれている。農村民俗学の素晴らしい資料だ。テクストの第二部でピエール・リヴィエールは彼の行為の「理由」を説明している）。ピエール・リヴィエールの「奇妙さ」の印象について述べている、全員が集落の住人からなる証人たちによる比較的詳細な証言。一連の精神鑑定（それぞれの鑑定が医学的な知のきちんと定められた各層を表象している。一つは田舎医師によって作成され、別の一つはカンの医師によって、最後にさらに別のいくつかのものが当時のパリの大精神科医たち（エスキロル、オルフィラなど）によって作成された）。最後に、この出来事の日付（犯罪精神医学のはじまり、偏執狂という概念に関する精神科医と法学者との間の公開大論争、司法の実践における、情状酌量なるものの拡張、ラスネールの回想録の刊行、文学における大犯罪者の出現）。

（翻訳　高桑和巳）

訳者註

〔1〕「計測」(mesure) は、尺度、節度、措置などを指す。ここでは一般に、調和のとれた尺度にしたがう権力の行使、またその根拠づけを指すと思われる。

〔2〕「調査」(enquête) は、捜査、審査、尋問などを指す。ここでは一般に、事実関係を調べることによる権力の行使、またその根拠づけを指すと思われる。

〔3〕「試験」(examen) は、検査、審査などを指す。ここでは一般に、選別することによる権力の行使、またその根拠づけを指すと思われる。

〔4〕「象徴的な試練」とは、火に手を差し入れて身の潔白を証す神明裁判のたぐいを指す。

# 116

# 懲罰社会（一九七二―一九七三年度）

「懲罰社会」、『コレージュ・ド・フランス年鑑』七三年度、「思考システムの歴史」講座、一九七二―一九七三年度、一九七三年刊、二五五―二六七ページ。
«La société punitive», *Annuaire du Collège de France, 73ᵉ année, Histoire des systèmes de pensée, année 1972-1973*, 1973, pp. 255-267.
――『思考集成Ⅳ』No. 131

古典主義時代の刑罰制度には、大別して懲罰戦術の四つの形式を見いだすことができる。それら四つの形式はお互いに混じり合っているが、異なる歴史的起源を持ち、それぞれは、独占的とまでは言えないにしても、特権的な役割を社会や時代に応じて果たしてきた。すなわち、それらの形式とは、

(1) 追放する、追い出す、放逐する、国外へ追い払う、一定の場所への出入りを禁止する、居場所を破壊する、出生地を抹消する、財産及び所有地を没収する、という形式、

(2) 補償を組織する、罪の償いを課す、生じた損害を返済すべき負債へと換える、犯罪を金融債務へ変換するという形式、

(3) さらし者にする、烙印を押す、傷つける、手足を切断する、傷痕をつける、顔や肩に

目印をつける、人工的な目に見える肉体的減殺を強いる、すなわち身体を収奪しそこに権力の痕跡を記入するという形式、
(4) 監禁するという形式、
である。

ひとは仮説として、それぞれの社会が特権化した懲罰のタイプに応じて、社会を、追放社会（ギリシャ社会）、贖罪社会（ゲルマン社会）、刻印社会（中世末期の西欧社会）、そして、監禁する社会、すなわちわれわれの社会、というような区別を行うことができるだろうか。

われわれの社会とは、せいぜい十八世紀末以来の社会というにすぎない。拘留、監禁が一七八〇年から一八二〇年にかけての大改革以前にはヨーロッパの刑罰体系に属していなかったことは確実である。十八世紀の法学者の間でもその点については意見は完全に一致している。「監獄はわれわれの民法によれば、刑とは見なされない……国事的事由により時には君主がこの刑を課すことがあるとしても、それは専断による行為であり、通常の司法がこの種の有罪判決に訴える慣習はない」（セルピヨン「犯罪法」一七六七年）[*1]。しかし、このように監禁に対して刑としてのいかなる性格を付与することも拒否しようと強調すること自体が、いやます不確かさを逆に示しているのではないか。いずれにしても十七、八世紀に行われていた諸々の監禁は、刑罰体系に極めて隣接したものであり、また限りなくそれに接近し続けているものであるにせよ、依然としてその余白に留まっているのである。それらの監禁とは、次のようなものだ。

──抵当監禁 enfermement-gage：裁判所が犯罪事件の予審が行われている間実施したり、債権者が借金返済までの間、あるいはまた、王権力が手強い敵を相手にしたときに実施する監禁。過失を罰するというよりは、むしろ身柄を拘束しておくための措置である。

──代替監禁 enfermement-substitut：(例えば、過失の性質が単に道徳や品行上のものであるとか、身分上の特権により) 刑事裁判所の権限が及ばぬ人間に対して課される監禁(ローマ教会裁判所は、一六二九年以降厳密な意味での禁固刑を下す権限は持たないが、罪人に修道院への隠遁を命じることができた。封印状は特権者にとってしばしば刑事裁判所から逃れるための手段だった。男であればガレー船の漕役刑で償うべき罪を女が犯した場合には、長期受刑者強制収容施設 maisons de force へ送られた)。

この代替監禁は (最後の例を除けば)、監禁は司法権による決定ではなく、監禁期間も当初から定められているわけでもなく、矯正という不確実な目的にしたがって決められるという事実によって際だっている。刑というよりはむしろ懲罰であった。[*2]

ところが、古典主義犯罪法の大記念物 (セルピヨン、ジュース、ミュイヤール・ド・ヴーグラン[*3]) の時代から五十年を経て、監獄は刑罰の一般形式となった。

一八三一年、レミュザは下院で次のように発言した。「新法が認める刑罰制度とはいかなるものでありましょうか。それはあるゆる形式をとった収監 incarceration であります。じっさい新刑法に残った四つの主要な刑罰を比較されるがよい。懲役は収監の一形式であり、徒刑場は屋外の監獄であります。拘留、禁固重労働、矯正収監はいわば同一の罰のそれぞれ異なった名称にすぎないのです。」[*4] ファン・メーネン Van Meenen は、ブリュッセルで開かれた第二回国際監獄会議の開会演説で、大地が「車責め用の刑車や処刑者のさらし台、絞首台」と「醜く横たわる骸骨」で覆われていた自らの青春時代を思い起こしている。[*5] あたかも、刑罰に準ずる懲罰 punition parapenale だった監獄が、十八世紀末に刑罰制度の内部に侵入し、すぐさま迅速に刑罰空間全体を占領してしまったかのようなのだ。ヨーゼフ二世治世下に起草されたオーストリア犯罪法は、瞬く間に勝利をおさめたこの監獄の侵攻の最も顕著な証言となっている。

監禁刑罰制度の組織はたんに新しいというだけではなく、謎めいてもいる。その制度が構想されつつあった時点ですでに、それはきわめて激しい批判の的となっていた。それらは基本原則に基づき表明された批判であった。しかし同時に、監獄が刑罰体系および社会一般のなかにもたらすかもしれないあらゆる機能不全を理由として表明された批判でもあった。すなわち、次のような批判である。

(1) 監獄は、司法権力が刑罰が適用されたかどうかを検査、確認することを妨げる。法は監獄の中に入れない、とドカーズは一八一八年に述べている。

(2) 互いに相異なった孤立した受刑者たちを混ぜ合わせることによって、監獄は、犯罪者たちの均質な共同体を形成することになる。彼らは監禁状態の中で結びつくだろうし、出獄後もそれらの連帯関係は残るだろう。監獄はまさしく内なる敵の集団を作り出すことになる。

(3) 受刑者に住まい、食べ物、衣服、さらにはしばしば仕事さえも供給する監獄は、受刑者に対しときには労働者よりも快適な境遇を与えることになる。監獄は抑止効果を持たないどころか、犯罪へと駆り立てることになる。

(4) 彼らの習慣や彼らに印された恥辱の烙印によって決定的に犯罪へと運命づけられている人々が、監獄から出てくることになる。

したがって、すぐに、監獄は、司法自体が監獄へと送り込む、または送り返すことになる人々を、司法の余白において生産する道具であるとして告発される。そうした監獄的円環はすでに一八一五―一八三〇年頃からすでにはっきりと告発されている。そうした批判に対しては、次々に以下のような三つの解答がもたらされた。

――監獄のプラスの効果（犯罪者の選別、犯罪者を社会の回路の外に隔離すること）を維持しつつ、その危険な結果（彼らの社会回路への再導入）を取り除くような、監獄に取って代わるものを想像すること。そのために、英国人がアメリカ独立戦争当時中断し、一七九〇年以降オーストラリア向けに再開していた、古い流刑制度が再び採用される。フランスでは一八二四年から一八三〇年頃にボタニー湾[1]をめぐり大論争が起こる。実際には流刑‐植民地化は監禁に取って替わることはなかったが、大植民地化時代には犯罪管理の回路の中で複雑な役割を演じた。カイエンヌ[2] Cayenne は、程度の差こそあれ志願者から成る植民者集団、植民地連隊、アフリカ囚人部隊、外人部隊等で構成された集合体であるが、十九世紀を通じて、監禁中心の刑罰制度と相関関係を保ち機能することになる。

――監獄があの内的脅威の集団を作り出さないように、監獄の内部システムを改革すること。それこそが、「監獄改革」としてヨーロッパ全域を通じて掲げられた目標である。年代的目安としては、ユリウスの「監獄についての講義」(一八二八年)[*6]と、一八四七年のブリュッセル会議が挙げられる。この改革には主に三つの側面がある。まず監獄内での拘留者の完全なまたは部分的な隔離(オーバーンとペンシルベニアの制度をめぐる議論)。次に労働、教育、宗教、報酬、刑の軽減による受刑者の道徳化。最後に、予防、回収あるいは管理のための、刑罰制度に準ずる諸制度の発達である。ところでこれらの改革は一八四八年の革命によって終止符が打たれるのだが、改革前の時代に告発された監獄の機能不全はいささかも修正されなかった。

――最後に、監獄的循環に人間学的ステータスを与えること。ユリウスとシャルル・リュカ[*7]の旧い計画(「矯正を行う」制度が持つべき、建築的、行政的、教育的諸原理を提示しうるひとつの「監獄学 science des prisons」を打ち立てるという計画)に代えて、犯罪者の特殊性の中で彼らを特徴づけ、彼らのケースに適した社会的対応方法を決定できる「犯罪者学 science des crminels」を打ち立てること。かつて、監獄的回路が、彼らの自律性の少なくとも一部分を与え、彼らの隔離と閉回路を同時に保障していた、犯罪者の階層は、心理社会学的逸脱として、このとき現れることになる。「科学的」言説が扱うべき逸脱(そこへ向かって精神病理学的、精神医学的、精神分析的、社会学的分析が押し寄せる)となるのである。その逸脱をめぐって、監獄が確かにひとつの解答や適切な処置でありうるのかという問いが立つことになるのだ。

十九世紀初頭に、別の言葉を用いて人々が監獄に対し非難していた事柄（「犯罪者」の「マージナルな」集団をつくる）は今では必然の成行と理解される。そのことを事実として受け入れるだけでなく、その事実を原初的所与として構成する。監獄が作り出す「犯罪」効果は、監獄がその問題に適当な解答を出すべき、犯罪の問題となるのである。監獄的循環の犯罪学的逆転が起ったのである。

＊

そのような逆転は、いかに可能だったのか、どのようにして、告発され、批判された効果が最終的には犯罪の科学的分析のための基礎データとしての役目を担うことができたのか、どのようにして、歴史も浅く脆弱で、批判の余地があり批判もされた監獄が制度の場に深く入り込み、監獄が創出した効果のメカニズムが人間学的恒常項になりますますことができたのか、そもそも監獄の存在理由とは何なのか、監獄はどのような機能的要請に答えるものとされたのか、を問わねばならない。

監獄制度の「イデオロギー的」生成が不分明なだけに、それらの問いを立てる必要はますますあるのだし、しかも、それだけに、問いに答えることはいよいよもって困難である。監獄は確かに告発された、しかも早い時期に、それが生んだ実地の効果においてと考えることもできるかもしれない。しかし監獄は新しい刑法理論（十九世紀の刑法の編成を支配した刑法理論）にきわめて強く結びついていたので、その理論と併せて監獄をも受け入れなければならなかったのかもしれない。あるいは徹底した監獄政策を望むのなら、もう一度この理論を全面的に検討し直さなければならなかったとも考えられるだろう。

ところが、この視点からいえば、十八世紀後半の刑法理論の検証はかなり意外な結果をもたらす。ベッカリアをはじめとする理論家やセルヴァンのような法学者、ル・ペルティエ・ド・サン＝ファルジョーらの立法者、さらには法学者で立法者であったブリソーにしても、偉大な改革家の中で誰一人として、監獄を普遍的な、あるいは最も重要な刑罰として提示した者はいなかった。一般的にこれらすべての法編成の中で、犯罪人は社会の敵と定義される。その点において、改革家たちは中世以来の政治的・制度的変遷がもたらしたものを引継ぎ変化させただけなのである。つまり争いの調停に代わる検察の訴追である。王の検事は、介入することによって、違反行為を人格の侵害または個人的利益の侵害であるだけでなく、王の主権の侵害でもあることを示す。ブラックストーンは、彼の英国法律解釈の中で、検事は君主の主権と社会の利益を同時に擁護するのだと述べていた。[*8] 結局のところ、ベッカリア以後、改革家の大多数は、犯罪の概念、検察側の役割、懲罰の必要性を、社会の利益だけ、あるいは社会の保護の必要だけから出発して定義しようとしたということなのである。犯罪者は何よりもまず社会を侵す。社会契約を破棄することによって、犯罪者は社会の中で内なる敵となる。この一般原則から次のような一連の結果が生じる。

(1) 各社会はその固有の必要に応じて刑罰の程度を変化させなければならない。罰は過失自体からではなく、それが社会へ及ぼす害または危険から派生するのだから、社会が脆弱であればあるほど、備えを十分にし、厳格であらねばならない。従って刑罰の普遍的モデルはありえず、刑罰の本質的な相対性だけが存在する。

(2) 刑罰が償いであるならば、それが強すぎたとしても不都合はないだろう。いずれにしても刑罰と犯罪の適当な比率を決めるのは困難であろう。しかし社会を守ることが問題であるならば、刑罰が正確にその役割を果たせるように刑罰の重さを計算することができる。それを越える厳しい刑罰は権力の濫用になる。刑罰の公正さはその経済性の中にある。

(3) 刑罰の役割は完全に外部へと、未来へと向けられている。犯罪の再発を防ぐこと。極端な場合、ある犯罪がそれが最後であることが確実視できれば、罰せられる必要もないであろう。要するに犯罪者を悪事が働けない状態に置き、無実な者たちには同様な違反行為に走ることを思いとどまらせること。ここでは、どんな厳しさよりも、刑罰の確実さ、刑罰が持つ不可避な性格こそが、刑罰の有効性を成すのである。

ところで、このような原則から、その後実際に刑罰実践の中で起きること、つまり罰の一般形式としての監獄の普遍化を帰納することはできない。実際には反対に複数の非常に異なる懲罰のタイプが出現するのが見られる。

——第一のタイプは恥辱、つまり、世論の効果にしたがって規則づけられている。恥辱は、社会自体の即座で自発的反応なのであるから非の打ち所ない刑罰である。恥辱の内容は社会によって変化し、各々の犯罪の有害さに応じて段階がつけられる。公的な名誉回復が恥辱を撤回することができる。さらに恥辱は罪人だけを襲う。つまり犯した罪に合致する刑罰なのであり、法規に照らす必要もなく、裁判所による適用を受けることもなく、政治権力に利用される危険もない。恥辱は刑罰の諸原則に正確に適合する。「良き法制の勝利とは、世論がそれだけで犯罪を罰するに十分な力を持つときである。〔……〕名誉が唯一の掟であり得る人民は幸いだ。彼らはほとんど法制を必要としてはいないのだから。恥辱、それこそが彼らの刑法なのだ*9」

——刑罰改革計画の中で用いられたさらに別の懲罰のタイプは同害刑のモデルである。犯罪人に本人が犯した罪と同類、同程度の重さの罰を課せば、段階的かつ厳密に釣合った刑罰制度が得られることは確実である。刑罰は反撃の形態をとる。そして反撃が迅速かつ避け得ないものであれば、犯罪を無駄な行為にしてしまい、違反者が得られると期待していた利益をほぼ自動的にゼロにする。犯罪の利益は情け容赦なく無に帰される。たしかに同害刑のタイプが詳細な形で提示されたことはなかった。しかしこのタイプはしばしば懲罰の諸タイプを定義することを可能にした。ベッカリアは例えば、「人身に対する侵害は身体刑に処すべし」「名誉毀損は罰金刑に処すべし」と主張する。「精神的同害刑」の形式のもとにそれは見い出すことができる。つまり、犯罪を罰するのに、犯罪がもたらした結果を犯罪者に向け仕返しすることによってではなく、犯罪を犯す原因となった起点と悪習へと向き直ることによってそれを行うというものだ*10。ル・ペルティエ・ド・サン゠ファルジョーは国民議会で次のような提案をした(一七九一年五月二十一日)。それは、残忍さが原因の罪を罰するには肉体的苦痛を、怠惰が原因の罪を罰するには重労働を、「卑劣な、品位に欠ける」精神がもたらした罪を罰するには屈辱を、[*11]というものである。

――さらに三つ目のタイプは、犯罪人を社会の利益に奉仕させるために奴隷状態に置こうとするものである。この刑罰は、集団に与えた損害に応じて、奴隷状態の強度と期間を段階別にすることができ、侵害された利益を仲介にして、犯された過失と結びつけられる。ベッカリアは窃盗犯について「一時的奴隷状態は犯罪人の労働と身体を社会に捧げる。この全面的な従属状態は犯罪人が社会契約を破棄して行った不正な横暴の代償を社会に支払うためである」[*12]と述べている。ブリソーも次のように記している。「死刑に代わる刑罰は何か。それは、社会に害を及ぼせないように罪人を奴隷状態に置くこと、罪人を有益にする労働、罪人をまねようとする人々をおびえさせる長く恒常的な苦痛である」[*13]

無論、これらすべての計画の中で、監獄は、あるいは強制労働の条件として、あるいは他人の自由を侵害した者への同害の刑として、考え得る刑罰のひとつとしてしばしば現れる。しかし、刑罰の一般的形式としても、犯罪者を心理的道徳的に改善するための条件としても現れることはないのである。

刑法理論家が、そうした役割を監獄に与えるようになるのは、十九世紀初頭になってからである。「投獄はとりわけ文明社会にふさわしい刑罰である。労働義務が伴うとき、その意図は道徳的である。」(P・ロシー、一八二九年)[*14]。しかし、この時代に、監獄はすでに刑罰制度の主要な道具としてすでに存在している。矯正の場としての監獄は、それ以前の年月に普及していた投獄の実践の再解釈なのである。

監獄実践は従って刑法理論の中に前提的に含まれていたわけではなかった。監獄実践は別の場所で生まれ、別の理由で形成されたのである。そしていわば外部から、自らを強引に刑法理論に認知させたので、刑法理論は後にそれを正当化せざるを得なかったということになる。その正当化の試みとして、リビングストーンは例えば一八二〇年に、「監獄刑には四つの利点がある。犯罪の重大さに合わせて禁固の長さを調節できる。再犯を防ぐ。矯正を可能にする。過度な罰ではないため、陪審員は罰することに躊躇せず、民衆が法に反抗することもない」と記した[*15]。

＊

監獄が、その見かけ上の機能不全において実際にはどのように機能したか、表面上の失敗の下でどのような本質的な成功を収めたのかを理解するためには、おそらく準刑罰的機関にまで遡ることが必要である。すでに見たようにそれらの機関の中で、監獄は十七世紀、特に十八世紀に出現したのである。

準刑罰的機関において監禁が果たす役割は次の三つの相異なる特徴を備えていた。

——監禁は、乞食や浮浪者を一時的に投獄することによって、諸個人の空間的分配に介入する。たしかに、少なくとも再犯の事例においては、裁判官の諸決定（十七世紀末及び十八世紀）は、彼らをガレー船漕役刑送りに処している。しかし事実においては監禁が最も頻繁に実施された懲罰であった。ところが、彼らを監禁するのは、拘留する場所にとどめ置くためではなくむしろ彼らを移動させるためである。彼らに都市に入ることを禁じ、田舎に追いやる、あるいはひとつの地方を彷徨することを妨げ、彼らに労働を与えることができる場所へと強制的に向かわせるのである。それは農業または手工業生産機構との関連で彼らの居場所を管理する方法、少なくとも消極的な管理方法である。生産の必要と雇用市場の必要を同時に考慮して、人口の流出に働きかけるやり方である。

——監禁は個人の行動レベルにも介入する。刑罰以下のレベルで、生き方、言説のタイプ、政治的企てまたは政治的意図、性行動、権威の拒絶、世論への挑戦的言動、暴力等に制裁を加える。つまり、監禁は法の名においてというよりも秩序と規則性の名において介入する。自堕落な者、落ちつきのない者、危険人物、破廉恥漢は監禁の対象となる。刑罰制度が違反を罰するのに対し、監禁は無秩序に制裁を加える。

——監禁は、政治権力の手の内にあり、規則に則った裁判（監禁は、フランスではほとんど常に王、大臣、地方長官、地方長官補佐によって決断される）を完全にあるいは部分的に免れるというのが事実だとしても、恣意的専制および絶対主義の道具であるというのではまったくない。封印状の研究（その機能と動機についての）は、封印状は、ほとんどの場合、家長や比較的地位の低い名士、あるいは地域的、宗教的、職業的諸団体が、彼らにとって迷惑なことや混乱を生じさせる個人たちに向けて出されるように陳情した結果のものであることを示している。封印状は（要請の形で）下から上へといったん上り、王の印璽のついた命令という形で権力機構を降りてくる。封印状とは、局所的でいわば毛細管状の管理の道具なのである。

十七世紀末以降イギリスで見出すことができる結社についても同様の分析ができるであろう。しばしば「離反派」に率いられたこうした団体は、品行の逸脱や仕事の拒否、さらには日常的な自堕落を理由に、人々を告発し、排除し、制裁させることを自らの任務としていた。こうした管理形式と封印状が保証するような形式との違いはもちろん大きい。イギリスの結社は（少なくとも十八世紀前半においては）いかなる国家機構からも独立したものだったという事実だけに限っても大きな違いである。しかも、それだけでなく、会員の多くは庶民階層出身で、一般的には、権力者や富裕者の不道徳性を攻撃していた。会員に対しては厳格な姿勢が要求されたが、この厳格主義はおそらくきわめて厳格な刑事司法（イギリスの刑法制度は、「血の混沌」で、ヨーロッパのいかなる刑法よりも多くの死刑の事例を含んでいた）から会員自身を逃れさせるためのものだった。フランスでは逆に、管理形式はヨーロッパで最初の大規模な警察を組織した国家機構に強く結びついていた。ヨーゼフ二世のオーストリア、ついでイギリスがそれをまねようと試みた。イギリスについては、十八世紀初期（主にゴードン・ライオッツ以後、そしてフランス革命とほぼ同時代の大規模な民衆運動の展開期）、道徳化のための新しい結社が生まれ、会員も貴族階層出身者がずっと多くなる（それらの結社の中には武力装備を持つものもあった）事実を指摘しておかねばならない。そうした結社は王権力の介入、新しい法制度の整備、警察の組織化を要求していた。このプロセスの中心に位置するのがコルクホーウンの人物と事業である。

世紀の転換期に刑罰制度を変化させたのは、監視と管理のメカニズムへの司法制度の適合化だった。両者はともに中央集権化した国家機構のなかに統合されたのである。しかしそれはまたこうした施設は中心装置に対して、支点、前哨地、あるいは縮図の役目を果たす、(準刑罰的な、あるいは、ときには非刑罰的な)一連の施設の設置と発達を意味してもいた。全般的な監視‐監禁システムが、様々な形態をとって、社会の厚み全体に浸透する。つまり一望監視装置(パノプチコン)をモデルにして建設された大刑務所から庇護団体にいたるまでの様々な形態をとるのだが、こうした形態が適用される場は犯罪者だけに限られず、捨て子、孤児、見習い工、リセ学校生徒、労働者等にまで及んだ。ユリウスは、彼の著書『監獄についての講義』のある箇所で、見せ物文明(供犠と儀式の文明、たぐいまれな出来事をすべての人々の目にさらすことが重要とされる、この文明の主要な建築形態は劇場である)を監視文明(一握りの者たちに大多数に対するたえざる管理を保障することが重要であり、特権的建築形態が監獄である文明)に対比させている。そして彼は宗教を国家に置き換えたヨーロッパ社会が監視文明の最初の例を示していると付け加えていた。[*16]十九世紀は一望監視主義(パノプチスム)の時代を築いたのである。

*

こうした変化はいかなる必要に対応していたのだろうか。

おそらくは違法行為の実践における、新たな形式と新たなゲームに対応していたのだ。そして、とりわけ新たな脅威に対応していたのである。

フランス大革命（しかし、それだけではなく、十八世紀の最後の二十年間に起きた多くの他の運動もまた）は、民衆の反乱の影響が一国の政治機構にまで及ぶことを示した。生活物資のための暴動、税金や賦課租への反乱、徴兵拒否は、政治権力の代理人に（しかも物理的に）打撃を与えることはできても、政治権力の構造と分配にまではその影響を及ぼしはしないような局所的で限定された運動ではもはやなくなってしまった。そのような運動は、政治権力の所有と行使を、問題として問うことができるようになったのである。しかし他方では、そして、おそらく特に、産業の発展が、生産機構と、その生産機構をじっさいに動かさねばならない人々とを直接接触させることになった。職人の小規模な生産単位、限定的で比較的単純な道具を使った手工業、地域市場の需要を確保するだけの容量の限られた店舗では、全面的な略奪や破壊の余地は多くはなかった。しかし機械の使用や原料を多量にストックした大規模工場の組織化、市場の世界化さらには商品の大流通センターの出現によって、富は絶えざる攻撃の的となる。そしてこのような攻撃は外部の、十八世紀にあれほど恐れられた、乞食や浮浪者の身なりをした恵まれぬ人々、世間から爪弾きされた人々の仕業ではなく、いわば内部の、利潤を生むように商品を操るべき人々の仕業となった。倉庫に積まれた製品の日常的な略奪から、機械係たちの大規模な集団破壊にいたるまで、絶え間ない危険が生産機構に投資された富を脅かす。十八世紀末から十九世紀初頭、ロンドンの港や陸揚げ貨物倉庫や武器庫を保護し、転売と隠匿の組織を撲滅するためにとられた、一連の措置は脅威が現実に存在していたことを示す例である。

田舎では見かけ上は逆の状況が類似した結果を生む。農地の細分化、共有地のほぼ完全な消滅、未開墾地の開拓は土地の所有を固定化する。その結果、農村社会はそれ以前の開拓の遅れた大土地所有制度下では好む好まないは別にして認められていたささいな違法実践全体に対して不寛容になる。かつて貧民や非定住者が、人々の黙認や手抜かり、忘れさられた規則あるいは既成事実などを利用して、最低限の生活が送れた周辺地帯が消える。土地所有の絆が強まり、というよりむしろ土地所有者の新しい身分と彼らの新しい農地が、慣習化していた多くの違法実践を犯罪に変える。総裁政府時代、執政政治時代のフランスでの、農村犯罪の経済的というよりは政治的な重要性（内戦の形をとる闘争や徴兵制度と結びつく犯罪）、十九世紀初頭のヨーロッパ諸国の森林法に反対する抵抗の重要性はそこにあるのである。

しかしおそらくは新しい違法実践の最も重要な形態は別のところにある。それは生産機構体や土地所有体そのものに関係するというよりは、労働者の身体および、この新たな違法実践の生産機構への適用のされ方に関するものなのである。不十分な給与、機械による労働の価値下落、法外な労働時間、多発する地域的および局地的な危機、結社の禁止、借金のメカニズム、これらすべてが労働者たちを欠勤や「雇用契約」の破棄、移住、「不規則な」生活へと導く。従って問題は労働者を生産機構に固定し、彼らの住居を定め、彼らを必要とする場へ移動させ、生産機構のリズムに従わせ、彼らに必要とされる粘り強さと規則性を押しつけること、つまり、労働力として彼らを組織することである。その結果、新しい犯罪を引き起こす法体系が生まれる（労働手帳所持の義務、酒類販売に関する法律、宝くじ禁止）。その結果、完全に拘束はしないものの、良い労働者と悪い労働者を分断し、行動の馴致をねらった一連の措置（貯金金庫・郵便貯金、婚姻奨励、さらに時代が下ると労働者向け集合住宅区域の建設）が生まれる。管理組織、圧力組織（慈善団体、犯罪者更生支援会）が生まれる。さらには、大規模な労働者道徳化キャンペーンが生まれる。キャンペーンは、「注意散漫」として避けたいこと、「規則性」として確立したいこと、つまり必要な労働力を確実に提供する、注意深い集中力のある生産時間にぴったり調整された労働者の身体を定義するのである。キャンペーンは、犯罪における不規則性の不可避的連続を示すことで、実際には管理メカニズムに起因する周縁化の効果にたいして、心理的道徳的結果というステータスを与えるのである。

＊

以上からいくつかの結論を導き出すことができる。

(1)　一七六〇年から一八四〇年の間に現れた刑罰の形態は道徳的知覚の刷新に結びついているのではない。刑法が規定する違反行為の性質は本質的にはほとんど変わらない（ただし宗教的犯罪が漸進的に、あるいは突然に、姿を消したり、経済的あるいは職業的な新たな犯罪が出現したことが指摘できる）。そして、刑の体制は著しく緩和されたとしても、違反行為そのものはほぼ同一のままである。当時の大刷新を引き起こしたのは、身体および物質性の問題であり、物理学=身体学の問題 question de physique である。生産機構がとる物質性の新しい形態、その生産機構とそれを機能させる者との間の新しいタイプのつながり、生産を担う力として個人に課される新たな要請。十九世紀初頭の刑罰史は本質的には道徳思想史 histoire d'idées morales に属すのではなく、身体史の一章を構成するものである。別の言い方をすれば、刑罰の実践と刑罰制度から出発して道徳思想史を検証することで、道徳の変化はなによりもまず身体史 histoire du corps、諸々の身体の歴史 histoire des corps であることをひとは発見するのだ。そのことから次のことが理解できる。

――監獄が刑罰の一般的形態となり、身体刑に取って替わった。身体はもはや印をつけられる必要はない。身体は馴致され、馴致され直さなければならない。身体の時間は計測され十全に利用されなければならない。身体の力は絶えず労働に適用されなければならない。刑罰の監獄形態 forme-prison は労働の給与形態 forme-salaire に対応する。

――医学は身体の正常性の科学 science de la normalité des corps として、刑罰実践の中枢を占めた(刑罰は治癒を目的としなければならない)。

(2) 刑罰制度の変容は身体の歴史に属すだけではない。もっと厳密には政治権力と身体との関係の歴史に属すのである。身体への拘束、身体の管理、身体の服従化=主体化、政治権力が直接、間接に身体に行使される仕方、政治権力が身体を屈曲させ、固定させ、利用する仕方こそは、検証した変化の中心にあるのである。私たちは、権力の物理学=身体学を書き、それが十九世紀初頭の国家構造の発展期において、それ以前の形態と比してどのように変化させられたかを示す必要があるのである。

まず新しい光学を書かねばならない：全面的で恒常的な監視機関、そこではすべてが観察され、検討され、報告されなければならない。警察の組織化、公文書（個人別ファイルとともに）制度の制定、一望監視主義の設立が、記述されなければならない。

つぎに、新しい力学：個人の隔離と再編成、身体の局在化、労働力の最適利用、能率の管理と改善、言い換えれば生、時間、エネルギーにかかわるひとまとまりの規律の導入、が記述されなければならない。

新しい生理学：規範の定義、規範にあわないものの排除と拒絶、曖昧に治療的で懲罰的でもある矯正的介入によって規範を回復するメカニズム、が記述されなければならない。

(3) この「物理学＝身体学」の中で、犯罪は重要な役割を果たす。しかし犯罪という用語について了解し合う必要がある。ここで問題となっているのは、いわば一種の心理的および社会的突然変異体で、刑罰的抑圧の対象となるような者たちではない。犯罪といったとき、むしろ〈刑罰制度－犯罪者〉が対になったシステムを考える必要がある。監獄をその中心にもつ刑罰制度は、その制度と共に循環する人々のカテゴリーを生産するのである。監獄は矯正しない。監獄は休みなく同一の人々を呼び戻す。監獄は徐々に周縁化された人々の集団を構成する。そして、「不規則行為」あるいは「違法慣習」に圧力をかけるために、この集団は利用されることになるのだ。刑罰制度は、違法慣習に対する圧力を、犯罪を通して三つの方法で行使する。すなわち、まず排除と準刑罰的な制裁のゲームによって、少しずつ不規則行為や違法慣習を違反行為へと導くことによって（「規律の欠如は処刑台に通じる」とよばれるメカニズム）。ついで犯罪者を違法慣習の監視のための自らの固有の道具のなかに編入することによって（扇動者、密告者、警官として採用し、「どんな盗人もヴィドック[3]になることができる」と呼べるメカニズム）。さらに犯罪人の違反行為を最も監視を必要とする集団へ集中的に配流することによって（「貧乏人に対しては金持ちに対してよりも盗みを常に働きやすい」という原理）。

従って、冒頭で立てた「何故この監獄という奇妙な制度なのか、何故機能不全が即座に告発されたこの刑罰制度を選択したのか」という問いに立ち戻るとすれば、その答えはおそらく以下の方向で模索しなければならないのだ。違法慣習を管理し圧力をかけるための道具であり、身体に働きかける権力の行使における無視しえない駒であり、主体の心理学を生み出したあの権力の物理学＝身体学の要素でもある監獄には、犯罪を生み出すという長所があるのである。

＊

今年度の演習はピエール・リヴィエール事件の資料の刊行の準備に当てられた。

（翻訳　石田英敬・石田久仁子）

原書編者註

＊1　F・セルピヨン、『刑法、あるいは一六七〇年の法令についての注釈』、リヨン、プリス書店、一七六七年、第二巻、第二十五題：「判決、判断、宣告」、十三条、三十三項、一〇九五ページ。

＊2　D・ジュース、『フランス犯罪裁判概論』、パリ、ドビュール書店刊、一七七一年、全四巻。

＊3　P・ミュイヤール・ド・ヴーグラン、『犯罪法要綱またはその一般原則』、パリ、ル・ブルトン書店、一七五七年。

＊4　C・レミュザ、「刑法改正関連法案審議」（下院、一八三一年十二月一日）、『議院公文書議事録』、第二集、パリ、ポール・デュポン書店、一八八九年、一八五ページ。

＊5　ファン・メーネン（ブリュッセル破棄院裁判所長官）、「第二回国際監獄会議開会演説」（一八四七年九月二十日―二十三日、於 ブリュッセル）、『ブリュッセル監獄会議討議』、デルトンブ書店、一八四七年、二〇ページ。

＊6　N・H・ユリウス、『監獄についての講義』、ベルリン、シュトゥール書店、一八二八年（『一八二七年ベルリン聴衆に講座形態で提示された、監獄についての講義』、ラギャルミット仏訳、パリ、F・ルヴロー書店、一八三一年、全二巻）。

＊7　C・リュカ、『監獄の改革について、または監禁論、監禁原則、監禁方法、監禁の実践的条件について』、パリ、ルグラン&ベルグニウー書店、一八三六年―一八三八年、全三巻。

＊8　W・ブラックストーン卿、『英国法講釈』、オックスフォード、クラレンドン社、一七五八年刊（『英国犯罪法講釈』、ゴワイエ神父仏訳、パリ、クナペン書店、一七七六年）。

＊9　J・ブリソー・ド・ヴァルヴィル、『犯罪法理論』、ベルリン、第一巻、第二章、二節、一八七ページ。

＊10　C・ディ・ベッカリア、『犯罪と刑罰』、ミラノ、一七六四年（『犯罪刑罰概論』、コラン・ド・プランシー仏訳、パリ、フラマリオン書店、「シャン」叢書、一九七九年刊、第二十七章一一八ページおよび第二十八章一二一ページ、第三十章一二五ページ。

＊11　ル・ペルティエ・ド・サン＝ファルジョー、「刑法案についての報告書」（国民議会、一七九一年五月二十三日）、『議院公文書議事録』［一七八七年―一八六〇年、フランス議会立法政治審議録全記録」、パリ、ポール・デュポン書店、一八八七年、第一集、第二十六巻、三二二ページ。
＊12　C・ディ・ベッカリア、前掲書、一二五ページ。
＊13　J・ブリソー・ド・ヴァルヴィル、前掲書、一四七ページ。
＊14　P・L・ロシー、『刑法概論』、第三巻、第八章「監禁について」、パリ、A・ソトレ、一八二九年、一六九ページ。
＊15　F・リビングストーン、『ルイジアナ州のために準備された刑法体系への導入報告』Introductory Report to the System of Penal Law Prepared for the State of Louisiana、ニューオーリンズ、一八二〇年（『ルイジアナ州議会のための刑法案についての報告書』ニューオーリンズ、B・ルヴィー書店、一八二二年）。
＊16　N・H・ユリウス、前掲書、一巻、三八四―三八六ページ。

**訳者註**

〔1〕　オーストラリア東岸に位置する湾。一七七〇年J・クックが発見、最初の囚人植民地となった（一七八八年）。
〔2〕　フランス海外領土県、ギヨーヌの県庁所在地。一六六四年、フランス人入植。かつて強制労働の刑に処せられた囚人向けの最も重要な流刑地の一つだった。
〔3〕　フランスの警官（一七七五―一八五七年）。文書偽造のためブレストの監獄で八年間の強制労働の刑に処される。脱獄を試み、三度目に成功する。一八〇九年、警備班班長となる。警備班は出所した徒刑囚の中から採用された警官で組織されていた。製紙工場設立のため、一八二七年辞職する。事業に失敗したため、一八三二年警察に戻るが、窃盗を企み、罷免される。バルザックの小説『浮かれ女盛衰記』の登場人物の一人、ヴォートランのモデル。

# 精神医学の権力

（一九七三―一九七四年度）

「精神医学の権力」、『コレージュ・ド・フランス年鑑』七四年度、「思考システムの歴史」講座、一九七三―一九七四年度、一九七四年、二九三―三〇〇ページ。
«Le pouvoir psychiatrique», *Annuaire du Collège de France, 74e année, Histoire des systèmes de pensée, année 1973-1974*, 1974, pp. 293-300.
――『思考集成V』No. 143

医学、精神医学、刑事司法、犯罪学。これらは長い間、認識という規範における真理の表明の果てにあり、試練という形における真理の生産の果てにあった。今日でも大部分においてそうである。試練という形での真理の生産は、認識という規範における真理の表明の下に隠れ、それによって正当化される傾向にあった。これらの「分野《ディシプリン》」が今日見舞われている危機は、その限界や不明確さを認識の領域において問いに付すのみならず、認識を、認識という形式を、「主体―対象」という規範を問いに付す。この危機は、我々の時代の経済的・政治的構造と認識との関係を問いただす（認識の内容の真偽においてではなく、知としての権力の諸機能においてこの関係を問いただす）。したがってこの危機は、歴史的・政治的な危機である。

まず医学の例を、これに付帯した空間、すなわち病院とともに見てみよう。かなり遅くまで、病院は曖昧な場のままだった。そこは、隠れた真理のための認証の場でもあり、生産すべき真理のための試練の場でもあった。

疾病に対する直接的な行動。それは、疾病の真理が医師の目に明らかになるのを可能にすることであるが、のみならず、疾病の真理を生産するということでもあった。病院とは、真の疾病の孵化の場であった。事実、自由な状態に放置された病人――病人の「環境」に、家族のうちに、近親者のうちに置かれ、本人の食生活、習慣、先入見、幻想をそのままにして放置された病人――は複合的な疾病、縺れ錯綜した疾病にしか罹患していないと想定されていた。そうした疾病は一種の、本性に反した疾病であり、複数の疾病の混合であると同時に、真の疾病がその本性の真正性をもって生産されるのを妨げるものであるとされていた。したがって病院の役割とは、こうした寄生的な植生や乱れた形態を遠ざけることで疾病をあるがままの姿で見られるものとすることであり、のみならず、それまで囲い込まれ枷をはめられていた疾病を疾病の真理において生産することでもあった。疾病のもともとの本性、本質的な諸性格、個々の疾病に特有の発達は、病院への収容の効果によってようやく現実となることができるようになる、というわけである。

十八世紀の病院は、病気の真理が輝き出るための諸条件を創り出すものと見なされていた。したがって病院は観察と証明の場であったが、純化と試練の場でもあった。それはある複合的な設備をなしており、この設備は、疾病を出現させると同時に疾病を現に生産すべきものでもあった。すなわち、種について観想する植物学的な場でもあり、病理学的な実体を製錬する錬金術的な場でもあった。

この二つの機能が、十九世紀に設立された大病院構造によっても依然として長い間引き受けられていた。一世紀の間（一七六〇年—一八六〇年）、病院への収容の実践と理論は、また、一般に疾病の構想は、この二面性に支配されていた。疾病の迎え入れの構造である病院は、認識の空間ないし試練の場であるべきなのか、というわけだ。

そこから、医師たちの思考と実践とを貫く多くの問題が生ずる。以下が、そのいくつかである。

一。治療法とは、病気を消去し、存在しなくなるまで縮減することである。しかし、この治療法が合理的であるには、つまり治療法が真理のもとに基礎づけられるには、疾病が発達するがまま放置しなければならないのではないか？　いつ、どちら向きに介入しなければならないのか？　そもそも、介入などしなければならないのか？　疾病が発達するように行動しなければならないのか、それとも疾病が止まるように行動しなければならないのか？　疾病を弱めるように行動しなければならないのか、それとも疾病が終わりに至るように導かなければならないのか？

二。疾病と、疾病の変化したものがある。純粋な疾病と不純な疾病、単純な疾病と複合的な疾病がある。最終的には一つの疾病があり、他のすべての疾病は遠近の差はあれそこから派生した形態なのではないか、それとも、相互に還元不可能ないくつかの範疇を認めるべきなのか？（炎症という概念に関してブルーセと反論者たちとの間でおこなわれた議論。本質的熱病の問題。）

三。正常な疾病とは何か？　順調な経過を辿る疾病とは何か？　死に至る疾病か、それとも、進展が完了すると自発的に治癒する疾病か？　ビシャの立てていた、生と死の間という疾病の位置についての問いがこのようなものである。

パストゥールの生物学がこれらすべての問題に対して導入した非常な単純化はよく知られている。病気の作用因を規定し、これを単独の組織として定めることで、パストゥールの生物学は、病院が観察の場、診断の場、臨床的かつ実験的な標定の場となることを可能にした。のみならず、直接的な介入の場、細菌の侵入に対する反撃の場ともなることを可能にした。

これで、試練という機能は消滅しうる、ということがわかる。これ以降、疾病の生産される場は、実験室、試験管になる。しかしそこでは、疾病は発作という形でおこなわれることはない。その過程は、膨れあがる機構へと還元される。疾病は、検証可能で制御可能な現象へと帰着させられる。もはや病院という環境は疾病にとって、ある決定的な出来事に有利な場である必要はない。病院という環境は単に、還元、転移、増大、認証を可能にするものである。試練は、実験室の技術的構造において、また医師の表象において、証拠へと姿を変えて。

医学にまつわる人物についての「民族学的認識論」をやってみたいのであれば、パストゥールによる革命が、疾病の儀礼的生産と疾病の試練とにおいてこの人物がおそらくは千年もの間果たしてきた役割を奪った、と言わなければならないだろう。この役割の消滅は、おそらくパストゥールの示したことの内情によって劇的なものとなった。パストゥールが示したのは、医師は疾病を「真理において」生産する者である必要がない、ということだけではなく、医師は真理に対する無知ゆえに何千回にもわたって自分が疾病の伝播者かつ再生産者になってしまった、ということである。病床から病床へと渡り歩く病院の医師は感染の主要な作用因だったのだ。パストゥールは医師の心に、ナルシシズムを傷つけるひどい傷を与えた。医師は長い間このことで彼を許さなかった。病人の身体をくまなく見、触診し、調べなければならない医師のあの手、疾病を発見し、これを白日のもとで生産し、示さなければならないあの手を、パストゥールは病気を運ぶものとして示した。病院という空間と医師の知とは、それまでは、疾病の「危機〔発作〕」としての真理を生産するという役割をもっていた。今や、医師の身体と病院への押し込めが、疾病の現実を生産するものとして現れた。

殺菌されることで、医師と病院は新たな無罪を付与された。そこから、医師と病院は新たな権力を抽き出し、人間の想像力における新たな立場を抽き出した。しかし、それはまた別の話である。

＊

このいくつかの覚え書きは、精神病院という空間の内部で狂人と精神科医が占める位置を理解する助けになりうる。

おそらく、二つの事実の間に歴史的な相関関係がある。十八世紀以前には、狂気が狂気だということですべて収容の対象となったわけではなかった。狂気は、本質的にはある錯誤の形式ないし幻覚の形式と見なされていた。古典時代の初頭でも依然として、狂気は世界の綺想に属するものであると知覚されていた。狂気はその綺想のうちに生きることができたし、極端もしくは危険な形をとるのでなければそこから引き離されることもなかった。こうした条件があってみれば理解されるだろうが、狂気が真理のうちに輝き出ることができまたそうしなければならなかった特権的な場は、病院という人工的な空間ではありえなかった。認知されていた治療の場は、まずは自然であった。自然とは真理の可視的な形式だったからである。自然は自らのうちに錯誤を消散させる権力をもっており、綺想を消失させる権力をもっているとされた。したがって医師の与える処方は、旅行、休息、散歩、引退、あるいはまた、都市という人工的で虚しい世界との断絶、まずそうしたものだった。精神病院を建設する計画を立てたとき、エスキロルは、どの中庭も庭園の見晴らしに大きく開けているべしと勧告することになるが、彼も依然このことを憶い出してこの勧告をおこなっているわけである。治療に用いられていたまた別の場は、劇場、すなわちあべこべの自然である。病人に対して、本人の狂気の喜劇が演じられた。狂気は舞台に掛けられ、狂気は一瞬、作りものの現実を付与された。舞台装置と衣装を用いて、まるで狂気が真であるかのようにはからうのだが、それによって、錯誤がこの罠に捕らわれて、ついにはその錯誤の犠牲者自身の目にぱっと明らかになることが目指されていた。この技術もまた、十九世紀に完全には消滅していなかった。たとえばエスキロルは、鬱病者のエネルギーと闘争心を刺激するために、彼らを相手取って訴訟を起こすように勧めている。

十九世紀初頭に見られる収容の実践は、狂気が錯誤との関係において知覚されるというより、むしろ規則的かつ正常な振る舞いとの関係において知覚されるのと軌を一にしている。そこでは狂気はもはや混乱した判断としてではなく、行動の仕方、欲望の仕方、情念の感じ方、決定の下し方、自由であるあり方、そうした仕方における障害として現れる。つまり、狂気はその時、もはや真理－錯誤－意識という軸上にではなく、情念－意志－自由という軸上に記入される。ホフバウアーとエスキロルの時だ。「妄想がほとんど目だたない狂人はいる。しかし、情念や精神感情が、混乱、倒錯、消滅していない狂人はいない……。妄想の縮減は、狂人が自分の当初の感情に戻らなければ、治癒の確かな徴しとはいえない」[*1]。実際、治癒の過程とはどのようなものか？　錯誤が消散し、真理が新たに現れるという運動のことか？　そうではない。「感情が正しい輪郭に戻ること。すなわち、友人や子供にまた会いたいという欲望、感受性のある涙、自分の心を打ち明けたいという欲求、家庭に戻って習慣を取り戻したいという欲求、これである」[*2]。

だとすると、規則的な振る舞いを取り戻すというこの運動において、精神病院の役割とはどのようなものになるのか？　もちろん、精神病院にはまず、十八世紀末に病院に付与された機能があるだろう。すなわち、精神疾患の真理を発見できるようにすること、病人の環境において精神疾患の真理を隠し縺れさせうる一切のものを遠ざけること、精神疾患の真理に常軌を逸した形式を与えること、これを維持し推進すること、これである。しかし、エスキロルがモデルを与えた病院は、真理の覆いを取る場である以上に、対決の場である。狂気、障害をもった意志、倒錯した情念、これらは病院において、まっすぐな意志、正統な情念に遭遇しなければならない。この二者の対面、不可避の衝突は、実のところ好ましいものであり、二つの効果を産み出すことになる。いかなる妄想においても表現されない以上それまではまったく捉えられずにいられた病的な意志が、医師のまっすぐな意志に対する抵抗を通じて、自分の病気を白日のもとに生産することになる。そこから発して打ちたてられる闘争は、きちんと導かれれば、まっすぐな意志の勝利へ、服従へ、障害のある意志の放棄へと至らなければならないことになる。したがってそれは、対立、闘争、支配の過程である。「妨害的な方法を適用し、痙攣を痙攣によって打ち砕かなければならない……。しかじかの病人は、その性格をまるごと支配し、彼らの自負に打ち勝ち、激昂を手なずけ、慢心を打ち砕かなければならない。が、その一方で、他の病人は鼓舞し激励しなければならない」[*3]。

十九世紀の精神病院の奇妙きわまる機能はこのようにして設置された。すなわち、そこは診断と分類の場であり、疾病を中庭で種別に分類する植物園である。その中庭の配置は広大な菜園を思わせる。しかし精神病院はまた、対決のための閉鎖空間、争いの場、勝利と服従が問題となる制度的な場でもある。精神病院の偉大な医師は——ルーレでもシャルコでもクレペリンでもそうだが——、疾病に関してもっている知によって疾病の真理を口にすることができる者であると同時に、医師の意志が病人本人に対して行使する権力によって、疾病を疾病の真理において生産することができ、疾病を現実において服従させることのできる者でもある。十九世紀の精神病院において働いていた技術と手続きのすべて——隔離、公私を問わない尋問、シャワーをはじめとする懲罰を兼ねた治療、道徳的な対話（激励ないし叱責）、厳密な規律、義務的な労働、報賞、医師と幾人かの病人との間の優遇的な関係、病人と医師との間の従属や所有や飼い馴らしの関係、時には隷従の関係——こうしたもののすべては、医師という人物を「狂気の主人」にするための機能であった。狂気の主人、すなわち、狂気をその真理において（狂気が身を隠し、埋もれ沈黙している時に）出現させる者、狂気を学者《わけしり》顔で鎖から解き放った後、これを支配し鎮静し消散させる者である。

したがって、図式的に言えばこうである。パストゥールの病院では、疾病の「真理を生産する」という機能はぼやけ続けた。真理の生産者としての医師は、ある認識構造において消滅する。それに対して、エスキロルやシャルコの病院では反対に、「真理を生産する」という機能が異常発達を遂げ、医師という人物を取り巻いて高揚する。このことは、医師の過剰権力が目標となる働きのうちにある。ヒステリーの魔術師シャルコは間違いなく、こうしたタイプの機能のもっとも象徴的な人物であろう。

ところでこの高揚は、医学の権力が認識の特権のうちに保証と正当化を見出だす時代に産み出されている。医師は有能であり、医師は疾病と病人とを識っており、化学者や生物学者と同じタイプの科学的な知を保持している。こうしたことが今や医師による介入と決定とを根拠のあるものとする。したがって、精神病院が精神科医に付与する権力は、医学に統合することのできる現象を生産することによって正当化され（だが基本的な過剰権力としては隠され）なければならないことになる。催眠や暗示といった技術、疾病の偽装の問題、器質性疾患と心理的疾患との間で異なる診断を下すこと、こうしたことがこれほど長年にわたって（少なくとも一八六〇年から一八九〇年まで）精神医学の実践と理論の中心に位置していたのはなぜなのかがこれで理解できる。シャルコの診療科の病人たちが医学の知という権力の要求によって、癲癇に基づいて規範化された症候を再生産しはじめる時、つまり、器質性疾患の用語で解読することのできる、認識され認知される症候を再生産しはじめる時、精神医学は完成点、奇蹟的きわまる完成点に到達した。

これは、精神病院の二つの機能（一方は真理の試練と生産、他方は現象の認証と認識）が再配分され正確に重なりあう決定的な挿話である。これ以降、医師の権力は、医師が精神疾患の現実を生産することを可能にする。その現実にとって本来的なのは、認識が全面的に到達可能な現象を再生産するということである。女性ヒステリー病者は完璧な病人であった。彼女は認識すべきものを差し出したからだ。彼女は、医学の権力の効果を、科学的に到達可能な言説によって医師が叙述することのできる形式へと自分で書きなおした。そうでもなければ、こうした操作のすべてを可能にしていた権力関係を、どうすればその決定的な役割において探知できたというのか？　というのも――ヒステリーの至上の美徳、比類ない従順さ、真の認識論的な聖性だ――病人たち自身が権力関係を引き受けその責任を受け容れたのだから。この美徳は症候学においては、病的な被暗示性として現れる。今や一切は、認識主体と認識される対象との間で、一切の権力の純化された認識において明快に展開されることになった。

*

仮説はこうである。危機が開かれた。シャルコが叙述するヒステリーの発作を実際は自分で生産していたのではないかという、時を経ずに確信に変わる疑念が生じた時、反精神医学の時代、今も依然としてほとんど素描されていない反精神医学の時代が始まる。ここには、自分が相手取って闘うものであるはずの疾病を医師が自分で伝播させていた、というパストゥールの発見に等しい何かがある。

いずれにせよ、十九世紀末から精神医学を揺るがしてきた大衝撃はすべて、医師の権力を本質的に問いただしてきたように思われる。医師の権力と、これが病人に対して生産する効果とが、医師の知や、医師が疾病について語ることの真理よりも問いただされてきたのだ。もっと正確に言えば、ベルネームからレインあるいはバザーリアに至るまで、問題になってきたのは、医師の権力が医師の言うことの真理のうちにいかにして含み込まれてきたか、そしてその逆に、医師の言うことの真理が医師の権力によっていかにして作りあげられ巻き込まれてきたかということである。クーパーは言う。「我々の問題の核心にあるのは暴力である」[*4]。バザーリアは言う。「こうした制度（学校、工場、病院）の特徴は、権力を保持している者たちと保持していない者たちとの間をきっぱりと分離しているということである」[*5]。精神医学の実践のあらゆる大変革、のみならず精神医学の思考のあらゆる大改革が、この権力関係を取り巻いている。こうした大変革は、この権力関係をずらし隠し根絶し停止させるための試みをそれぞれ構成している。近代精神医学の総体はつまるところ反精神医学によって横断される。反精神医学というのが、疾病の真理を病院空間で生産するという、かつて精神科医の担っていた役割を問いなおすことすべてであるとすれば、そうである。

したがって、近代精神医学の歴史を貫いてきた、複数の反精神医学について語ることができるだろう。だがおそらくは、歴史的、認識論的、政治的な見地から完全に判別される二つの過程を慎重に区別したほうがよいだろう。

まず、「脱精神医学化」の運動があった。シャルコの後すぐに現れたのはこれである。これは、医師の権力を停止させるというのではなく、これを、より正確な知の名においてずらし、これにまた別の適用、新たな尺度の見地をもたらそうというものである。心の医学を脱精神医学化して、シャルコの無恥(ないし無知)が疾病をみだりに生産し、つまり偽の疾病をみだりに生産することをもたらした医学の権力を、正しく効果的なものへと打ちたてなおそうとする、ということである。

一。脱精神医学化の最初の形式はババンスキとともに始まる。脱精神医学化の決定的英雄がここに現れる。疾病の真理を演劇的に生産しようとするよりも、これをその最低限の現実へと縮減するほうがよい、というのである。最低限の現実とは、多くの場合、芝居にかかる適性のことでしかない。つまり暗示症である。今や、医師の病人に対する支配関係はその厳密さを喪失することもなく、さらに、その厳密さは疾病を最小限のものへと縮減することに関わることになる。最小限のものとはつまり、疾病が精神疾患として診断されるために必要かつ充分な徴しであり、そうした徴しの現れが消滅するために不可欠な技術である。

いわばこれは、精神病院をパストゥール風に殺菌し、パストゥールが病院に課した単純化の効果と同じ効果を精神病院において獲得するということである。診断と治療法とを直接に互いに区切り、疾病の本性の認識と疾病の現れの消去とを直接に互いに区切るということである。疾病が本来の真理において現れ完了に至るという試練の瞬間、この瞬間は医学的な過程において描き出される必要はもはやない。病院は医学の権力という形式が最も厳密なありかたで維持される沈黙した場になることができる。しかし、病院はここで、狂気そのものと遭遇し対決する必要はない。こうした「無菌」かつ「無症候」の脱精神医学化の形式を「ゼロ生産の精神医学」と呼ぼう。精神外科と薬学的精神医学は、その最も顕著な二つの形式である。

二。もう一つの脱精神医学化の形式は、この形式とちょうど正反対の形式である。そこで問題となるのは、狂気本来の真理における狂気の生産をできるだけ強化することであるが、それにあたって、医師と病人との間の権力関係がこの狂気の生産においてちょうど備給され、権力関係がこの生産に対して適正を保ち、権力関係がこの生産の枠を出ず、この生産がその制御を保つことができるようにはからわれる。このような、「脱精神医学化」された医学の権力を維持するための第一の条件は、精神病院という空間ならではの効果をすべて回路から外すことである。なによりもシャルコの魔術が陥った罠は避けなければならない。病院内での服従が医学の権威を嘲笑することを妨げ、この共犯と曖昧な集団知の場における医師の至高な学が意図せずに生産してきた機構に包囲されることを妨げること、これである。したがって、対面の規則が生まれる。医師と病人の間の自由契約が生まれる。関係の効果の一切を唯一の言説水準に限定する規則が生まれる（「私がきみに要求するのはひとつだけだ。言うことだ、ただ、思いつくことをすべて実際に言うことだ」）。言説における自由という規則が生まれる（「きみはもう医者を偽って得意になることはできない。というのは、きみはもう、聞かれる質問に答えるのではないのだから。きみは思いついたことを言うのだ、きみは私がそれについてどう思うかを私に聞く必要もない。この規則を破って私を偽っても、現実には私は偽られてはいないことになる。きみはきみ自身を罠にかけることになるのだ、というのは、きみは真理の生産を阻害して、私に支払う料金を自分で数セッション分増やしたことになるのだから」）。医師の権力の行使されるあの特権的な場においてあの特異な時間の間に生産される諸効果にしか現実を認めないという、長椅子の規則が生まれる——ここでの医師の権力は、自分へとひるがえってくるようないかなる効果にも捕らわれることがない。というのは、この権力は沈黙と不可視性のうちに全面的に引きこもっているからである。

精神分析は、歴史的には、シャルコという名の外傷によって惹き起こされた脱精神医学化の第二の大形式として解読することができるだろう。精神病院という空間から引きこもり、精神医学の過剰権力のもつ逆説的な諸効果を抹消しようというのである。しかしそれは、真理の生産者としての医学の権力を新たにしつらえた空間で再構成し、それによってこの真理の生産が相変わらずこの権力に対して適正を保つようにすることである。転移という、治療にとって本質的な過程である概念は、認識という形でのこの適正化を概念的に思考する一つのやり方である。貨幣による転移の代償としての料金の支払いは、この適正化を現実において保証する一つのやり方である。すなわち、真理の生産が医師の権力を罠にかけ停止させ転倒させる対抗権力になるのを妨げる一つのやり方だということである。

この、脱精神医学化の二大形式は、いずれも権力を保存しようとするものである。というのも、一方は真理の生産を停止させるし、他方は真理の生産と医学の権力を互いに適正なものにしようとするからである。これらの脱精神医学化に対して、反精神医学が立てられる。精神病院という空間から引きこもるのではなく、その空間を内的な作業によって体系的に破壊することが問題となる。狂気とその真理とを生産する権力をゼロに縮減するのではなく、この権力を病人自身に移すということである。ここから出発すれば、反精神医学のねらいを理解することができると思われる。それは、認識（つまり診断の正確さないし治療の有効性）という意味での精神医学の真理の価値などではまったくない。

反精神医学の中核には、制度を用いた、制度の内での、制度に反しての闘争がある。十九世紀初頭に精神病院の大構造が設置された時、それは社会秩序の要請——狂人たちの混乱から身を護りたいという要請——と治療上の必要性——病人を隔離すべきだという必要性——とのなす驚異的な調和によって正当化されていた。[*6] 狂人の隔離を正当化するエスキロルはこれに五つの主要な理由を与えていた。一。狂人の個人的安寧と家族の個人的安寧を保証すること。二。狂人を外的な諸影響から解放すること。三。狂人の個人的な抵抗を打ち負かすこと。四。狂人を医学的な食事療法に服させること。五。狂人に新たな知的かつ道徳的な習慣を課すこと。見てのとおり、すべては権力の用件である。狂人の権力を制御すること、狂人に行使されうる外的な諸権力を中和すること。狂人に対して治療法の、調教の——つまりは「矯正」の——権力を打ちたてること、これである。ところで、反精神医学が攻撃するのは、こうした権力関係の配分と機構の場、形式としての制度である。物事をある純化された場において認証することを可能にし、しかるべき場でしかるべき時にしかるべき仕方で介入することを可能にする収容という正当化のもとで、制度は制度的関係に固有の支配関係を出現させる。バザーリアは言う。「医師の純然たる権力はエスキロルの処方の効果を二十世紀に認証して、恐るべき速さで増大する。それと同じ速さで病人の権力は縮小されていく。病人は、収容されているというだけのことによって、権利のない市民となり、医師や看護人の恣意に委ねられる。医師や看護人は、病人が訴えることもできないままに、自分の望むことを病人に対して行うことができる」[*7]。様々な形をとっている反精神医学は、こうした制度的権力の働きに対して立てる戦略に応じて位置づけることができるように思われる。病人と医師双方による自由な同意に基づく一対一の契約という形式によって制度的権力から逃れること（サース[*8]）、制度が再構成されるところにこれを宙吊りにし追跡すべきものとする特権的な場を整備すること（キングズリー・ホール[*9]）、制度を一つずつ標定し、古典的なタイプの制度の内部で漸進的にこれを破壊すること（二一号棟のクーパー[*10]）、制度を、既に精神病院の外部で個人の精神疾患の病人としての隔離を規定しえてきた他の権力関係と結びつけること（ゴリツィア）[11]。精神医学の実践のア・プリオリを構成してきた権力関係は、精神病院という制度が機能するのを条件づけ、諸個人間の諸関係を精神病院において分配し、医学的介入の諸形式を支配してきた。反精神医学ならではの逆転は、その権力関係を逆に問題の領域の中心に位置させ、本源的な仕方でこれを問いただす、というところにある。

ところで、こうした権力関係において第一に含意されていたのは、非狂気が狂気に対してもつ絶対的な権利だった。それは、無知に対して行使される能力という観点から書き写された権利であり、錯誤（幻覚、錯覚、幻影）を修正する良識（現実への通路）の権利であり、混乱や逸脱に対して課される正常性の権利である。この三重の権力が、狂気を医学にとって可能な認識対象として構成し、これを疾病として構成してきた。その時、そうした疾病に罹った「患者」は狂人として貶められるのだった——つまり、自分の疾病に関する一切の権力と一切の知を奪われたということである。「きみの苦しみと特異性について、我々は、それが疾病だとわかるだけのことを知っている（それをまさか疑わないだろうね）。しかし、その疾病については、きみがそれに対して、それに関していかなる権利も行使できないということがわかるだけのことが我々にはわかっている。きみの狂気を、我々の学は我々が疾病と呼ぶことを可能にしてくれているし、だから、我々医師は、そこに介入してきみのうちにしかじかの狂気を診断するだけの資格がある。この狂気は、きみが他の病人のような病人であることを妨げる。きみはしたがって、精神疾患の病人だということになる」。ある認識に道理を与えるこの権力関係の働きは、ひるがえってこの権力の権利を根拠あるものとする。この働きが「古典的」な精神医学を特徴づけているのである。反精神医学がほぐそうとしているのはこの循環である。反精神医学は、個人に、自分の狂気を果てまで導き極みまで至らせる務めと権利を与える。この実験に他の者たちは貢献することはできるが、その貢献が、その個人以外の人の理性や正常性を通じて個人以外に委託されるような権力の名においてなされることは決してない。個人の振る舞い、苦痛、欲望を、個人以外に委託されていた医学的立場から切り離し、分類上の価値のみならず決定や布告という価値をもっていた診断や症候学から、これらを解き放つのである。そして最後にこれは、十七世紀以来企図され十九世紀に完成した、狂気を精神疾患へと書き写しなおす大作業を無効にする。

狂気の脱医学化は、反精神医学の実践における権力の本源的な問いただしと相関的なものである。ここにおいて、反精神医学の実践が、精神薬学や精神分析を特徴づけていると思われる「脱精神医学化」に対して示す対立を測り知ることができる。精神薬学と精神分析はともに、むしろ狂気をさらに医学化することに属している。したがってこの、認識という、知としての権力の特異な形式に対する狂気のありうべき乗り越えの問題は開かれているのだ。狂気の真理の生産は、認識関係という形式ではない別の形式で実行されることが可能だろうか？　そんな問題は作りものの問題だ、ユートピアでしか根拠あるものとは見なされない問いだ、と人は言うだろう。だが実はこの問いは、脱精神医学化の企てにおいて、医師――認識の地位を保持する主体――の役割に関して、毎日具体的に立てられているものなのである。

＊

セミネールは、交互に二つの主題に充てられた。一方は、十八世紀における制度の歴史と病院建築の歴史であり、他方は、精神医学に即して一八二〇年以来なされている法医学的鑑定の研究である。

（翻訳　高桑和巳）

**原書編者註**

＊1　Jean-Etienne Dominique Esquirol, *De la folie* (1816), § 1: «Symptôme de la folie», in *Des maladies mentales considérées sous les rapports médical, hygiénique et médico-légal*, Paris, Baillière, 1838, t. I, p. 16.

＊2　*Ibid.*

＊3　*Ibid.*, § 5: «Traitement de la folie», pp. 132-133.

＊4　David Graham Cooper, *Psychiatry and Anti-Psychiatry*, London, Tavistock, 1967, p. 14〔『反精神医学』野口昌也・橋本雅雄訳、岩崎学術出版社、一九七四年、二九頁〕

＊5　Franco Basaglia (a cura di), *L'istituzione negata* (1968), Milano, Baldini & Castoldi, 1998, p. 115.

＊6　この主題については以下を参照のこと。Robert Castel, *Le psychanalysme*, Paris, Maspero, 1973, pp. 150-153.

＊7　F. Basaglia, *op. cit.*, p. 111.

＊8　トマス・スティーヴン・サース。一九二〇年にブダペストで生まれたアメリカの精神科医・精神分析家。シラキュース大学（ニュー・ヨーク在）の精神医学教授である彼は、一九六〇年代に発達したいわゆる「反精神医学」の運動の中に書き入れられるべき唯一のアメリカ人精神科医であった。彼の作品は、主体についての自由主義的かつ人間主義的な構想と人権の構想とから出発した、精神医学的制度に対する批判を導出している。以下の彼の論文集を参照のこと。Thomas Stephen Szasz, *Ideology and Insanity*, London, Calder & Boyers, 1970.〔『狂気の思想』石井毅・広田伊蘇夫訳、新泉社、一九七五年〕*The Myth of Mental Illness*, New York, Harper & Row, 1961.〔『精神医学の神話』河合洋也ほか訳、岩崎学術出版社、一九七五年〕

＊9　キングズリー・ホールは一九六〇年代に創られた三つの受け入れセンターの一部。ロンドンのイースト・エンドの労働者街に位置するこのホールは、ここに五年通ったメアリ・バーンズと精神療法医ジョーゼフ・バークが以下の書物で語っている物語を通じて知られている。Mary Barnes & Joseph Berke, *Mary Barnes: Two Accounts of Journey through Madness*, London, MacGibbon & Kee, 1971.〔『狂気をくぐりぬける』弘末明良・宮野富美子訳、平凡社、一九七七年〕

＊10　二一号棟の実験は、ロンドン北西部に位置する精神病院で一九六二年一月に始まったもので、反精神医学にもとづく一連の共同体的実験に着手したものである。そのうちで最も有名なもののひとつがキングズリー・ホールの実験である。一九六六年までこれを指揮したデイヴィド・クーパーはこの実験を前掲の『狂気の思想』において報告している。

＊11　トリエステ北部に位置するイタリアの公立精神病院。この病院の制度改革はフランコ・バザーリアのチームによって一九六三年から企てられた。前掲の『否定された制度』（*L'istituzione negata*）は、模範となったこの反制度的闘争を報告するものである。バザーリアは一九六八年にゴリツィアの指揮をやめ、トリエステで彼の実験を発展させている。

コレージュ・ド・フランスでのフーコー、1974年
Photo : © Michèle BANCILHON "Michel Foucault au Collège de France, en 1974"

# 異常者（一九七四―一九七五年度）

「異常者」、『コレージュ・ド・フランス年鑑』七五年度、「思考システムの歴史」講座、一九七四―一九七五年度、一九七五年、三三五―三三九ページ。
«Les anormaux», *Annuaire du Collège de France, 75ᵉ année, Histoire des systèmes de pensée, année 1974-1975*, 1975, pp. 335-339.
――『思考集成V』No. 165



十九世紀末の社会を震撼させた「異常者」なる存在は、明確な規定もないままにある種の人間を十把ひとからげに漠然とそう呼んでいたにすぎないにせよ、これを単に精神病理学史における定義づけのまだ曖昧な段階、もしくは些細な不祥事だといって片付けてはなるまい。それは多種多様な統制制度、諸々の監視と配備の機構との関連において形成されたものである。そして異常者のほぼ全体に「変質」のレッテルが貼られた時点で試みられた理論化は、たとえその理論自体は愚にもつかないものであったにせよ、それが現実にもたらした効果は由々しきものであった。

異常者は三つのグループに大別されるが、それぞれを規定する概念の成立時期は正確には同じでない。

（二）奇形。これは古くからある概念で、法を基準としている。従ってこれは法的概念ということになるが、社会の法のみならず自然の法にも関するがゆえに、法的と言っても広い意味でである。つまり奇形が問題とされるのは法律と生物学双方にまたがる領域ということだ。この二つの法を侵すものとして半人半獣の人物像（特に中世に脚光を浴びた）、二重人格の人物像（特にルネサンス期に脚光を浴びた）、両性具有の人物像（十七、十八世紀に非常に問題視された）などが代わる代わる登場した。奇形の人間を奇形とさせているものは、単に種族本来の形状から外れているという事実だけでなく、それが（婚姻法であれ、洗礼典範であれ、相続規定であれ）法のもつ規則性を混乱させるからでもある。人の奇形には、この世にあらざるものと禁忌という二つの問題が絡んでいる。こうした観点からの研究を要するものとして、法律家と医師との対立を生んだルーアン事件[*1]（十七世紀初頭）からアンヌ・グランジャン裁判[*2]（十八世紀半ば）に至る一連の両性具有裁判が挙げられる。さらに、十八世紀に翻訳出版されたカンジャミーラの『聖発生学』[*3]といった著作についても研究の必要がある。

これらの研究によって、いわゆる異常者から奇形の特性を取り去ってみた時でさえ、その分析およびその社会的地位になぜこれほどまで曖昧さが伴い続けるのかがある程度理解できる。こうした曖昧さの筆頭に挙げられるのが、自然からの逸脱と法律違反という二つのもののあいだに働く、どうにも防ぎようのない相互作用であろう。それら二つは完全に同一視されることがなくなってさえ、互いに作用し続けるのである。「自然」に対する「自然な」逸脱は、違反の法的効力に変更はもたらすものの、その効力を完全に消滅させはしない。単純に法律のみに照らされるわけではないが、かといって法律を失効させるわけでもない。いわば法律を罠にかけ、ある種の機構を始動させ、司法まがいとも医療まがいとも形容すべき制度の適用を招来する。こうした意味から我々は、十九世紀初頭に問題化した「凶悪」犯罪[*4]（コルニエ事件、レジェ事件、パパヴォワーヌ事件）から、いわゆる「危険」人物という概念が生まれるまでの、刑事上の法医学鑑定の変遷を研究した。ちなみにこの危険人物なる概念は、医学的な意味も法的な身分規定も与えることのできない概念であるにもかかわらず、現在の法医学鑑定の基本的概念になっている。今日なお法廷で、「この人物は危険と見なされるか？」という非常識としか言いようのない質問（行為の断罪のみを主旨とする刑法の理念に反するだけでなく、病気と違反とを本質的に同じとみなすような質問）を医師に対して行なっている事実は、奇形に古来つきまとってきた曖昧さを法廷が今なお依然として継承していることを物語るものであり、ここに至るまでの歴史的推移の分析が我々の課題となる。

（二）矯正すべき人間。この人物像は奇形ほどは古くない。それは法の要請と自然の標準形態にではなく、むしろ調教技術とそれに伴う必要性に関している。「矯正不能者」という概念は、十七、十八世紀における規律と統制技術の確立とともに生まれてきた。これはまず軍隊、学校、仕事場、そして少し後になっては各家庭にも導入された。この身体、行動および適性能力の新たな訓練手段とともに、法の支配圏外にあるこうした規範にそぐわない者たちの存在が新たな問題として浮上してきたのである。

それまでは、個人の有する権利を多少なりとも奪う司法的処置として、「禁止」というものが存在していた。その後、この法的かつ否定的な枠は、訓練を拒む者を訓練し、矯正不能者を矯正しようとする種々の技法によって部分的に補充され、部分的に置き換えられていく。十七世紀以降に広い範囲で施行された「収容」という措置は、司法による禁止という否定的手段と、訓練という実利的手段とのいわば中間的存在として現れたものだ。収容は、事実上、人を社会から締め出すものであり、また法律の圏外で機能するものであるが、その存在理由とされているのは人を矯正し、更生させ、改悛させ、「正常心」に立ち返らせる必要性である。この捕らえどころの無い、しかし歴史的には決定的な役割を果たした形態をもとに、更生制度ならびにその対象とされる人間のカテゴリーが正確にいつごろ成立したかを研究する必要がある。つまり、技術や制度面からみた盲人、聾唖者、痴愚、知恵遅れ、神経質、精神異常といったものの誕生の経緯である。

奇形が通俗化されて特異性を失ったものとも考えられる十九世紀の異常者は、「訓練」という近代技術の余白に出現した矯正不能者の後裔でもあるわけだ。

(三) オナニスト。十八世紀の生んだ新しい人物像。それは性と家族構造との新たな関係、夫婦にとっての子供の占める位置の変化、さらには身体と健康に与えられた新たな重要性などとの関連から生まれてきたものである。いわば子供の性的身体の出現である。

実はその浮上までには長い歴史的背景がある。つまり教導の技術（これは宗教改革とトリエント宗教会議の生み落とした牧会学に基づいている）と教育体制との相まった発展の歴史がこれである。ジェルソン〔神学者、パリ大学総長、一三六三―一四二九〕からアルフォンソ・デ・リグオーリ〔イタリアの神学者、『道徳神学』を著す、一六九六―一七八七〕に至るまでの時代、監獄での告白の義務や非常に様式化された巧妙な尋問の実践によって、性欲、官能的身体および「ふしだら」の罪に対するいわば言説による警戒体制がとられてきた。図式的に言えば、古来よりタブー視されてきた肉体関係（姦通、近親相姦、男色、獣姦）の統制に、ごく根元的な欲情を律する「肉体」の統制が加わった形になる。

しかしながら、自慰撲滅の大々的なキャンペーンはこうした歴史的背景を打ち破るものであった。その運動はまず一七一〇年代、「オナニア」[*5]の発刊を契機にイギリスで火蓋が切られ、次がドイツ、そして我がフランスではティソーの本[*6]が出版された一七六〇年頃に開始された。運動の存在理由は不可解であるにせよ、その影響は至る所に波及した。それぞれの影響が正確にいかなるものであったかを見定めるためには、この運動の基本的特徴の幾つかを是非とも考慮に入れる必要がある。たとえばこの問題を――ファン・ユッセルの最近の研究[*7]にヒントを与えたライヒの考え方のように――快楽的身体と生産的身体という二元論に立って、新たな工業化社会の要請に応える抑圧の一過程と捉えるだけでは十分とは言えまい。事実この運動は、少なくとも十八世紀においては、国民全てを対象にした性生活の規制という形はとらなかった。それは、全面的にとは言わないまでも大筋のところでは青少年を対象にしたものであり、さらには富裕もしくは恵まれた家庭を対象にしていたからである。さらにそれは性生活、また少なくとも自分の身体の性的使途というものを、人の生涯を通じて現れてくるありとあらゆる肉体的障害の原因だと決めつけるものでもあった。身体と病気との関係に性生活が病因としてあまねく関与しているという考えは、当時のこの新しい医学的倫理を提唱した文献のみならず、極めてまじめに書かれた病理学の文献にも必ず登場するテーマの一つになっている。ところで、自らの性を「濫用」する子供に対し自分の身体と生命との責任が問われるようになる一方、両親は両親でまるで罪人呼ばわりされるようになる。つまり親の監督不行き届き、怠慢、とりわけ我が子とその身体や行動に対する無関心が非難の的となったのである。我が子を乳母や使用人や家庭教師に任すということも、結局はこの無関心の招く結果であり、従ってこれら親子の間に介在する者たちも、子供を悪徳の道に誘い込んだとして決まって非難された（フロイトも初期の「誘惑」理論でこれを取りあげている）。この運動の背後に認められるのは新たな親子関係から生じた要請であり、より広い意味では家庭内における人間模様の変化であろう。まず挙げられるのは、〔「一つ屋根の下」という大きな単位を特徴づけていた複雑な人間関係を犠牲にする形で〕父＝母＝子の関係が一段と強化されたこと。次に、家族の義務体系が転倒したこと（かつて義務は子が親に対して負うとされていたが、今や子供こそが親のまず第一に果たすべき責務の対象とされ、親は子々孫々に至るまでの道徳的、医学的責任を負わされることになった）。また、家族の絆の原則として健康第一主義が登場したこと。次に、子供の身体——性的身体——を核に家族という基本単位が位置づけられたこと。さらに、欲望と権力が複雑に絡みあう場としての、親子の肉体を直接的に結ぶ絆、いわば四つに組んだ関係が打ち立てられたこと。そして、親の義務たる目配りと、容易に興奮や刺激を受けやすい子供の虚弱な身体との間のこの新たな関係を調停かつ調整するために、外部からの統制と医学的知識が必要になったこと。このように、自慰撲滅運動は核化された家族を新たな知と権力の道具に仕立て上げることを意味していた。つまり、子供の性、およびそこに起因するとされるあらゆる異常を問題化したことは、いわばその新装置を組み立てるための一つの手段でもあったわけである。現代社会を特徴づける近親相姦的な小家族、我々が育ち、生活しているこの性的飽和状態におかれた小さな小さな家族空間はこうして出来上がったのである。

十九世紀末以来、あまたの制度、言説、および知の対象とされてきた「異常者」なるものは、自然・法的特例とされた奇形と、更生施設に収容されたおびただしい数の矯正不能者と、普遍的に存在する子供の性の神秘とに同時に由来するものである。しかし実のところ、これら奇形、矯正不能者、オナニストという三つの形態は完全に同一視されるには至らなかった。それぞれがそれぞれに応じた独自の科学体系の内に取り込まれていったからだ。奇形はジョフロワ・サン゠ティレール[*8]によって初めて科学的な体系化がなされた奇形学および発生学に、矯正不能者は感覚と運動性と適性を扱う精神生理学に、そしてオナニストはカーンの『性因的精神病質[*9]』以来ゆっくりと発展をとげた性の理論に、というように。

しかし、これらの学問がいくら三者三様であるからといって、その特殊性を半ば帳消しにしてしまうような三つの重要な事項が存在したことを忘れてはなるまい。一つは「変質」の一般論の成立であり、モレルの論文[*10]（一八五七年）によって打ち出されたこの理論が、その後一世紀半にもわたり、異常者の判定、分類、処置など一切の方法に対する理論的基盤となったばかりか、その社会的および倫理的正当性の根拠でもあり続けたこと。第二は、新たに配備された複雑な制度網であり、医学と司法との境目に位置するそれが、一方では異常者の「受け入れ」機構としての役割を果たしながらも、他方で社会の「防衛」のための道具ともなってきたこと。第三は、最も遅れて歴史に登場した異常のタイプ（子供の性の問題）が他の二つを徐々に包含していった動きであり、二十世紀においてはそれがあらゆる異常を説明するための最も強力な原理となるに至ったことである。

かつて奇形への恐怖心から特異な脚光を浴びた「反自然なるもの」の問題は、今や子供の性という普遍的なものによって、日常どこでも見受けられるような些細な異常性の裏側に巧みに隠蔽された形になっている。

一九七〇年に開始されたこの講座は、処罰という昔ながらの法的手段から徐々に知と正常化の権力とが形成されてゆく過程をずっとテーマとして扱ってきた。当講座は、一九七五年度の講義内容とした、十九世紀末このかた常に「社会を守る」ためだと言われてきた諸機構の研究をもって終了する。

＊

本年度のセミナーでは、有数な凶悪犯罪事件（アンリエット・コルニエ事件が最初のもの）からいわゆる「異常」犯罪者の診断に至るまでの、刑事における精神鑑定の変遷を分析した。

（翻訳　中澤信一）



原書編者註

＊1　マリ・ル＝マルシス事件のこと。一五八一年に生まれ、女子として洗礼を受けた彼女は、後に男装し、名前もマランに改め、ジャンヌ・ル＝フェーヴルという名の未亡人と結婚しようとした。逮捕された彼女は、一六〇一年五月四日に「肛門性交の罪」で死刑の宣告を受けるが、医師ジャック・デュヴァルの証言報告によって火刑を免れ、生涯独身女性として過ごすよう宣告される。参考文献、J・デュヴァル、『両性具有者』、ルーアン、ジュフロワ出版、一六一二年、および『ルーアンの両性具有者の一件に関し医学博士リオラン氏が行った証言に対する反論』、ルーアン、クーラン出版、一六二二年。

＊2　一七三二年、グルノーブルに生まれたアンヌ・グランジャンは、後に男装し、一七六一年六月二十四日、シャンベリーにおいてフランソワーズ・ランベールと結婚。密告されてリヨン法院に召喚された彼女は、初審では婚姻の秘跡冒瀆の罪で首枷および追放の刑を言い渡された。一七六五年一月十日、ラ＝トゥルネル判決によって彼女は上記の起訴内容については無罪となるが、以後女装するよう命じられた。参考文献、彼女の弁護人ヴェルメイユの書いた「起訴人の検事総長殿に対する被告兼控訴人アンヌ・グランジ

ヤン通称ジャン＝バチスト・グランジャンに関しての趣意書」、リヨン、一七六五年。上記の文献はC・シャンポー著『最高法院弁護士ヴェルメイユ氏の趣意書にあげられたアンヌ・グランジャンにみる両性具有者問題についての考察』、リヨン、ジャックノー出版、一七六五年、に収録されている。

＊3　F・E・カンジャミーラ、『聖発生学、あるいは胎児の永遠の救済』、パノルミ、F・ヴァレンザ出版、一七五八年（J・A・ディヌアールおよびA・ルーによる仏訳版、パリ、一七六六年）。

＊4　一八二五年十一月四日、アンリエット・コルニエなる女性は自分が預かって世話をしていた一歳七か月になる幼児ファニー・ブロンの首を切り落とした。彼女の弁護人は医師シャルル・マルクに対し法医学鑑定を要請した。参考文献、C・マルクの「故意による計画的殺人の罪で起訴されたアンリエット・コルニエに関する医学的所見」（一八二六年）、『法医学的見地から見た狂気について』、パリ、バイエール出版、一八四〇年、第二巻、七一―一三〇ページに収録。

アントワーヌ・レジェと名乗る二十九歳のブドウ栽培者は、十二歳半の少女ジャンヌ・ドゥビュリーに対する強制猥褻および殺人の罪で一八二四年十一月二十四日、ヴェルサイユ重罪院に召喚された。この事件のニュースは最初一八二四年十一月二十四日付けのジュルナル・デ・デバ紙に掲載されたが、その後エチエンヌ・ジョルジェの著書の中でもとりあげられている。E・ジョルジェ、『精神病が弁護手段として使われたレジエ、フェルトマン、ルクーフ、ジャン＝ピエールおよびパパヴォワーヌ事件の刑事訴訟についての考察』、パリ、ミニュレ出版、一八二五年、二―一六ページ。

元船舶関係の補給係だった四十一歳のルイ・オーギュスト・パパヴォワーヌは、ヴァンセーヌの森で子供二人を殺害した罪で一八二五年二月二十四日、パリ重罪院に召喚された。上掲書、三九―六五ページ参照。

＊5　『オナニア、あるいは男女における憎むべき自慰の罪とその恐るべき結果について、この忌まわしき行為により自らを辱めた者たちへの心身両面からの助言を添えて』、ロンドン、クラウチ出版、一七一〇年。上書はベッカー（Bekker）の著作と見なされている〔Bekkerについては不詳。ドイツ生まれの神学者、牧師 Balthasar Bekker (1634-1698) のことか？〕。

＊6 『胆汁性熱病論、あるいはローザンヌにおける胆汁性疫病史』に続いて一七五八年に出されたシモン・ティソーの『手淫による疾病についての試論』は、その後加筆修正されて『オナニスム、あるいは手淫によって起こる疾病に関する理学的小論』（ローザンヌ、シャピュイ出版、一七六〇年）と題されて再出版された。

＊7 J・ファン・ユッセル、『性の抑圧の歴史』ハンブルグ、ロヴォルト・タシェンブーフ出版、一九七〇年（C・シュヴァロ訳の仏訳版、パリ、ロベール・ラフォン出版、一九七二年）。

＊8 E・ジョフロワ・サン＝ティレール、『解剖学』、パリ、リニュー出版、一八二二年、第二、三巻：「人間の奇形について」。『奇形に関する一般的考察および奇形現象論』、パリ、J・タステュ出版、一八二六年。その他、I・ジョフロワ・サン＝ティレール、『人と動物に見られる体型異常の一般論および特殊論、あるいは奇形学概論』、パリ、バイエール出版、一八三二年―一八三七年、四巻本も参照のこと。

＊9 H・カーン、『性因的精神病質』、ライプツィッヒ、フォス出版、一八四四年。

＊10 B・A・モレル、『人間の肉体的、知的、道徳的変質およびこれらの病的諸形態を生み出す原因についての概論』、パリ、バイエール出版、一八五七年。

# 社会は防衛しなければならない

（一九七五―一九七六年度）

「社会は防衛しなければならない」、『コレージュ・ド・フランス年鑑』、七六年度、「思考システムの歴史」講座、一九七五―一九七六年度、一九七六年、三六一―三六六ページ。
«Il faut défendre la société», *Annuaire du Collège de France, 76ᵉ année, Histoire des systèmes de pensée, année 1975-1976*, 1976, pp. 361-366.
――『思考集成Ⅵ』No. 187

諸々の権力関係の具体的な分析を行うためには、主権の法制的モデルは放棄しなければならない。じっさい、主権の法制的モデルは、自然権の主体あるいは、原初的権力の主体としての個人を前提としている。この法制的モデルは、国家の理念的な成立を説明することを目的としたものであって、法律を権力の基本的な発現だとみなすものである。試みるべきなのは、権力を、関係性の原初的な諸項から研究するのではなくて、関係性が及ぶ諸要素を規定している関係性それ自体から出発して研究するということなのである。理念的な主体＝臣下(sujets) たちに対して、彼らが主体化＝従属化 (assujettir) されるためには、自分たち自身の、および自分たちの諸権力の何を譲りわたさなければならなかったか、を問うのではなく、主体化＝従属化の諸関係がいかにして主体＝臣下を作り出すことができるのかを問うべきなのである。同様に、そこから権力のあらゆる諸形式が導き出されるような唯一の形式や中心点を探すのではなく、まずは、権力諸形式を、それらの多様性、差異、固有性、可逆性のままにとらえる、すなわち、それらの権力諸形式を、お互いが、交錯しあい、送り返しあい、相互に収斂し、また逆に、対立しあい、打ち消しあうような、諸々の力関係として研究することが求められているのである。つまり、権力の発現としての法律に特権的な位置を与えるよりも、権力が配備している拘束の諸技術を見てとることこそ試みるべきなのである。権力の分析を、主権の法制的構成という図式に押し込めたりせず、権力を諸々の力関係において考えるべきだとして、それでは、権力は、戦争の一般形式に則って解読できるものなのだろうか。いったい戦争は、権力諸関係の分析子の役目を果たしうるものなのだろうか。

この問いは、次のような他の幾つかの問いと重なっている。

——戦争こそ原初的で根本的な状態であって、支配、差異化、社会的な序列化といったすべての現象は、それに比べて派生的なものであると見なすべきなのか。

——個人間、集団間、あるいは階級間の対立、対決、闘争のプロセスは、最終的には、戦争の一般的プロセスに帰因するということなのか。

——戦略や戦術から導き出される諸概念の総体は、諸々の権力関係を分析するために有効で十分な道具を構成しうるのか。

——軍事的、戦争的諸制度、一般的にいって戦争遂行のために設けられた諸措置は、程度の差こそあれ、じかにあるいは間接的に、政治的諸制度の核をなしているものなのか。

——だが、まず問われるべきなのは次のような問いである。すなわち、どのように、いったいいつから、ひとびとは、いかにして、権力諸関係において機能しているのは戦争であり、中断することのない闘争が平和を動かしており、市民秩序とは基本的に戦闘秩序である、と思うようになったのか。

この最後の問いこそ、今年の講義で問われた問いである。ひとびとはいったい、いかにして、平和の透かし模様をとおして戦争を知覚するようになったのか。誰が、戦争の喧噪と混乱の中、戦闘の泥沼の中に、秩序や諸制度や歴史を理解する原理を求めたのか。だれが最初に、政治とは他の方法によって継続された戦争のことだ、と考えたのか。

＊

逆説的事実がまず目にとまる。中世初期以来の国家の発達にともなって、戦争の実践と制度は顕著な変化をたどったように見える。一方において、それらの実践と制度は、唯一戦争をする権利と手段を有していた中央権力の手の内に集中するという傾向にあった。そもそもそうした事情から、戦争の実践と制度は、時間的な滞留はあるとはいえ、人と人、集団と集団との関係から消え去ることとなった。こうした変化によって、戦争の実践と制度は国家の特権になっていった。他方では、当然の帰結として、戦争は、綿密な規定をうけ統制された軍事組織が、職業的かつ技術的に独占することになる。一言でいえば、戦争関係に全面的に横切られた社会に、軍事的諸制度を備えた国家が次第に取って代わることになった。

ところが、こうした変化が成就するやいなや、社会と戦争との関係についてある種のタイプの言説が登場する。社会と戦争との関係についてひとつの言説が形成されるのである。主権の問題をめぐる哲学的‐法学的言説とはとても異なった、ひとつの歴史学的‐政治学的な言説が、戦争こそが政治的諸制度の恒常的な基底であるといいだすのである。この言説は宗教戦争の終結後まもなく、十七世紀イギリスの大政治闘争の初期に現れた。イギリスではコークやリルバーン、フランスではブーランヴィリエや後のデュ・ビュア＝ナンセ[*1]によって代表されるこの言説によれば、国家の誕生をつかさどったのは戦争であるとされる。しかも、その場合、戦争とは、自然状態説の哲学者たちが想像するような理念的なものとしての戦争のことではなく、諸々の現実の戦争、じっさいの戦闘であるとされる。法律とは、遠征や征服や戦火に包まれた都市のさなかで生まれたものであって、戦争はまた権力のメカニズムの内部において猛威をふるい続けており、あるいは少なくとも制度と法律と秩序を動かす秘密の動因でありつづけている、とされる。自然にもとづく必要や、機能としての秩序確立の要求といったものを信じこませる忘却や幻想や虚偽の下に、戦争をこそ再発見せねばならない。戦争こそが平和の秘密を解く暗号なのである。戦争は社会の全体を絶えず分割している。戦争は私たちひとりひとりを一方か他方の陣営に位置させる。そして、その戦争は、説明の原理として再発見するだけでは十分でないのだ。戦争を甦らせなければならない。ひとびとがそれに気がつかないような潜在的で目立たない状態で継続されている状態から、戦争を離れさせ、もしも我々が勝者でありたいとねがうのであれば、我々がそれに備えるべき決定的な戦闘へとその戦争を導かねばならないというのである。

まだ極めてぼんやりとした輪郭しかもたないこうしたテーマ群を通して、ひとはこのような分析の様式がもつ重要性を理解することができる。

1　こうした言説において語る主体は、法律家や哲学者のような位置、すなわち普遍的主体の位置を占めることはできない。彼が語る全面的な戦闘においては、彼は必然的に一方か他方の側にいることになる。彼には敵があり、彼は勝利のために戦っている。確かに彼は法を有効たらしめようとする。しかし、それは彼固有の法であって、民族の権利、勝利した侵略による権利、古来からの占領による権利など、征服、支配あるいは古い慣習の関係に印づけられた特異な法である。そして彼が真理を語るとしても、それは勝利をもたらしうるような固有の視点からの戦略的な真理である。したがって、そこにあるのは、真理や法をとなえるものの、自ら明白に法学的かつ哲学的な真理から自己を閉め出すような政治的かつ歴史的な言説である。その言説の役割は、敵対者たちの間にわって入り、紛争の中心にして高みに陣取って、休戦を課し、和解する秩序を制定するというような、ソロンからカントにいたるような法の制定者や哲学者たちが夢みてきたような役割ではないのだ。非対称性に刻印され、維持しあるいは復元すべき特権として機能するような法権を提示すること、ひとつの武器のように機能する真理を有効たらしめることがめざされていたのである。そのような言説をとなえる主体にとって、普遍的な真理や一般的な法は幻想か罠であるということになる。

2　それに加えて、このディスクールは、説明可能性の伝統的価値を逆転させる。それは、最も単純なもの、最も基本的なもの、最も明快なものによる説明ではなく、下からの説明であり、もっとも混乱したもの、もっとも闇につつまれたもの、もっとも無秩序なもの、もっとも偶然に委ねられたものによる説明である。解読の原理とされるのは、暴力、情念、憎悪、復讐の混乱であり、敗北と勝利をつくりだす些細な偶発的状況のおりなす布地である。諸々の戦闘の断続的で暗い神こそが、秩序と労働と平和の永い昼の日々を解き明かす。荒れ狂う怒りこそが調和を説明するのだとされる。そして、歴史と法の始まりには、一連の生硬な事実（生理的な強靭さ、力、性格の特徴）や、一連の偶然（敗北、勝利、陰謀の首尾や不首尾、反乱や同盟）があるとされる。そしてこうした事実の錯綜した絡み合いの上方の高みにおいてはじめて、計算や戦略の合理性といった、次第に増大する合理性が描かれる。この合理性は、上に昇れば昇るほど、そして、それが発達するにつれ、ますます脆弱で、ますます粗雑で、ますます幻想、空想、神秘化に結びついたものになる。ここにあるのはしたがって、見せかけとうわべの偶然の下、身体と情念の目に見える粗暴さの下に、本質からして正義や善と結びついた根本的で恒常的な合理性を見いだそうとする、あの伝統的な分析の全くの反対物なのである。

3　こうしたタイプの言説は歴史の次元において全面的に展開される。この言説は、歴史や不当な政府や不正や暴力を、ひとつの理性あるいは法律の理念的な原理にもとづいて測ろうとはしない。それとは逆に、制度や法体系の形式の下に現実の闘争の忘れ去られた過去を、隠された勝利や敗北を、法典のなかに乾いた血を呼び起こそうとする。この言説が参照する領域は歴史の限りない運動である。しかし、同時に、この言説は、伝統的な神話的形式（偉大なる祖先の失われた時代、迫り来る新しい時代や千年来の復讐の時、往時の敗北を消し去る新たなる王国の到来など）に根拠をもとめることもある。それはまた、滅びゆく貴族階級のノスタルジーも人民の復讐の熱狂もともに担いうる言説でもある。

要約すれば、主権と法律の問題に関わる哲学的＝法学的言説に対して、社会のなかにおける戦争の恒常性を解読しようとする以上の言説は、本質的に歴史的＝政治的な言説であり、そのなかでは真理が一つの勢力の勝利のために機能するような言説、暗澹として批判的で同時に強烈に神話的な言説である。

＊

本年度の講義は以上のような分析形式の出現の研究にあてられた。その問いとは、どのように戦争（および、その様々な側面、侵略、戦闘、征服、勝利、征服者の被征服者に対する関係、略奪と所有化、蜂起）は、歴史の、そしてまたより一般的に、社会的諸関係の分析子として使われてきたのか、というものだった。

1）まずこの言説の間違った作者探しは排除しなければならない。とくにホッブスに関してはそうである。ホッブスが万人に対する万人の戦争と呼ぶものはいかなる意味でも現実の歴史的な戦争のことではなく、それによって、各人が自分にとっての危険を測定し、他者たちがもつであろうお互いに戦う意志を評価し、力に訴えるならば自分がとらねばならないリスクを測るための、一個の表象のゲームに他ならない。

「制定共和国」であれ、「獲得共和国」であれ、主権は、戦争による支配によってでなく、反対に戦争を回避することをゆるす計算によって制定されるのである。ホッブスにとっては、非＝戦争こそが国家を創設し、国家に形式をあたえるのである。[*2]

2) 国家の母胎として戦争をとらえるような戦争の歴史は、おそらく十六世紀、宗教戦争の末期（フランスでは例えばオトマン）[*3]に萌芽をみせる。しかし、こうしたタイプの分析が発達するのは十七世紀においてである。イギリスでは、まず、議会の反対派と清教徒において、十一世紀以来イギリス社会は征服による社会であると考えられている。固有の制度をもつ王族階級と貴族階級とはノルマン人が持ち込んだものであるのにたいして、サクソン人たちは原初的な自由の幾つかの痕跡を苦労しながら保存してきたと考えられている。この戦争による支配を下地に、コークやセルデン[*4]といったイギリスの歴史家は、イギリスの歴史の主要な出来事を復元してみせる。それらの出来事の一つ一つは、制度も利害も異なる二つの敵対する民族間の歴史的な初期状態としての戦争状態の結果や継続として分析される。それらの歴史家が同時代人、証人、そしてときには立て役者として立ち合った革命は、この古くからの戦争の最終闘争にして報復であると考えられるのであろう。

同じタイプの分析はフランスでも見いだせるが、その時期はより遅く、とくにルイ十四世治下の末期に貴族界に見受けられる。それにもっとも厳密な定式化を与えたのはブーランヴィリエである。しかし、ここでは、勝者の名において、歴史は語られ、諸々の権利は要求されている。自らゲルマンの出自を名のるフランス貴族階級は、征服の権利を自らに付与し、したがって、王国のすべての土地に対する高らかなる所有とガリアあるいはローマの全住民に対する絶対的な支配の権利を主張する。さらに、貴族階級はまた、起源においては貴族階級の同意にもとづいて制定され、そのときに定められた境界の範囲内につねに維持されるべき王権力に対する特権を自ら付与されているとする。そのようにして書かれる歴史は、イギリスにおけるような、蜂起と勝ち取られる妥協を基本的カテゴリーにもつ、敗者と勝者との絶えざる対決の歴史ではない。それは、王による僭称や、自らが出自である貴族階級に対する裏切り、そして、ガリア・ローマ出自のブルジョワジーとの本性に反した癒着の歴史となる。フレレ[*5]、そして特にデュ・ビュア゠ナンセによって引き継がれることになるこの分析の図式は、大革命にいたるまで、一連の論争の争点であり、多くの歴史研究のもととなった。重要なことは、歴史の分析の原理が民族の二重性と戦争のなかに求められていることにある。ここを起点として、そして、オーギュスタン[*6]およびアメデ・ティエリ[*7]の著作を媒介に、十九世紀には、歴史の解読の二つのタイプが発達していくことになる。すなわち、一方は階級闘争をめぐるものであり、他方は生物学的対決をめぐるものとなる。

＊

今学年度の演習は、犯罪精神医学における「危険な個人」のカテゴリーの研究にあてられた。「社会防衛」のテーマに結びついた諸概念と、十九世紀末に登場した市民的責任の新理論に結びついた諸概念との比較研究を行った。

（翻訳　石田英敬）



**原書編者註**

＊1　コーク卿（E・）『反ノルマン論、あるいは、古歴史および記録から、ノルマンディー公ウィリアムが言葉によってイングランドを全面征服したのではないことを証明する論拠』（ロンドン、ダービィ書店、一六八二年）。リルバーン（J・）『イギリスの生れの権利　すべての恣意的な簒奪に対する駁論』（ロンドン、一六四五年）、『君主たちの暴政と不正の解剖』（ロンドン、一六四六年）。ブーランヴィリエ伯（H. de）『フランス貴族論　諸公および重臣を排す』（書店記載なし、一七一七年）、『フランスの古政体の歴史　議会および三部会に関する十四の歴史書簡付き』（ハーグ、ジェス&ノーヌ書店、一七二三年、全三巻）、『フランス貴族についての試論　その起源と没落についての論述付き』（アムステルダム、一七三二年）。デュ・ビュア＝ナンセ伯（L-G）『フランス、イタリア、ドイツの起源あるいは古政体』（パリ、ディドー書店、一七五七年、全四巻）、『ヨーロッパの諸民族の古史』（パリ、ドサン書店、一七七二年、全十二巻）。

＊2　ホッブス（T・）『リヴァイアサン　教会および市民の共和国の質料と形式と権力についての試論』、ロンドン、アンドリュー・クルッケ書店、一六五一年（仏訳、『リヴァイアサン　教会および市民の共和国の質料と形式と権力についての試論』、F・トリコー訳、パリ、シレー書店、一九七一年）〔邦訳　岩波文庫　ホッブス『リヴァイアサン』〕。

＊3　オトマン（F・）『フランスがふるった猛威、ガスパール・ド・コリニーおよび多くの大領主によって犯された恐るべき恥ずべき殺戮についての単純にして真なる叙説』、バーゼル、ピーテル・ヴュアルマン書店、一五七三年。『フランス・ガリア』、ケルン、H・ベルトゥルフェ書店、一五七四年。

＊4　セルデン（J・）「イングランドの「法律続編」」（一六一〇年）、『全著作』、ロンドン、J・ウオルトホー書店、一七二六年、第三巻。『ヘブライの教えによる自然および種族の法、第七の書』、ロンドン、ビショピウス書店、一六四〇年。『イングランド政体の単一性についての歴史叙説』、ロンドン、ワルバンケ書店、一六四七年。

＊5　フレレ（N・）「王政諸時代のフランスの習俗と政体についての歴史的探究。フランク民族の起源およびかれらのガリア移住について」、『全著作』、五巻および六巻、パリ、ムータルディエ書店、一七九六年。「旧民族の起源および混交、その歴史を研究する方法についての概論」、同書、第十八巻。

＊6　ティエリ（A・J・）『ノルマン人たちによるイギリス征服の歴史　その原因と今日にいたる影響について』、一八二五年、全二巻。『メロヴィング王朝史話——付、フランス史についての考察』、パリ、テシエ書店、一八四〇年、全二巻〔邦訳、岩波文庫〕。

＊7　ティエリ（A・S・）『ガリア人の歴史　最初期からローマの支配にガリアが完全に屈するまで』、パリ、ソートレ書店、一八二八年、全三巻。

# 治安・領土・人口

（一九七七―一九七八年度）

「治安・領土・人口」、『コレージュ・ド・フランス年鑑』七八年度、「思考システムの歴史」講座、一九七七―一九七八年度、一九七八年、四四五―四四九ページ。
«Sécurité, territoire, population», in *Annuaire du Collège de France, 78^e année, Histoire des systèmes de pensée, année 1977-1978*, 1978, pp. 445-449.
――『思考集成Ⅶ』No. 255



今年度の講義の中心的な主題は、人口という観念とその人口の統御を保証するメカニズムを据えるような政治的知の誕生であった。とすれば「領土の国家」から「人口の国家」への変化というわけだろうか。おそらく、そうではない。置き換わったのではなく、アクセントが移動し、新しい目的、つまり新しい問題と新しい技術が現れたということなのだ。

この誕生を跡づけるために、われわれは作業の手がかりとして《統治（政府）》gouvernement という観念に注目した。

1　そのためには本来、「人々による統治」という観念の歴史だけではなく、あるひとつの社会において、それが保証されるために実施されなければならない手続きや手段の歴史について充分な調査をしなければならない。だが、まず最初のアプローチとして、ギリシア・

ローマの社会をとりあげれば、ここでは、政治権力の行使には、それぞれの個人を、かれらがなすこと、かれらに起こることに対して責任をもつ一人の指導者の権威のもとにおき、かれらをその人生のはじめから終わりまで操縦することを企てるような「統治」の権利や可能性は含まれていなかったように思われる。P・ヴェーヌの指摘に従えば、牧人‐統治者、つまり人間の群に対する羊飼い型の王君や執政官という考えは、きわめて古いテクストか、帝政時代のきわめて少数の作家たち以外にはほとんど見あたらないように思われるのだ。そのかわりに、教育者や医者、そして体育の教師の場合には、羊たちを見守る羊飼いというメタファーが受け入れられていた。この仮説は『ポリテイア』によっても確かめることができるだろう。

牧人型の権力というテーマが大きく拡がったのは、オリエント――とりわけヘブライ社会においてである。このテーマの特徴をいくつか挙げておこう。羊飼いの権力は、固定した領土においてよりも、ある目標に向かう多様な移動において発揮される。羊飼いの役割は、自分の率いる群にその糧を供給し、日常的に見守り、その安泰（＝救済）を保証することである。そして、最後に、本質的なパラドックスだが、それは、たった一匹の羊と群の全体とを等価にすることによって、個人化をもたらす権力なのである。キリスト教を通して西欧に導入されたのは、このタイプの権力であった。それは、教会の司祭という形で制度的な形態を得た。キリスト教の「教会」のなかでは、こうした魂の政府（統治）こそが中心的かつ高尚な、万人の、そして各個人の救済に不可欠の活動として形造られていた。

ところが、十五、十六世紀になると、この司祭的制度の危機が始まり、進行するようになる。しかもただ単に司祭的制度が拒否されるだけではなく、もっとずっと複雑な形態のもとでそうなるのである。すなわち、精神的な方向付け、つまり新しいタイプの牧者と群れとのあいだの関係の別の様態の探求（といってもかならずしも、より厳しくない方向というわけでもない）、そしてまた子供や家族を、そして領地や公国を「統治する」新しい仕方についての探求が始まる。封建時代の終わりに、経済的、また社会的な新しい関係形態の誕生と新しい政治的諸構造の出現にともなって、ひとを統治し、またみずからを統治する、そしてひとを導き、みずから行動する様態が問い直されることになるのだ。

2　続いて、これらの様相のいくつかについて、政治的な《統治性》gouvernementalitéの形成——すなわち、諸個人の集合の行動が、最高主権の行使のうちに、次第により明確に、内包されるようになったその様態——を分析した。この重要な変化は、十六世紀末と十七世紀前半に書かれたさまざまな種類の《統治術書》のうちに見て取れる。これは、おそらく《国家理性》というものの出現に結びついた変化である。すなわち、伝統的な美徳（知恵、正義、寛容さ、神の法と人間の慣習への尊敬）あるいは共同的な巧妙さ（慎重さ、考え抜かれた決定、最良の参与を周りに集めておく手配）から借りてきた原理に基づく統治術から、理性こそが原理であり、その特別な適用領域が国家であるような統治術への移行である。《国家理性》は、その名のもとで、他のすべての規則をひっくり返すことができるし、しなければならないような絶対的命令なのではない。それは、理性という新しいマトリックスなのであり、為政者は、人々を統治することで、その主権を行使しなければならないということなのである。それは、正義という徳に基づく主権とは異なるものであると同時に、マキャヴェリ的な英雄の徳による主権とも異なるものなのだ。

国家理性の発展は、帝国的な主題の消滅と相関している。ローマは、ついに消え去る。新しい歴史の見方が形成される。それは、もはや時間の終わりとその最後の日々に向けて帝国内の個別的なすべての主権が究極的に統合されるようなものではない。それは、諸国家が、みずからの生き延びをはかるために互いに闘わなければならないような限定のない時間に対して開かれている。そして、ある主権のその領土に関する正当性以上に、そこで重要なものとして現れてくるのは、国家の諸力についての認識とその発展なのである。すなわち、王朝間の敵対関係の衝突の空間とはまったく異なる、この国家間の競争という（同時に、西欧的でもあり、世界的でもある）空間においては、主要な問題とは、その空間に介入することを可能にするような理性的な諸力と技術とのダイナミズムという問題なのである。

こうして、国家理性は、それを定式化し、正当化したさまざまな理論とは関係なく、政治的な知と政治的なテクノロジーという二つの大きな集合のうちに形を現すのだ。すなわち、一方には、外交―軍事的なテクノロジーがあって、それは、同盟システムと軍事装置の組織化によって国家の諸力を保証し、発展させるものである。ウェストファリア条約を指導する諸原理のひとつであったヨーロッパの均衡の追求は、このテクノロジーのひとつの帰結である。もうひとつのテクノロジーは、その当時、この言葉に与えられていた意味における《ポリス》police（自営組織）、つまり国家の諸力を、内部から、増大させるために必要な手段の全体のことである。これら二つの大きなテクノロジーの交差に、そこに共通する道具として、国家間の交易と貨幣の循環を位置づけなければならない。というのも、交易による富国化こそ、人口を、労働者を、生産と輸出を増大させ、また強力な武器を数多く備える可能性を期待させるものだからである。重商主義と国家財政主義の時代において、人口―富という対は、新しい統治的理性にとっての特権的な対象だったのだ。

3　経済学の形成のひとつの条件となったものこそ、まさにこの人口―富という問題を（税制、欠乏、過疎化、無為―物乞い―放浪といったその具体的なさまざまな位相のもとで）練り上げることであった。経済学が発展するのは、資源―人口の関係の管理はもはや、唯一、資源を増大させるために人口を上乗せしようとする傾向のある規制的で、強制権をもったシステムだけを通じてなされはしないということに人々が気付くときからである。重農主義者は先行する時代の重商主義者たちに対立する仕方で反人口増加論を主張するのではない。かれらは、人口の問題をまったく別な仕方で提起しているのである。すなわち、かれらにとっては、人口とは、ただ単に、ある領土に住んでいる住民の集合、つまり子供を持ちたいというそれぞれの意志、そしてそうした出生を優遇したり、しなかったりする法制度の結果であるような集合ではない。それは、ある一定のファクターに依存する変数なのである。そのファクターはすべてが自然的なものではまったくない（租税のシステム、流通活動、利益の分配は人口の増減率にとって本質的な決定要因なのだ）。つまり、こうした依存の状態は理性的に分析しうるのであり、その結果、人口は多様なファクターに《自然に》依存するものとして現れるが、そのファクターそのものは人工的に変えることができるのだ。こうして《ポリス》のテクノロジーからの派生として、また、経済に関する考察の誕生と相関して、人口についての政治的な問題が現れ始める。人口は、そこでは法的な主体の集合として考えられていないし、労働力の集合として考えられていない。それは、一方では、生物という一般的な体制に結びつき（人口は当時、「人類」とは区別されるべき「人間という種」という新しい観念に属していた）、他方では、（法律の介在によって、そしてまた《キャンペーン》によって獲得される生活態度や行動様態の変化によって）協調的な介入にきっかけを与えるような諸要素の集合なのである。

## ゼミナール

ゼミナールにおいては、十八世紀のドイツにおいて「警察学（Polizeiwissenschaft）」と呼ばれていたもののいくつかの位相を明らかにすることが中心となった。それは、「国家の権力を強め、増大させるようにし、それらの力をうまく用いて、その臣民の幸福を供与する」すべてのもの、主には、「社会秩序と規律の維持、臣民に快適な生活とかれらが生存のために必要とする事物を供給する諸規則の制定」についての理論と分析の学である。

この「ポリス」がどんな問題に応えるためのものであったか、そしてこれに割り当てられた役割が後に警察制度に対して与えられたものとどのくらい違うものであったか、さらには、国家の増大を保証するためのどんな効果が期待されていたのか、を示そうとしたのである。これらは二つの目的に従っていた。ひとつは、ヨーロッパ諸国間の敵対関係と競争のなかで国家にみずからの位置を確立させ、かつそれを改善することを可能にすることであり、もうひとつは各個人の《安寧》によって国内秩序を保証することである。つまり、競争的（経済‐軍事的）国家の発展と《安泰》Wohlfahrt（富‐静穏‐幸福）国家の発展である。この二つの原理こそ、統治のための理性的な術として理解された《ポリス》が調整しえなければならないものなのである。《ポリス》は、当時は、一種の《国家的諸力のテクノロジー》と考えられていたのだ。

このテクノロジーが取り扱うべき主要な対象のうちに、人口の問題がある。人口は、重商主義者にとっては富国化の原理そのものであり、誰にとっても国力のもっとも重要な要素であった。そして、この人口を管理するためには、とりわけ幼児の死亡率を低減させ、疫病を予防し、風土病の発生率を低下させ、生活条件を改善し、（食事であれ、住居であれ、都市環境であれ）基準を定め、充分な医学的な施設を保証するために政治的介入をすることができるような厚生政策が必要であった。十八世紀後半から始まる、当時、《医学警察》Medizinishe Polizei, 公衆衛生、《社会医学》social medicine などと呼ばれていたものは、《生体政治》bio-politique という一般的な枠のなかに再登録されなければならない。この《生体政治》は、《人口》を、それぞれ異なった生物学的にして病理学的な特徴を持ち、それ故に、特別な知と技術に属することになる、共存しつつ生きる存在の集合として取り扱おうとする。そして、この《生体政治》そのものがまた、国力の管理統御という十七世紀来、発展した主題から出発して理解されなければならないのだ。

以下の発表があった。警察学（Polizei Wissenschaft）について（P・パスキノ）、十八世紀における人痘接種キャンペーンについて（A・M・ムーラン）、一八三二年パリにおけるコレラ流行について（F・ドゥラポルト）、十九世紀における労働災害に関する法規則と保険の発展について（F・エヴァルト）。

（翻訳　小林康夫）

# 生体政治の誕生

（一九七八—一九七九年度）

「生体政治の誕生」、『コレージュ・ド・フランス年鑑』七九年度、「思考システムの歴史」講座、一九七八—一九七九年度、一九七九年、三六七—三七二ページ。

«Naissance de la biopolitique», *Annuaire du Collège de France, 79ᵉ année, Histoire des systèmes de pensée, année 1978-1979*, 1979, pp. 367-372.

——『思考集成Ⅷ』No. 274



本年度の講義は、当初は序論となるはずであったことが最終的には講義全体となるかたちで行われた。そのテーマとは「生体政治（biopolitique）」である。この語によって私が意味しているのは、人口集団（population）としてとらえられた生活者の総体に固有な現象、すなわち健康、衛生、出生率、寿命、人種などの現象によって統治実践に対して提起される諸問題を、合理化しようとする十八世紀以来のやりかたである。こうした諸問題が十九世紀以来どれほどますます大きな位置を占めてきたか、今日までどのような政治的および経済的な問題の焦点となってきたかはよく知られるところだ。

私の考えでは、こうした問題は、政治的合理性の枠組と切り離すことはできない。政治的合理性の枠組内においてそれらの問題は出現しまた深刻さを帯びることになったのである。

その合理性とは「自由主義（リベラリズム）」のことである。というのは、それらの問題は「自由主義」にとってこそ挑戦と受け取られたからである。法の主体の尊重と個人のイニシアティヴの自由を大切にするシステムにおいては、「人口集団」というような固有な効果と問題を伴った現象はどのようにして配慮に入れられるものなのか。何の名において、またいかなる規則に基づいて、ひとはそれを管理できるのか。十九世紀半ばのイギリスで起こった公衆衛生についての議論が事例として手掛かりになる。

＊

「自由主義」という用語で何を理解すべきなのか？　私が依拠するのは、歴史の普遍概念および、歴史において唯名論的方法を試す必要に関するポール・ヴェーヌの考察である。かつておこなった幾つかの方法の選択を更新しつつ、私が試みたのは、「自由主義」を、ひとつの理論やイデオロギー、ましてやもちろん「社会」が「自らを表象する」仕方などとして分析することではなく、まさしく、ひとつの実践、つまり複数の目標に向かって、継続的な反省によって自己を制御していくような、ひとつの「実行の様式（manière de faire）」として分析することである。自由主義はこのとき統治の運用の合理化の原理であると同時に方法として分析されることになる。そして、その合理化の固有性とは、最大経済の内的規則に従うことにある。統治の運用の合理化はすべて可能な限りコスト（経済的な意味に劣らず政治的な意味においても）を減じつつ効果を最大化することをめざすものであるのに対して、自由主義的合理化が出発する前提とは、統治（ここでいうのはもちろん制度としての「政府（gouvernement）」のことではなく、人々の行動をひとつの枠組のなかで国家的手段によって統括する活動のことである）は、それ自体としては自己目的ではない、というものである。統治＝政府はそれ自身のうちには存在理由をもたない、そして統治＝政府の最大化は、可能なかぎり最良の条件においてであろうとも、統治＝政府をレギュレートする原理となるべきではない、というのである。この点において、自由主義には、十六世紀末以来、国家の存在と強化のなかに、増大する統治性＝政府活動（gouvernementalité）を正当化し、統治性＝政府活動の発達に規則を与えうるような目的を見出そうとする、あの「国家理性」との断絶がある。十八世紀のドイツ人たちがPolizeiwissenschaft（警察学）を発達させたのは、ドイツには大きな国家の形式が欠けていたことと、当時の技術的および概念的手段からいって、それぞれの領土の界域の狭さゆえにドイツ人はより容易に観察しうる単位に接しやすかったという理由によるが、その警察学は次のような原則にもとづいていた。その原則とは、注意が不足している、あまりに多くのことが監視を逃れている、あまりに多くの領域が統制と規則を欠いている、秩序と管理が欠けている、要するに、ひとびとは統治しなさすぎる、というものだった。Polizeiwissenschaft（警察学）とは、国家理性の原則に支配された統治テクノロジーがとる形式なのである。したがって、警察学が人口集団のことを考慮にいれることはいわば「当然のこと」であって、人口集団は国家の力のために可能な限り数が大きく活動的であるべきなのである。保健、出生率、衛生はしたがって問題なくそこでは重要な位置を占めるのである。

それに対して、自由主義を貫いているのは「ひとびとは統治しすぎる」という原則、あるいはすくなくとも、ひとは統治しすぎているのではないかと常に疑うべきだという原則である。統治性は、最大値化の試練よりもずっとラディカルな「批判」をへることなく実行されるべきではない。統治性＝政府活動はみずからの効果をあげるための最良の方法（あるいはもっともコストの低い方法）について自問するだけでなく、効果をあげるという自らの計画の可能性と正当性それ自体についても自問すべきだというのである。ひとはつねに統治しすぎる危険があるのではないかという懐疑が宿しているのは次の問いである。すなわち、なぜいったい統治する必要があるのかという問いである。そこから、自由主義的な批判が、当時はまだ新しいものであった「社会」の問題系とほとんど切り離しえないものであるということが帰結する。というのも、なぜ統治＝政府が存在することが必要なのか、しかし、どのような点において統治＝政府なしに済ませられるのか、またいかなることがらについては統治＝政府が介入することが無益であったり有害であるのかの追求は、社会の名において行われることになるからだ。国家理性のタームにもとづく、統治実践の合理化は、国家の存在が即座に統治＝政府の運用を前提とするというかぎりにおいて、最適条件においては統治実践は最大化するのだということを意味していた。自由主義的な省察は、国家の存在から出発して、国家が国家自身にとってそうであるような目的に到達する手段を統治＝政府のなかに見出すのではなく、国家に対しては、外在性と内在性の複雑な関係におかれた社会から出発するのである。社会こそが、条件かつ究極の目的として、可能な限り多くしかも可能な限り少ないコストで統治すべきか？という問いをもはや立てずにすむことをゆるすのである。そうではなくて、むしろ、社会が立てることをゆるすのは次の問いである。なぜ統治するのか？　つまり、統治＝政府が存在することを必要にしているのは何か？　統治＝政府は自己を正当化するために、社会との関わりにおいて、どのような目的を追求しなくてはならないのか？といった問いである。社会の観念こそ、政府はそれ自体としてすでに「余分な」、「過剰な」もの、あるいは少なくともあとから付け加えられたものであるので、それが必要であるのか、何の役に立つのかをひとはつねに問えるし問わなければならないという原則から出発して、統治のテクノロジーを発達させることを許すものなのである。

国家／市民社会という区別を、すべての具体的なシステムを問うことができるような歴史的および政治的な普遍概念と考えるよりは、ひとつの特殊な統治のテクノロジーに固有な図式化の形式と見ることができるのである。

＊

自由主義が分析と批判を通じて定式化するにいたった空想的投射を自由主義の核であると考えるのでなければ、自由主義をかつて実現されたことのないユートピアであるとひとは言うことはできない。自由主義は、現実にぶつかり、現実に自らを書き込むことができないひとつの夢ではないのである。自由主義は現実を批判する道具なのであって、それこそが自由主義が多くの形をとり、また絶えず繰り返してあらわれる理由なのである。自由主義は、ひとびとが自分たちをそれと区別しようとする、以前の統治活動に対する批判の道具であったり、ひとびとが現在の統治活動の評価を低く見直すことによってそれを改革したり合理化しようとするときの批判の道具であったり、ひとびとが反対したり濫用を制限しようと願う統治活動の批判の道具となるのである。したがって、ひとは自由主義を、様々に異なるが同時に共存する形式において、統治実践を統御する図式としても、また、ときにはラディカルな反対の主張としても見出しうるのである。十八世紀末および十九世紀前半のイギリスの政治思想は、こうした自由主義の多様な使用を特徴的に示している。そしてとくにベンサムとベンサム主義者たちの変化あるいは両義性はそうである。

自由主義的批判においては、現実としての市場と理論としての経済学が重要な役割を演じたことは確かである。しかし、P・ロザンヴァロンの重要な著作[*1]が裏付けて見せたように、自由主義は市場と経済学の帰結でも発展でもない。自由主義的批判において、市場は「テスト」の役割、つまり、統治性の過剰の影響を探し出しそれを測定することさえできる特権的な実験の場の役割をむしろ果たしたのである。十八世紀半ばにおける「飢饉」のメカニズムの分析、あるいはより一般的に穀物の取引の分析は、どの段階を超えれば統治するとはつねに統治しすぎるということになるのかを示すことを目的としたものであった。重農派の「表《タブロー》」であれ、スミスの「見えざる手」であれ、したがって、価値の形成と富の流通を「目に見える」形式で可視化しようとする分析にせよ、あるいはそれとは反対に、個人的な利潤の追求と集団的な富の増大との間にある結びつきの内在的な不可視性を前提とする分析にせよ、いずれにしても、経済学は、経済的プロセスの最良の展開と政府の措置の最大化との間にある原則的な両立不可能性を示すのである。十八世紀のフランスおよびイギリスの経済学者たちが重商主義と財政主義（caméralisme）から決別したのは、概念上の対立による以上にこの理由によるのである。彼らが行ったのは、経済的実践を、国家理性のヘゲモニーおよび政府の介入による飽和化から解放するということだったのである。経済的実践を「統治しすぎること」の物差しとして使用することで、かれらは経済的実践を政府の行動の「限界」に位置づけたのである。

自由主義は、おそらく、経済的な分析からも法的な考察からも派生するものではない。契約的な関係に基づいた政治的社会の理念が自由主義を生んだわけではないのである。しかし、自由主義的な統治のテクノロジーにおいては、法的な形式による制御は統治者の叡智や中庸よりもずっと効果的な道具をなしていた。（それに対して重商主義者たちは、司法および司法制度に対する不信から、そうした制御をむしろ、制度的には無制限の権力をもつ専制君主が、経済の「自然的」法則を従わざるをえない明白な真理として認知することに求める傾向があった。）こうした制御を、自由主義は「法」のなかに求めたが、それは自然な法制主義からというよりは、法こそが、特殊的、個人的、例外的な措置を排除した一般的な介入の諸形式を定義するものであり、また、被統治者たちが議会制度において法の策定に参加することは、もっとも効果的な統治的経済のシステムを構成するという理由による。「法治国家」、

Rechtsstaat, Rule of Law、「真に代表的な」議会制度の組織は、したがって十九世紀初頭全般にわたって、自由主義と結びついたものではあるが、最初には過度な統治性の目安となるものとして使われた政治経済がその本性においても徳においても自由主義的であるわけではなく、すぐに反自由主義的な態度をとることにさえなった（十九世紀のNational-oekonomie（国家経済）や二十世紀の計画経済のように）のと同様に、民主主義も法治国家も必ずしも自由主義的であったわけではなく、自由主義の方でも必ずしも民主的でも法の諸形式に結びついていたというわけでもなかったのである。

したがって、多かれ少なかれまとまった教義であったり、程度の差こそあれはっきりと定義された幾つかの目的を追求する政治であるというよりは、私は自由主義のなかに、統治的実践についての批判的な省察の形式をむしろ見るべきなのではないかと考えている。その批判は内からも外からも発せられうるし、必然的で一義的な結びつきなしに、或る経済理論に依拠したり、或る法的システムを援用したりしうるのである。「政府の過剰（統治し過ぎていること）」を問う問いとしての、自由主義の問いは、ヨーロッパにおける、そして、最初にイギリスで出現したとされる、「政治生活」というあの最近の現象の恒常的な次元の一つであった。自由主義の問いは、「政治生活」の構成要素のひとつでさえあって、政治生活は、統治実践が、「善か悪か」、「過剰か不足か」について公共の議論の対象となるという事実によって、起こりうるかもしれない過剰を制限されているときに存在するものであるとされたのである。

＊

もちろん以上は、自由主義の網羅的な「解釈」ではなく、考えうる分析のひとつのプラン、――「統治的理性」の分析プラン、すなわち国家の行政機構を通じて人間たちの行動を導くための方法において働いているような合理性の諸タイプの分析プランである。そのような分析を、私はふたつの同時代の事例をとりあげて実行することを試みた。一九四八年から一九六二年にいたる時期のドイツの自由主義とシカゴ学派のアメリカ自由主義である。両者の場合、自由主義は、はっきりと限定された文脈において、政府の過剰に特有な非合理性の批判であり、またフランクリンならば「質素な政府」と呼んだであろうような技術論への回帰として現れた。

その過剰とは、ドイツにおいては戦争体制、ナチズムであり、さらにさかのぼって、一九一四年―一九一八年の時代と資源と人間の総動員から生み出された統制的かつ計画的なタイプの経済であり、それはまた「国家の社会主義」でもあった。じっさい、第二次大戦後のドイツの自由主義は、一九二八年から一九三〇年の時期からフライブルク学派に属して（あるいは少なくともフライブルク学派から想を得て）おり、のちに「オルド Ordo」誌に拠った人々によって計画を立てられまた実施に移されさえしたのである。新カント派の哲学とフッサールの現象学とマックス・ヴェーバーの社会学の交点において、歴史における経済過程と司法構造とのあいだに現れる連関に注意深いウィーン学派の経済学者たちに幾つかの点では近いオイケン（Eucken）、W・レプケ（W. Roepke）、フランツ・ベーム（Franz Bohm）、フォン・ルストウ（von Rustow）といった人々は、ソヴィエト的社会主義、国家社会主義、ケインズ流の介入政策という、三つの相異なる政治的戦線において批判を展開したのだった。だが、彼らはただ一つの敵と見なしていたものを相手にしていたのである。それはすなわち、価格の形成的調整を唯一保証することができる市場のメカニズムを一貫して無視するタイプの経済統治であった。統治の自由主義的テクノロジーの基本テーマに取り組むことで、オルド自由主義は、一方において法の保障と制限を与えるとともに、他方では、経済過程の自由が社会的な歪みを生み出さないように保証するような制度的かつ法制的な枠組みの内部に組織される（計画されたり統制されたりするのではない）市場経済とはどのようなものでありうるのかを定義しようと試みたのである。アデナウアーおよびエルハルト時代のドイツ連邦共和国がおこなった政治の経済選択に大きな影響を与えた、このオルド自由主義の研究に今年の講義の第一部は当てられた。

講義の第二部は、アメリカのネオリベラリズムと呼ばれるものの幾つかの側面に当てられた。アメリカのネオリベラリズムは一般にシカゴ学派の影響下にあるといわれ、サイモンズ以降、ニュー・ディール政策、戦争計画、戦後主に民主党政権によって実施された経済的および社会的な大規模プログラムに表れた「政府の過剰」への反動として発達した。ドイツのオルド・リベラリズム派と同じく、経済的リベラリズムの名において行われる批判は、常に同じ次のような一連の事態が示す危険に応えることを旨としている。すなわち、経済的介入主義、政府機関のインフレーション、過度な管理、官僚主義、権力メカニズム全般の硬直化、それらと同時に、新たな経済的歪みが生み出され、新たな介入を生むことになるというのである。しかし、このアメリカのネオリベラリズムにおいて注意を引くことになったのは、ドイツにおける社会的市場経済に見出されるものとは対極の動きである。ドイツの社会的市場経済が市場による価格の調整はそれ自体としてはあまりに脆弱なものであるので、社会的介入の内側からの注意のゆきとどいた政策（失業者手当て、厚生費用の保障、住宅政策などを含む）によって支えられ、手直しされ、「秩序づけられる」べきであると考えるのに対して、アメリカのネオリベラリズムの方はむしろ市場の合理性や、それが提示する分析のスキーム、および決定の基準を、必ずしもまた一義的にも経済的とはいえないような領域にまで拡大することをめざすことになった。家族と出生率しかり、また犯罪と刑罰政策しかりである。したがって今後研究されるべきことは、生と人口集団の固有な問題が、決していつもリベラルであったどころではないが、十八世紀以来リベラリズムの問題に付きまとわれ続けてきた統治のテクノロジーの内部で、どのように問われたのかということである。

＊

本学年度の演習は十九世紀末の司法思想の危機に関するものであった。発表者は、フランソワ・エヴァルド（民法について）、カトリーヌ・メヴェル（公法および行政法について）、エリアーヌ・アロー（子供についての法制化における生への権利について）、ナタリー・コパンジェとパスカーレ・パスキーノ（刑法について）、アレクサンドル・フォンタナ（治安措置について）、フランソワーズ・ドラポストとアンヌ＝マリー・ムーラン（警察と保険政策について）であった。

（翻訳　石田英敬）

**原書編者註**

＊1　Rosanvallon, (P.), *Le Capitalisme utopique : critique de l'idéologie économique*, Paris, éd. du Seuil, coll. «Sociologie politique», 1979：ロザンヴァロン（P.）、『ユートピア的資本主義――経済イデオロギー批判』、パリ、スイユ社、「政治社会学」叢書、一九七九年。

202

# 生者たちの統治について（一九七九―一九八〇年度）

「生者たちの統治について」、『コレージュ・ド・フランス年鑑』第八〇年次、「思考システムの歴史」講座、一九七九―一九八〇年度、一九八〇年、四四九―四五二ページ。
«Du gouvernement des vivants», *Annuaire du Collège de France, 80ᵉ année, Histoire des systèmes de pensée, année 1979-1980*, 1980, pp. 449-452.
――『思考集成Ⅷ』No. 289

本年度の講義は過去数年間「統治（gouvernement）」の概念に関して行ってきた分析を手がかりに行われた。「統治」とは広義の概念であって、人間たちの行動を導く諸々の技術および方法という意味である。子供たちの統治、魂あるいは良心の統治、家の統治、国家の統治、自己自身の統治などと使われる。こうした一般的な枠組みのなかで、良心の検査と告白の問題が研究された。

トマーゾ・デ・ヴィオ〔＝カイェターヌス〕は、悔悛の秘蹟に関して、罪の告白を「真理の行い」と呼んでいた[*1]。この言葉をカイェターヌス Cajetanus がこの言葉に与えた意味とともに記憶に留めることにしよう。そのとき問われることになるのは次のような問いである。キリスト教西欧文化において、人間たちの統治が、教導される者たちの側から、従順と服従の行いのほかに、さらに「真理の行い」を求められるのはどういうわけなのか？　しかも、その「真理の行い」は、単に主体は真実を言わなければならないというだけでなく、彼自身について、彼の過ちについて、彼の欲望について、彼の魂の状態について、などなどについて真実をいうことが求められるという点を特徴としている。単に服従するということを求められるのではなく、自分はだれであるのかをはっきりと言明することによって明らかにするということを求められるような、人間たちの統治の型はどのようにして形づくられたのだろうか。

「真理の体制」の概念についての理論的導入の後、講義の大半は原始キリスト教における魂の検査と告白の手続きの研究に当てられた。告白（exomologèse）と全告白（exagoreusis）という二つの概念が認められるべきであり、それぞれ特定の実践に対応したものである。告白（exomologèse）の研究は、この語がしばしば非常に広い意味で使われていることを教えてくれる。この語は、真理を明かすと同時にその真理に対する主体の参与をも明かす行いを指すものとされる。自らの信仰の告白（exomologèse）を行うとは、単に自分が信じていることを述べるだけでなく、その信仰の事実を宣明する、つまり自分自身に対して、あるいは、他者たちの前でその信仰の事実を認証することをも含んでいる。告白（exomologèse）とは仰々しい宣明であって、その場合に仰々しさとは何よりもまず、主体が自分自身からこの宣明に自らを結びつけ、その諸結果を受け入れるという事実に関わっているのである。

「信仰行為（acte de foi）」としての告白（exomologèse）は、キリスト教徒にとって不可欠なものである。というのも、キリスト教徒にとって、啓示され教示される真理とは単に自らが受け入れる信条の問題なのではなく、自分の信条を維持する義務、自らの信条を認証する権威を受け入れる義務、場合によっては公然と信条を告白する義務、信条と一致する生活を送る義務など、それらを通してキリスト教徒が自らを拘束することになる諸々の義務の問題なのである。しかし、極めて早い時期から、別のタイプの告白（exomologèse）が見られる。それは罪の exomologesis である。ここでもまた一連の区別を行わなければならない。自分が罪を犯したことを認めるのは、洗礼を受けようとする洗礼志願者に対しも、何らかの過失を犯したキリスト教徒に対しても課された義務である。これらのキリスト教徒たちに対しては、ディダスカロス（Didascalie）[*2] は集会で自らの過ちの告白（exomologèse）を行うことを命じている。ところが、当時この「告白」は犯した過ちを公的かつ詳細に言明するという形式をとってはおらず、各人が自分自身のことを、神を前に罪人であると認める集団的な儀式の形式をとっていたと思われる。過ちの告白（exomologèse）が特別な意味合いを帯びるのは、重大な過ち、とくに偶像崇拝、姦通、殺人、および迫害や背教に関してである。そのような場合、告白（exomologèse）は、過ちを犯した者たちの復帰の条件となり、複雑な公的儀式に結びついたものとなる。

二世紀から五世紀にかけての悔悛の実践の歴史は、告白（exomologèse）とは当時さまざまな過ちをその状況とともに詳しく分析して告白するという形式を持つものではなかったということを示している。告白（exomologèse）は、規範的な形式に則ってそれが遂行されることによって、罪を赦す能力を持つ者は、罪を赦免することができるというようなことではなかったのである。悔悛とは、一つの儀式の後で人がその状態へと移行するステータスであって、(時には死の床において) 第二の式の後で初めて完成するものであるとされていたのである。この二つの時期の間では、悔悛者は、苦行をおこない、質素倹約につとめ、彼の生活様式、彼の衣服を通して告白 (exomologèse) を行う、つまり悔い改めの顕かな態度を示すものだとされていた。つまり、告白 (exomologèse) とは、丸ごとひとつの演劇性を通して遂行されるものだったのであり、そこにおいては、言葉による表現が主役ではなく、過ちをその特殊性において分析しつつ言明するという行為はまったく存在していなかったと思われるのである。悔悛をとおした復帰の前に、特別の儀式があり、より特殊な意味でそれが「告白 (exomologèse)」と呼ばれたということはありうる。しかし、そうであったとしても、そこでつねに行われたのは、罪人が皆の前で罪を犯したことを認める演劇的で総合的な表現であった。罪人は、この罪を認めるということを、彼を明らかに罪人という状態に結びつけると同時に彼の解放を準備するような行事において示さなければならなかったのである。規範的な悔悛における罪の告白の言語化が体系的に行われるようになるのはもっと後のことであって、料金を課す悔悛の実践とともにまず始まり、十二、十三世紀からは悔悛の秘蹟が組織されるようになってからのことである。

修道院機関においては、告白の実践は全く別の形式をとることになった (それは、修道僧が一定程度重大な過ちを犯した場合には、共同体の集会を前にした告白 (exomologèse) の形式という方法がとられることを排除するものではない）。修道院の生活におけるこうした告白の実践を研究するためには、カッシアヌスの『修道士教綱』[*3]および『講話』をやや詳しく研究することを手がかりとして、精神指導の技術という角度から検討した。とくに三つの側面が分析の対象となった。すなわち、先輩あるいは師に対する依存の様式、自己自身の良心の検査を行うやり方、そして、思考の動きを網羅的といいうるような述べ方においてすべて言うという義務、すなわち全告白（exagoreusis）である。これら三つの点について、古代哲学に見いだされるような良心の指導の方法との著しい違いが現れることになる。図式的に言うなら、修道院機関においては、師にたいする関係は、無条件で絶えざる服従の形式をとるのであって、この服従の形式は、生活のすべての面にわたり、見習い僧にはイニシアティブを発揮する余地はまったく無いものである。こうした関係の価値は師の資格に依存するものだとしても、服従の形式は、その対象がなんであれ、ポジティヴな価値を持つものであるとされる。さらにまた、見習い僧において服従が不可欠であり、師たちとは原則として先輩たちであるとして、年齢の関係はそれ自体としてはこうした関係性を正当化するには十分ではない。というのも、指導する能力とは精神的影響力であり、と同時に、服従とは、へりくだりの形式の下に、自己自身および他者たちに対する絶えざる関係を作り出すべきものだからである。

良心の検査（examen de conscience＝自己省察）もまた、古典古代の哲学学派において奨励されていたものとはかなり異なっている。確かに、後者と同じように、それは大きく二つのかたちをもつものである。すなわち、過ぎ去った一日についての夕べの瞑想と自己自身に対する絶えざる用心である。とくに、カッシアヌスが記述するような修道院生活において重要なのはこの第二のかたちである。カッシアヌスの手続きがはっきり示しているのは、ここで肝心なのは、過ちを犯さないために何をしてはいけないかを決めることでもなく、おこなったことにおいて過ちを犯さなかったかどうかを知ろうとすることですらない、ということである。肝心なことは、思考（cogitatio = logismos）の運動を捉え、その起源を捉えることができるほど奥深く検査し、その思考がどこからやってくるのか（神からか、自己自身からか、悪魔からか）を解読し、選別を行うということなのである（この選別をカッシアヌスは、幾つもの喩えを使用しながら記述しているが、そのうちで最も重要なものはおそらく貨幣を品定めする両替屋の喩えであろう）。カッシアヌスが最も興味深い講話の一つで取り上げている――彼はそこでセレヌス修道院長の言葉を紹介しているが――「魂の可動性」こそが、良心の検査（＝自己省察）が行われるべき領域を形づくるのである。良心の検査は、瞑想の統一と恒常性を可能にする役割を担っていることがわかるのである。*4

カッシアヌスによって定められている告白についていえば、それは、犯した過ちの単なる言明でも魂の状態の包括的な開陳でもない。告白は思考のすべての動きを言語化せねばならないのである。この告白は、指導者が助言を与え診断を行うことを許すものである。カッシアヌスはそのような相談の会の幾つもの例を引いている。そこには幾人もの先輩が参加し彼らの所見をのべるのである。しかし、言語化は、魂の動きを他者へと向けられた言表へと変えるということによって、それ自体内在的な効果をも持つものである。とくに、検査の目的である「選別」は、言語化に伴う三つのメカニズムによって行われるとされる。すなわち、言語化によって、あらゆる悪しき考えを口にのぼせることによって赤面させる恥、語としての発音による魂のなかで起こっていることの物質的実現、(良心の襞のなかに身を隠して誘惑し欺く)悪魔とそれらを露わにする光との両立不能性という三つのメカニズムを引き起こすことになるというのである。したがって、このような意味での告白においては、良心の「秘儀」を言葉によって絶えず外在化することが問題とされているのである。

無条件の服従、不断の検査、網羅的な告白は、したがって、それぞれの要素が他の二つを前提としているような全体を形づくっている。自己の奥底に隠れている真理を言葉によって顕現させることとは、四世紀以後の修道院機関――とくに共住修道院――において実践されたような、人間たちの一方による他方の統治にとって欠かすことのできない仕組みであった。しかし、強調されるべきは、この顕現は自己自身の自己自身に対する統御を打ち立てることを目的にするものではないということである。逆に、そこから期待されているのは、へりくだりと苦行、自己からの離脱と、自己という形式の破壊へと向かう自己に対する関係の構成である。

＊

本年度の演習は、十九世紀の自由主義思想の幾つかの側面の研究に当てられた。行われた発表は、N・コピンガーによる十九世紀末の経済発展についての発表、D・ドルールのスコットランド歴史学派についての発表、P・ロザンバロンのギゾーについての発表、F・エヴアルドのサン・シモンおよびサン・シモン派についての発表、P・パスキーノによる自由主義の歴史におけるメンガーの位置についての発表、C・メヴェルによる一般意志および一般利益についての発表であった。

（翻訳　石田英敬）

**原書編者註**

＊1　デ・ヴィオ（T師）、「告白の問題」、『著作集』、パリ、F・ルニョー書店、一五三〇年。(De Vio (père T.), De confessione questiones, in Opuscula, Paris, F. Regnault, 1530.)

＊2　ディダスカロスとは、三世紀の教会文書で十二使徒とその弟子たちの教え。オリジナルは失われている。現存するものは次の本の最初の六書である。『使徒の本義：ディダスカロス、すなわちわれらの救い主の十二の使徒及び聖なる弟子たちのカトリックの教え』（F・ノー師仏訳）、パリ、フィルマン・ドローズ書店、一九〇二年。

＊3　カッシアヌス（J・）『修道士教綱』（仏訳J・C・ギー）、パリ、セール社、「キリスト教の源泉」叢書、一〇九号、一九六五年。『講話集』（仏訳ピシェリ師）、パリ、セール社、『キリスト教の源泉』叢書、

第I巻四二号、一九六六年、第II巻五四号、一九六七年、第III巻六四号、一九七一年。(Cassien (J.), *Institutions cénobitiques* (trad. J.-C. Guy), Paris, Éd. du Cerf, coll. «Sources chrétiennes», n° 109, 1965. *Conférences* (trad. dom Pichery), Paris, Éd. du Cerf, coll. «Sources chrétiennes», t. I, n° 42, 1966 ; t. II, n° 54, 1967 ; t. III, n° 64, 1971.)

＊4 カッシアヌス（J・）「セレヌス師の第一講、魂と可動性と悪の精神」『講話集』、前掲書、第I巻四二号二四二—二七七ページ。(Cassien (J.), Première Conférence de l'abbé Serenus, De la mobilité de l'âme et des esprits du mal, in *Conférences*, *op. cit.*, t. I, n° 42, pp. 242-277.)

# 主体性と真理

（一九八〇―一九八一年度）

「主体性と真理」、『コレージュ・ド・フランス年鑑』、八一年次、「思考システムの歴史」講座、一九八〇―一九八一年度、一九八一年、三八五―三八九ページ。
«Subjectivité et vérité», *Annuaire du Collège de France, 81ᵉ année, Histoire des systèmes de pensée, année 1980-1981*, 1981, pp. 385-389.
――『思考集成Ⅷ』No. 304

今年度の講義の内容はやがて公刊することになっている。したがって目下のところはその短い要旨を与えるにとどめる。

「主体性と真理」という一般タイトルのもとにめざされているのは、自己認識の制度化された様式およびその歴史について調査を開始することである。どのようにして主体は、制度のさまざまな時期およびさまざまな文脈において、可能な認識の対象、望むべきあるいは不可欠でありさえする認識の対象として打ち立てられてきたのか？　どのようにして、自己についての経験、その経験についてひとが形成する知は、一定の図式をとおして組織されてきたのか？　どのようにしてそれらの図式は決定され、価値づけられ、推奨され、押しつけられてきたのか？　このような研究においては、起源的な経験に訴えることも、魂、情念あるいは身体に関する哲学的学説の研究も、主要な軸として役に立つわけではないことは明らかである。こうした調査にとって最も役に立つと思われる導きの糸は、「自己の技術」と呼ぶことができるような、おそらくはすべての文明に存在するであろうような手続きを手がかりとすることである。「自己の技術」の手続きは、人々に対して、幾つかの目的に応じて、自分のアイデンティティーを固定したり、維持したり、変形したりするべく提案されたり処方されたりするものであり、自己に対する自己の統御、あるいは、自己による自己の認識という関係にもとづいている。要するに、私たちの文明に極めて特徴的なものと思われる「自己自身を知る」という至上命令を、明示的であるか否かはともかくその文脈となっているもっと広範な問いかけのなかに位置づけ直してみることがめざされるのである。その広範な問いとは、すなわち、自己自身をいかに扱うか？　自己についていかなる作業を行うか？　といった問いであり、また、次のような活動をおこなうことでいかに「自己を統治する」のか？という問いでもある。すなわち、その活動においては、自己自身が、活動の目標であり、活動が行われる領域でもあり、活動が依拠する道具でもあり、また活動する主体でもあるような活動である。

プラトンの『アルキビアデス』[*1]を出発点と見なすことができる。「自己自身の関心」——epimeleia heautou——の問題は、このテクストにおいて、その内側で自己認識の至上命令が意味をもつことになる一般的枠組みとして現れる。ここから出発して考えうる一連の研究は、経験および経験を練り上げたり変形したりする技術として理解される「自己自身の関心」の歴史をかたちづくることになるかもしれない。この計画は先行して扱われた二つのテーマの交点に位置している。すなわち、主体性の歴史と、「統治性」の諸形式の分析である。主体性の歴史は、狂気や病気や犯罪の名において社会の中で行われる諸々の分割、および、そうした分割が理性的で正常な主体の構成に及ぼす諸影響を研究することによって企てられてきた。主体性の歴史はまた、ことば、労働そして生命に関する知のような諸々の知における主体の客体化の諸様態を研究する試みによっても企てられてきた。「統治性」の研究の方は、二重の目標に応えるものであった。すなわち、「権力」の通常的な概念（漠然とであれ、権力の源泉でもある一個の中心をもち、その内在的力動によってつねに拡張しつづけるような傾向をもつ統一的なシステムとして考えられる権力）の必要な批判をおこなうこと、そして、それとは反対に、権力を個人間や集団間の戦略的な諸々の関係性の領域として分析することである。その諸々の関係性とは他者あるいは他者たちの行動を掛け金とするもので、場合によって、あるいはそれらの関係性が展開する制度的枠組みによって、あるいは社会グループによって、あるいは時代によって、それぞれ違った手続きおよび技術に訴えるものである。すでに刊行ずみの監禁および規律についての研究、国家理性および「統治の技術」についての講義、A・ファルジュ[*2]と共同で刊行が準備されている封印状に関する研究が、この「統治性」の分析を構成する要素となる。

自己の「関心」および自己の「技術」の歴史はしたがって、主体性の歴史をおこなう一つのやり方ということになるのかもしれない。しかしながら、それはもはや、狂人と非狂人、病人と非病人、犯罪者と非犯罪者との間の分割を通しておこなわれるのでもなく、生ける主体、語る主体、労働する主体に場を与える科学的客観性の場の構成を通して行われるのでもない。それは、私たちの文化における「自己自身に対する関係」の成立と変容を、その技術的な骨組みと知の諸効果とともに研究することを通して行われるのである。そのようにして、別の側面から、「統治性」の問題を再び取り上げることができるかもしれないのである。すなわち、(教育、行動指針、精神指導、生の模範の訓示などに見られるような)他者との諸関係と分節された、自己による自己の統治の問題である。

＊

本年度行われた研究はこうした一般的な枠組みを二通りの仕方で限定した。まず歴史的な限定である。ギリシャおよびローマの文化において、キリスト紀元前一世紀から紀元後二世紀にいたる時代に、哲学者、道徳家、医者たちの間で「生の技術」、「生活の技術」として発達したことがらが研究の対象となった。対象領域の限定も行われた。それらの生の技術はギリシャ人たちがアフロディジア (aphrodisia 愛欲) と呼んだタイプの行為に適用される場合に限って考察された。アフロディジアの行為に対しては、われわれの「性(セクシャリテ)」の概念はまったく不適合な翻訳でしかない。提起された問題とはすなわち次のようなものである。いかにして、哲学的および医学的な、生の技術は、キリスト教の発達の前夜において、性的行為の実践――クレシス・アフロディジオン (khrēsis aphrodisiōn 愛欲の活用）——を定義し規制したのかという問題である。古きよき抑圧の仮説と（いかに、また、なぜ、欲望は抑圧されるのか？　という）おきまりの問いをめぐって組織されるような性の歴史からは遠く隔たったものであることは分かるであろう。問題とされるのは、生の技術をとおした自己の形成であって、禁止と掟による抑圧ではないのである。いかに性が遠ざけられてきたのかを示すことがめざされるのではなく、私たちのそれぞれの時代の社会において性と主体とを結びつけてきた長い歴史がいかなる端緒を持ったのかを示すことがめざされるのである。

これこれしかじかの時期に、性的行為に関する「自己自身の関心」の最初の出現を結びつけることはまったく恣意的なことであるかもしれない。しかし、（キリスト教に直接先立つ数世紀における自己の技術をめぐって）ここで提示された時代区分にはその根拠がある。じっさい、「自己の技術論《テクノロジー》」——生の様式、生活の諸選択、自らの行動を規制するやり方、自己自身にむけて目的と手段とを課すやり方などについての省察——が、ギリシャ、ローマの時代においては非常に大きな発達をとげ、哲学の活動のかなりの部分を吸収するにいたったことは確かである。この発達は、都市社会の成長、権力の新たな分配、ローマ帝国において役人の新しい貴族階級が重要なものとなったことと切り離すことができない。この自己の統治は、それに固有な技術とともに、教育制度と救済宗教との「あいだ」に位置している。この「あいだ」という表現で、たとえ古典ギリシャにおいては未来の市民の教育の問題がより多くの関心と省察を呼び起こし、より後代においては来世と彼岸の問題がより多くの不安を呼び起こしたとしても、年代順的な継起関係と理解すべきではない。あるいはまた、教育、自己の統治そして救済が、完全に区別され、それぞれ異なる概念と方法とを働かせる三つの領域を構成していたなどと考えるべきではない。じっさいには、それらの間では、多くのやりとりがあり、確実に連続性が存在していた。とはいえ、成人に向けた自己の技術論は、教育制度や救済宗教の威光がそれを覆い隠してしまった影を取り除くことができれば、その固有性とこの時代においてそれが獲得した規模において分析しうるのである。

そしてまさしく、ギリシャ、ローマ時代に発達したこの自己の統治は性的行為の倫理とその歴史にとって重要である。じっさい、極めて永い歴史をもつことになったあの有名な夫婦図式の原則が定式化されるのは、——キリスト教においてではなく——ここにおいてなのである。その図式とはすなわち、配偶者間の関係以外のあらゆる性的活動の排除、快楽の目的を排し性的行為の生殖としての目的化、夫婦関係における性的関係の情緒的機能からなるものである。しかしそれだけではない。性的行為およびその効果に関するひとつの心配の形式が発達するのも、あまりにしばしばキリスト教のせい（資本主義や「ブルジョワ道徳」のせいでないとして！）であるとされるが、それもまたこの自己の技術論においてなのである。確かに、性的行為の問題はまだ、のちにキリスト教における肉と肉欲の問題群におけるような重要性をまったく持っていない。例えば、怒りや不運の問題の方がギリシャ、ローマの道徳家にとっては、性的関係の問題よりもはるかに多くの場所をとっている。しかし、その位置が、関心事項の順序において最重要関心事項からはるかに遠いとしても、それらの自己の技術が、性的行為の統制を生活の全体に結びつけているやり方に注目することは大切なことである。

*

本年度の講義では、以上のような自己の技術の四例を愛欲（アフロディジア）の節制との関係において取り上げた。

(1) 夢解釈。アルテミドロスの『夢判断』[*3]、第一の書、七八章から八〇章が、この領域では基本的な資料である。そこで問われている問いは直接に性的行為に関わるものではなく、むしろ性的行為が表象されている夢の使用法に関わっている。このテクストにおいては毎日の生活においてそれらの夢にどのような予言的な価値を与えたらよいのかを決定することが問題なのである。夢がこれこれしかじかのタイプの性的関係を示したことによって、どのような吉あるいは凶の出来事を予期しなければならないかというのである。このようなテクストは明らかに道徳を説くものではない。そうではなく、このテクストは夢のイメージに与えられる肯定的あるいは否定的な意味作用の働きを通して、（性的行為と社会生活のあいだの）さまざまな相関関係の働きおよび、（性的行為を相互に序列化しつつ）示差的な評価のシステムを明らかにしようとするのである。

(2) 医的節制。これは直接的に性的行為に対して「節度」を決めようとする。この節度が実際的には性的行為の形式（自然であるかそうでないか、正常であるかそうでないか）に決して関わることがなく、性的行為の頻度および時機に関わるものであることは注目すべきである。量的および状況的な変数のみが考慮に入れられている。ガレノスの大理論体系の研究は、医学および哲学の思想において性的行為と個人の死とのあいだに結びつきが打ち立てられたことを示す。(それぞれの生者は死を定められているが、種は永遠に生きねばならないがゆえに、自然は性的再生産のメカニズムを発明したというのである)。この研究はまた、性的行為と、それがもたらす生の原理の暴力的かつ極限的で危険な消尽とのあいだに結びつきが打ち立てられたことも示している。固有な意味における節制(エフェソスのルフス、アテナイオス、ガレノス、ソラヌス)の研究は、それが推奨する無数の注意事項をとおして、性的行為と個の生とのあいだに複雑かつ細やかな関係性が打ち立てられていることをしめしている。性的行為はあらゆる外的および内的状況に応じて有害なものとなりうるものであり、それぞれの性的行為が身体のあらゆる部位と構成要素に及ぼす影響は巨大なものであるとされる。

(3) 結婚生活。この時代には、結婚に関する論考は多数存在している。ムソニウス・ルフス、タルソスのアンティパトロス、ヒエロクレスの残存する論考、プルタルコスの諸著作は、たんに結婚の価値重視(歴史家によれば社会現象に対応するようである)ばかりでなく、婚姻関係の新しい考えを示している。「家」の秩序のために必要な両性の補完性という伝統的な原理に、両配偶者の生の全ての側面を包み込み、決定的に個人的な感情関係を打ち立てるような、二項関係の理想が付け加えられたのである。この関係においては、性的行為は専有

に、夫の特権に対する侵害としてではなく、夫と妻を同様に縛る結婚関係を侵害するとして、ムソニウス・ルフスによって、姦通は断罪されている）[*4]。性的行為はまた生殖に関連づけられていなければならず、というのも生殖こそが自然が結婚に与えた目的だからである。性的行為はまた、羞恥、お互いの優しさ、相手の尊重が要請する内的な規則性に従うものでなければならない（この最後の点について、最も数多くまた最も貴重な指摘が見いだされるのはプルタルコスの著作である）。

(4) 愛の選択。二つの愛――女性への愛と少年への愛――のあいだの古典的な比較に関しては、この時代、二つの重要な著作が残されている。プルタルコスの『愛にかんする対話』と擬ルキアノスの『エロス論』である[*5]。これら二つのテクストの分析は、古典時代がよく識知していた問題が永続していることを証す。すなわち少年愛の関係性における性的関係にステータスと正当化を与えることの困難性の問題である。擬ルキアノスの対話はアイロニカルに、少年のエロス論が友情や美徳や教育の名において回避しようとしたそれらの性的行為を喚起することで終わっている。プルタルコスのより詳細なテクストは快楽への合意の相互性をアフロディジア（愛欲）における本質的な要素として浮かび上がらせる。かれは、こうした快楽における相互性が男と女とのあいだにおいてのみ存在しうるものであること、それが結婚の契りを定期的に更新することに役立つ結婚生活においてはさらにそうであることを示している。

（翻訳　石田英敬）

原書編者註

＊1　プラトン『アルキビアデス』（仏語訳、M・クロイゼール）、レ・ベル・レットル社、「フランス大学叢書」、一九二五年刊。

＊2　フーコー（M）、ファルジュ（A）『家族の混乱――バスチーユ・アーカイブ十八世紀の封印状』、パリ、ガリマール－ジュリヤール社、「アーカイブ」叢書、九一号、一九八二年。

＊3　アルテミドロス『夢を解く鍵。夢判断』（仏語訳、A・J・フェステュジエール）、第一の書、七八－八〇章、パリ、ヴラン書店、一九七五年、八四－九三ページ。

＊4　ムソニウス・ルフス（C）『断片、XII：愛欲について』、O・ヘンゼ編、ライプチヒ、B・G・トイブナー書店、「ギリシア・ローマ著作叢書」一四五番、一九〇五年、六五－六七ページ。

＊5　擬ルキアノス『エロス論』五三節（英語訳、M・D・マックリオード）、『著作集』、ロンドン、オエブ古典書店、四五三番、一九六七年、二三〇－二三三ページ。プルタルコス「愛にかんする対話」、七六九節b（仏語訳、R・ファセリエール）、『道徳論』、パリ、レ・ベル・レットル社、「フランス大学叢書」、一九八〇年、第十巻、一〇一ページ。

# 主体の解釈学

（一九八一―一九八二年度）

「主体の解釈学」、『コレージュ・ド・フランス年鑑』八二年度「思考システムの歴史」講座、一九八一―一九八二年度、一九八二年、三九五―四〇六ページ。
«L'herméneutique du sujet», *Annuaire du Collège de France, 82e année, Histoire des systèmes de pensée, année 1981-1982*, 1982, pp. 395-406.
――『思考集成Ⅸ』No. 323

今年の講義は自己の解釈学という主題の形成にあてられる。その際、この主題が理論的に形成される過程を考察するだけでなく、古典古代および古代末期において極めて重要な意味を持っていた営為（プラティック）の総体との関わりにおいて分析することに留意したい。それらの営為は、ギリシア語で epimeleia heautou（自己への配慮）、あるいはラテン語で cura sui（自己への関心）としばしば呼ばれる事象の領域に属している。「自己に専心すべきである」とか「自己に腐心すべきである」といった原理が、われわれの目には、gnōthi seauton（自己自身を知れ）という語句の前で影が薄いということは疑いようがない。だが、自己自身を認識すべしというこの原則が、通常自己の配慮という主題と結びつけられてきたことを想起する必要がある。古代の文化においては終始、「自己の配慮」に重要性が付与され、それは自己の認識という主題と結びついていたという証言は容易に見出される。

先ず第一に、ソクラテスその人における場合。『弁明』のなかには、陪審員に対して、自己の配慮にかけては人後に落ちない者であることを誇示するソクラテスが見出せる。[*1] 誰彼となく人を捕まえては質問して、君たちは富や名声や名誉には配慮しているが、徳や魂には配慮を怠っていると非難するのもやはりソクラテスである。つまり、ソクラテスとは同僚市民が「自ら自身の配慮をする」よう気を配る者の謂いである。そして、この役割に関して三つの重要な事柄を、同じ『弁明』のなかのもう少し先の箇所で、ソクラテスは挙げている。この役割は、神が彼に課した使命であり、命のある限りこれを放棄しないこと、それはまた何の見返りも求めない、純粋の厚意に発する無償の責務であること、最後に、それは市民たちに（自己の福利よりも）自己自身の配慮を促すことによって、ポリスに対して（物質的な事柄よりも）自己自身を配慮するよう促すものであるという理由で、オリンピックで競技者が勝利するよりも、はるかにポリスにとっては有益な働きをしていること、を挙げている。それゆえ陪審員たちは、彼に有罪の判決を下す代わりに、他の人々に自らの配慮を促したことに対して、むしろソクラテスを顕彰するほうがふさわしかったというのである。

八世紀の後、epimeleia heautou（自己への配慮）という同じ考えが、ニュッサのグレゴリオスにおいて、同様に重要な役割を伴って登場する。この語によって彼は、結婚を断念し、肉を離れ、心と肉体の純潔を保つことによって、失った不可死性を回復するための運動のことを名指している。『純潔に関する論考』[*2] の別の箇所で彼は、自己への配慮の範例として失われたドラクマ〔古代ギリシアの貨幣〕の喩え話をしている。なくなった一枚のドラクマのために、ランプを灯して、隅々を捜して、金属の硬貨が闇の中にきらりと光るのが見えるまで、家中をひっくり返さなくてはならない。同じように、神がわれわれの心にきざみこみながら、肉体によって汚れに覆われた刻印を見出すために、「自己自身への顧慮を行うこと」、すなわち理性の光を灯し、心の隅々を捜す必要があるというのである。ここに認められるのは、キリスト教的な禁欲主義が、古代の哲学同様、自己への配慮という徴表の許に自らを位置づけ、自己を認識しなければならないという責務を、専心すべき必須の要素の一つとしていることである。

ソクラテスとニュッサのグレゴリオスというこの両端に置かれた標準点のあいだに、自己への配慮が単に原理を形成しているばかりでなく、絶えざる営為となっていることが認められる。ここにわれわれは別の二つの事例、ただしこの場合は、思考様式においても、道徳の形態においても、大変かけ離れた事例を取りあげることができる。あるエピクロス派のテクスト、すなわち『メノイケウス宛書簡』[*3]は次のような言葉で始まっている。「自らの魂の配慮を行うことに、決して早すぎることも遅すぎることもない。それゆえ、若くても年老いても、哲学は行わねばならないのである」。ここで哲学は、魂の配慮になぞらえられ（その用語はまさしくちょうど医学的なもの、つまりhugiainein〔健康を保つこと〕である）、またこの配慮はその長い人生全般にわたって追い求めるべき責務なのである。〔もう一つのテクスト〕『観想的生についての考察』において、フィロンは〔ユダヤ教の〕修行者の行う特定の営みを、同様に魂の「世話」として規定している。[*4]

だがこれで終わりというわけには行かない。自己自身への配慮ということが哲学の発明であり、それは哲学的な生に固有の教説をなすものであると考えるのは誤りであろう。それは実際、一般的なかたちで、ギリシアにおいて極めて高い価値的な位置を与えられてきた生き方への教説だったのである。プルタルコスは、このような観点から見て極めて重要な意味を持つ、スパルタのある箴言を引用している。[*5] ある日、アレクサンドレイデスが、どうして彼の同朋であるスパルタ人たちは、自分たちの土地の耕作を奴隷たちに任せて、その仕事を自分たちのために取っておかないのかと、尋ねられたのに対して、彼の答えは、「というのも、われわれは、自分たち自身に専念することの方を優先する」というものであったという。すなわち、自分自身に専念することは、特権的なことであり、それは、他者に仕えるために他者のことに専念しなければならない人々、あるいはまた、生きるための手段に専念しなければならない人々とは対極的な、社会的な優越さを示すものである。自己自身に専念できる可能性を持つという事実は、富や地位や出自に基づく優位さを示す指標である。ここで指摘できるのは、otium（閑暇）というローマ的な考え方が、われわれの主題と密接に関連しているということである。というのも、ここで「閑暇」が意味しているのは、優れて、自己自身に専念することに費やされる時間のことだからである。その意味で、ギリシアにおいてもローマにおいても、極めて広く社会に流布した一つの理想を、哲学は自らに固有な要請としてその内に取り込んでいるにすぎないのである。

だが、何れにせよ、たとえ自己への配慮ということが哲学的な原理となったとしても、依然としてそれが一定の形態の活動であることには変わりはない。epimeleia（配慮）という語自身にしても、それは単に意識における態度や自己自身に向けられた注意の形態を意味するに留まるものではない。それは規則にのっとった専念であり、一定の手続きと目的を持った修行なのである。たとえば、クセノフォンは農作業の指揮を執る家長の仕事を指し示すにあたって、このepimeleia（配慮）の語を用いている。それはまた、神々や死者を祀る儀礼の次第を意味するのにも用いられる語である。プルサのディオン（別名、ディオン・クリュソストモス）は、臣下に目を配り、ポリスの監督を行う統治者の活動を、やはりepimeleia（配慮）と呼んでいる。従って、哲学者や道徳家たちが、自己自身に配慮すること（epimeleisthai heautō）を勧めるとき、彼らは単に自己自身に注意を払うことだけでなく、過ちや危険を避け、安全な場所に自らを置くよう勧告しているのである。それは、複雑な諸活動とそれが準拠する諸規則からなる一つの領域全体を指しているのである。古代の哲学全体において、自己への配慮は同時に、責務であり、技法であり、根元的な義務であり、そして入念に細部まで仕上げられた手続きの総体である、と見なされていたと言うことができる。

＊

自己への配慮を対象とする研究の出発点が『アルキビアデス』[*6]であるのは、至極当然である。そこには三つの問いが提起されている。すなわち、自己への配慮が政治に対して、教育に対して、そして自己認識に対して、それぞれどのような関係にあるのかという問いである。この『アルキビアデス』が、紀元後一世紀および二世紀のさまざまなテクストと出会うことによって、多くの重要な変容をもたらした。

1　ソクラテスはアルキビアデスに対して、自己自身に専念するために自分の若さを活用するよう勧めている。すなわち「五十歳では、遅すぎる」と。これに対して、エピクロスは、「人は若いとき哲学することにしり込みしてはならず、また年老いてから哲学することに倦んではならない。というのも、自らの魂の配慮を行うことに、決して早すぎることも遅すぎることもないからである。」と述べている。これは生涯全般にわたる永続的な配慮という原則であり、一生この原則を明瞭なかたちで保持するのである。たとえばまた、ムーソニウス・ルフスは、「絶えず自らへの配慮を働かせなければならない。もし、良好な仕方で生きたいならば。」と言っているし、あるいはガレノスも、「完全な人間となるために、人はそれぞれいわば自分の全生涯を費やす必要がある」、たとえかなり若い頃から、自分の魂に配慮を怠らないのが望ましいのは当然としても。

セネカやプルタルコスが忠告を与えた友人たちは、ソクラテスの対話の相手であった青年たちのように志を立てた者たちではなかった。それらの人々は、（セレノスのように）年少であるか、あるいは（セネカとの間で永きにわたる精神的な交流を保っていた当時、シケリアの財政官の任にあったルキリウスのように）充分に円熟した者であるかであった。エピクテートスは、学派をなしていて、その弟子たちもみな年少の者たちだったが、やはり成人に――さらには「執政にあたる人士」にさえ――向かって問いかける機会も彼には訪れたが、それは彼らに自らへの配慮を呼びかけるためだった。

それゆえ、自己への専心は生に対する単なる束の間の備えではなく、生の形そのものであった。アルキビアデスは、後に他者の世話をするという望みを持つ以上、先ず自己自身を気遣うべきだと述べている。当面、自分のために、自己自身に専心することが重要なのである。人は自己自身に向き合って存在するのでなければならず、その生存の全過程を通して、自己に固有の対象なのである。

まさにこの自己への回帰（ad se convertere）という考え、つまり、それによって自己自身へと立ち帰ってゆく（eis heauton epistrephein）生存の運動全般という考え方が生ずる。この「(自己への)回帰（epistropē）」という主題は、疑いもなく典型的にプラトン的なものである。しかし、(既に『アルキビアデス』において確認したように)魂がそれ自身へと立ち帰ってゆくこの運動は、〈高きもの〉――神的な要素、本質的なもの、そしてこれらのものがそこで可視的となる天上の世界――へと、視向を引き上げてゆく運動である。これに対して、セネカやプルタルコス、エピクテートスが勧める回帰は、ある意味でその場に留まる回帰である。つまり、自己自身のもとでなし遂げられ、〈自己自身に住み着き〉、滞留することをまさに目的とし、終極とする回帰に他ならない。自己自身への回帰が最終的に目指しているのは、自己自身と一定の諸関係を築くことである。これらの諸関係はしばしば法的・

政治的モデルに基づいて構想されたものである。すなわち、自己自身への統治権を持ち、自己自身に対する完全な支配権を行使し、完全に独立した、（セネカがしばしば「自分自身のものとなる（fieri suum）」と言うように）完全に〈自己に帰属する〉といった諸関係である。それらはまた、しばしば、自己を享受する、自己とともにあることを楽しむ、自己にまったき悦びを見出すといった、所有権の享受というモデルに基づいて表現される。

2　第二の大きな相違は、教育に関わるものである。『アルキビアデス』において、自己への配慮は教育の不備という理由に基づいて課せられるものとされる。つまり、教育を完成させる、もしくは教育の肩代わりをすること、言い換えれば、いかなる場合にも〈形成・育成〉を与えることが眼目とされているのである。

自己への専心が全生涯にわたって遂行されるべき成人の営為となった時から、その教育的な役割は消失へと向かい、別の機能が顕著となる。

a　先ず、批判的機能。自己の営為はあらゆる悪しき習慣や、大衆や悪しき教師、あるいはまた両親やその周囲の人々から感化された誤った見解を自分から取り除くことを許容するものでなければならない。〈忘れさせること・教育の解除（de-discere）〉が、自己の陶冶の重要な任務の一つなのである。

b　しかし、それはまた闘いの機能でもある。自己の営為は絶えざる闘争として理解される。単に将来のために有為の人材を形成することが眼目なのではない。それは個人に生涯にわたって闘うことを許容する武器と勇気を与えるものでなければならない。これに関して二つの比喩が頻繁に用いられている。すなわち、(われわれは自分の生において、次々と競技の相手を退けなければならず、また戦っていないときも自己の鍛錬を怠らない競技者としてあるという) 体育競技の比喩と、(魂は、常に攻撃をうかがっている敵に対して武装した状態になければならないという) 戦闘の比喩である。

c　だが、何よりも、この自己の陶冶には治癒的・治療的機能がある。それは教育のモデルよりも医学のモデルにはるかに近いものである。それはよく考えるならば、ギリシアの文化における極めて古くからの事実を呼び起こさずにはおかないものである。それは魂における感情と身体の病とをともに意味するパトス (pathos) のような概念が存在することである。それは世話をする、癒す、切除する、掻き乱す、浄化するといった表現を、身体にも魂にもともに適用することを許容する比喩の領野の拡がりである。さらに、エピクロス派やキュニコス派、ストア派にとって馴染み深い原理、すなわち哲学の役割は魂の病気の治癒であるということを想起する必要がある。プルタルコスも哲学と医学は mia khōra、すなわち、ただ一つの領域・分野を形成していきうると述べることになる。エピクテートスは、自らの学校が単に人格形成の場として見られるのではなく、「治療所 (iatreion)」としても見なされることを望んだ。彼はそこが「魂の無料診察所」であることを望んだ。また、彼の弟子たちが病気の自覚を持ってやって来ることを望んだ。「ある者は肩を脱臼して、別の者は腫れ物をもって、第三の者は痔瘻を患って、そしてこの者は頭痛でやって来ているのだ。」〔『人生談義』第三巻二三章〕

3　紀元後一、二世紀には、自己への関係は教師や監督者や、何れにせよ他者との関係に依存しなければならないものと常に見なされていた。だが、他に依存しない自己への関係は、恋愛関係において次第に顕著なものとなる。

他者の手助けなしに自己に専心することができないということは、極めて一般的に承認された原則である。人は誰も自らの置かれた迷妄（stultitia）の状態から、独力で離脱できるほど強くないと、セネカは述べている——「誰かが彼に手を貸して、引っ張ってやる必要があるのである」。同様にまたガレノスも、自らの感情から自分だけで自らに治療を施すことを可能にするために、人は極度の自己愛に陥ると述べている。彼は、他人の権威に自らを委ねることを潔しとしなかった者たちが「よろめく」ところを、しばしば目撃したという。この原則は、初心者にとって有効である。だが、それはまたその後も、人生の終わりまで有効である。ルキリウスとの手紙のやり取りにおけるセネカの態度は、この点で特徴的である。彼はいくら年を重ね、あらゆる自らの活動を断念しても、ルキリウスに忠告を与えたが、ルキリウスもまたセネカに忠告を求め、この手紙のやり取りに見出される援助に満足したのである。

このような魂の営為において注目すべきことは、その営為の支えとなることを可能とする社会的関係の多重性である。

——厳格な学校的な組織がある。エピクテートスの学校はその格好の事例を提供しうる。そこでは通りがかりの聴講者が、より長い期間そこに留まっている学生たちと並んで、受け容れられる。そこではまた、自ら哲学者、魂の指導者となることを志望する者たちへの教育もなされている。アリアーノスによってまとめられた『語録』のいくつかは、将来の自己の陶冶の実行者たちへの技術的講習なのである。[*7]

——われわれにおいてもまた、とりわけローマ時代には顕著であったが、私的な助言者というものがある。彼らは、枢要な地位にある要人の取り巻きに任命され、その党派や支持者たちの一員となって、政治的な助言を行い、若者たちの教育の監督者となり、人生の重要な局面で援助を与えるのである。パエトゥス・トラセア〔ネロに殺されたストア派の哲学者・タキトゥス『年代記』第一六巻21―35〕の相談相手であったデーメートリオス〔キュニコス派の哲学者〕がそうである。トラセアに自らの死の勅が下ったとき、デーメートリオスは彼に自殺に関する一種の忠告を与え、不死について彼と会話することでその最期の瞬間まで彼を支えたのである。

——だが、魂の指導を遂行する別の様式もまた存在する。それは他の諸関係の総体を二重化し、活気づけるようにするものである。家族の関係（セネカは、自分自身の流刑に際して、母親に慰めの手紙を書き送っている）、庇護の関係（同じセネカは、あるとき地方からローマにやって来る従兄弟の年若いセレヌスの待遇と心情を気遣っている）、年齢や教養、おかれた状況の極めて似通った二人の人物の間の友愛の関係（セネカとルキリウス）、有用な忠告を与えることで、自らに課せられた義務を果たす高位の人物との関係（フンダヌスに対するプルタルコスがまさにそれで、彼は魂の平穏に関して自ら書き付けた覚え書きを緊急にフンダヌスに送った）。

《魂の世話》と呼ぶことのできるものが、こうして形成されるのであり、それは多重的な社会関係との関わりにおいて成就されるのである。それに関して、伝統的なエロースはせいぜい偶発的な役割しか果たさない。それは情緒的な関係はあまり強くないということを意味するものではない。友愛と恋愛に関するわれわれの近代的なカテゴリーが、それを解読するにあたって全く不適切だという点に疑いはないということである。マルクス・アウレリウスがその師・フロントンとの間に交わした書簡は、そのような強さと複雑さとをともに示す格好の事例となりうるものである。

＊

このような自己の陶冶は、総称としてアスケーシス（鍛錬）という語で標示される営為の総体を含むものである。そこで、それが目的とするものの分析を行うことが有益である。セネカによって引用された一節において、デーメートリオスは、競技者という広く流布した比喩に訴えかけている。われわれは競技者が行うように鍛錬しなければならない。実際、競技者は可能ならどんな運動でも修得するわけではなく、無益な手柄を立てようと試みたりもしない。競技相手を倒すための戦いにおいて、自分にとって必要な特定の運動に備えているだけである。同様にわれわれも、自分に関して偉業を達成する必要はない（哲学的な鍛錬は、自らの節制や若さ、将来の予知といったことに秀でていることを誇示する人々に大いなる不信を抱く）。われわれはまた、良い戦士のように、起こりうる事態に対抗できるようにするものが何であるかを専ら修得しなければならない。それらの事態に狼狽させられないよう、また、事態がわれわれのうちに産み出す感情に流されないよう、修得する必要があるのである。

このとき生じうる事態を前に、われわれの主導権を確保するために必要なものは何か? われわれの必要としているのは、〈言説〉――つまり、真なる言説、理に適った言説という意味でのロゴスである。ルクレティウスは、われわれの恐怖を取り除き、われわれがそのために不幸であると考えるものによって、意気消沈させられないようにする「真実を告げる言説(veridica dicta)」について語っている。われわれが未来に対して対処するために必要とする備えは、言説という備えなのである。これこそわれわれが現実に立ち向かうのを可能とするものなのである。

この言説ということに関しては、三つの問いが提起される。

1 その言説の本性。この点に関しては、哲学の諸学派の間で、また同じ流れのなかでも、議論が夥しくある。主たる論争点は、理論的認識の必要性に関するものである。この点に関してエピクロス派は完全に見解の一致を見ていて、世界を支配している諸原理や神々の本性、奇跡の原因、生死をめぐる諸法則といったことを認識することは、彼らの観点からは、生存に関して起こりうる事態に対処するために不可欠であると考えている。ストア派は、キュニコス派の教説に対する親近性の度合いに応じて、態度が分かれる。すなわち、ある者は実践的な指針を完成させる理論的原理である「学説(dogmata)」に対して、極めて大きな重要性を付与し、別の者は反対に、行動の具体的規則に主要な位置を与える。セネカの道徳書簡九〇・九一[*8]は、これらの諸説をはっきりと目の前に提示してくれる。ここで注意しておいてよいと思われることは、われわれの必要とする真なる言説は、世界に対するわれわれの関係や、自然の秩序におけるわれわれの位置、あるいは出来する事態に左右されるされないといったことに、われわれが直面している場合にしか適用されないということである。それはいかなる仕方においても、われわれの思考や表象、欲求といったものを解読するものではないのである。

2　提起される第二の問いは、それら真なる言説がわれわれのうちに存在する様態に関わるものである。それらの言説がわれわれの未来に対して必要なものであると言う意味は、必要が感じられるときには、いつでもそれらの言説にわれわれは訴え掛けることができなければならないということに他ならない。つまり、予期されない事態や不幸が出現したとき、自らを守るために、それらの事態に適切な真なる言説にわれわれは訴えることができるのでなければならない。それらはわれわれのうちに、つまりわれわれの傾向性のうちにあるものなのである。ギリシア人はそれを表わす prokheiron ekhein（手許に持っている）という慣用表現を持っている。これをローマ人は habere in manu（手の内に持っている）あるいは in promptu habere（手近に持っている）と訳している。

ここで問題となっているのは、万が一の場合への注意を喚起することは、単に記憶していることとは全く異なる事態だということを、充分理解しなければならない。例えば、プルタルコスは、真なる言説がわれわれに現前することの特徴を述べるために、さまざまな比喩に訴えている。彼はそれを、生存に関するあらゆる不具合を回避するためにわれわれが備えねばならない「薬（pharmakon）」に喩えている（マルクス・アウレリウスは、これを外科医が手許に備えておかねばならない器具に喩えている）。それに関してプルタルコスはまた、「逆境にあって助けが必要なとき、そばにいて手を差し伸べてくれる極めて信頼できる有能な」友人になぞらえている。あるいはまた、感情が高ぶったとき、それ自身に耳を傾かせる内面の声にもなぞらえている。それらの言説は、われわれのうちにある「犬たちのうなり声を鎮めるに充分な飼い主の声」のようなものでなければならないというのである。セネカの『恩恵について』[*9]の一節には、われわれのうちにおいて自ら自身について語る言説が自己作動するために備わる手だてとして機能している、次のような種類の階梯制が見られる。すなわち、デーメートリオスによって与えられた忠告に関して、セネカはその忠告を手放さないよう、「両手で（utramque manu）しっかり摑んで」いなければならないと述べている。だがこの忠告はさらに、自己自身の部分と化す（partem sui facere）まで、自らの精神に定着・固着（adfigere）させなければならない。そして、ついには日々の省察によって「健全な考えが自ずから心に浮かんでくる」ようにならなければならない、というのである。

ここには、プラトンが魂に対してその真の本性を見出すために自己自身に還帰するよう求める際に課したのとは、非常に異なる運動がある。プルタルコスやセネカが提起しているのは、むしろ教育や教授、忠告によって与えられる真理の摂取なのである。その真理は自己自身の部分と化し、恒常不変に発動する行為の内的な原理となるまで同化されるのである。このような営為において、想起という運動によって、自己の奥底に隠された真理を再発見するようなことはないのである。次第に進展する形で自分のものにすることで、受け取った真理は内面化されるのである。

3　そこで、この自分のものとするための様々な方法をめぐって、一連の技術的問題が提起されることとなる。明らかにここで、記憶が重要な役割を演じる。もっとも、魂が自らの固有の本性と領分を再発見するというプラトン的な形態においてではなく、漸進的な銘記の修練という形態においてである。以下に私は、この真理の「修練（askēsis）」における問題点を挙げておきたい。

――聞くことの重要性。ソクラテスが相手に（その当人がそれを知っているということを知らない状態で）知っていることを話すようにしむけるために、問いかけ吟味したのに対して、ストア派やエピクロス派の場合（ちょうどピュタゴラス学派の場合のように）その門にある者は先ずなによりも黙って、聞かなければならない。プルタルコスやアレクサンドリアのフィロンには、よく聞くという規則（取るべき身体的姿勢や注意を傾ける仕方、語られたばかりのことを記憶にとどめるやり方）が見出される。

――同じく書きつけることの重要さ。この時代、個人的にものを書きつけることとでも呼びうる充全な文化が存在した。他者から受け取ったものにせよ、自分自身に対して行ったものにせよ、講義や会話、熟慮に関して覚え書きを作ったり、重要な主題や、記載された内容を時折り読み返す必要のある主題に関する（ギリシア人がヒュポムネーマタと呼ぶ）さまざまな種類の手控えである。

——依然として自己への還帰は重要だが、それは習得したことを銘記する修練という意味においてであること。これはマルクス・アウレリウスが用いている「自己への帰還（anak-hōrēsis eis heauton）」という表現の厳密な意味であり、また技法である。つまり、自己自身に立ち帰って、自らのうちに蓄えた「財産」を吟味することである。われわれは時折り再読する一種の書物を自らのうちに持っていなければならない。ここに、フランセス・イェーツが探究した記憶の諸技術という営為が再確認される。

こうして、真理と主体を結びつけることを目的とする諸技術の総体がそろったことになる。だが、充分に理解しなければならないのは、問題は、主体のうちなる真理を露わにすることや、その本性の親縁性や起源の正統性に基づいて、魂を真理の住処とすることにあるのではないということである。魂を真なる言説の対象とすることは、もはや重要ではない。主体の解釈学なるものがあるとしても、われわれはそれからなお一層離れたところにいる。むしろ問題なのは、主体が自分の知らない、また自らのうちに住まっていない真理を、逆に身に帯びることなのである。つまり、この真理が習得され、銘記され、段階的に実行に移され、われわれのうちにおいて絶対的な統治をおこなう準主体となることが重要なのである。

習練のうちでも、現実の場面で実行されているものと、忍耐力と禁欲の涵養が中心的なものとなっているもの、そして思考上もしくは思考に基づく訓練からなるものを、区別することができる。

*

1　この思考の習練においてもっとも有名なのは、praemeditatio malorum、つまり将来の災悪を予め熟慮することである。これはまた、もっとも論議の対象とされたものの一つでもあった。エピクロス派は、再び起こらないような災悪を予め被ることは無益であり、現実の災悪からよりよく身を守るためには、過去の快楽の記憶を思考の上で再現するよう習練する方がより有益であると述べて、これに反対した。一方、セネカやエピクテートスのような、厳格なストア派は、もっともプルタルコスのような、ストア派に対する態度に関して、極めて両義的な人々も同様だが、極めて熱心にこの praemeditatio malorum を実行している。だが、この災悪の熟慮の本質を理解する必要がある。というのも、それは一見、未来についての暗い悲観的な予見であるようにみえるが、実際には、それと全く異なるものだからである。

――先ず第一に、起こりうる見込みの大きな将来の出来事を思い浮かべることが重要なのではなく、たとえ生ずる見込みが極めて小さくとも、起こりうる災害を、極めて組織立った仕方で、想像することが眼目なのである。セネカは、リヨンの街全体を壊滅させた火災をめぐって、この事例からわれわれは、災害を何時あってもおかしくないものと見なすことを学ばねばならないと述べている。

――次に、このような事態に対して、それが多かれ少なかれ遠い将来起こりうるものとして対処すべきではなく、それらが既に現実のものであり、既に現実のものとなる過程にあるものとして、思い浮かべねばならないということである。例えば、われわれが既に流罪にされた様子や、既に責苦の刑にあっている様子を想像してみよう。

――最後に、それらのことを現にあるものとして思い浮かべるにしても、それはそれらの災悪がわれわれに与える被害や苦痛を、先取り的に体験するためではなく、それらがほんとうの災悪ではないこと、そして、それらを真実の不幸と思いこませるのは、われわれの持つ見解だけだということを、われわれ自身に納得させるためである。

こうして、このような習練の眼目は、現実の災悪が生じうる将来に対処することのうちにも、それに慣れるようにすることのうちにあるのでもなく、未来も災悪も一挙に無効にすることのうちにある。将来ということに関しては、目一杯現実のうちに既に置かれたものとして思い浮かべることによって。災悪ということに関しては、もはや、そのような災悪とは見なさないという習練を積むことで。

2　このような習練のもう一方の極には、実地に行われている習練がある。このような習練は、その背後に長い伝統を背負っている。それは禁欲や耐乏や肉体上の耐久といったさまざまな営為である。それらは浄化という価値を帯びうるし、あるいは、それを実行する者に宿る《霊》力を実証することを可能とする。しかし、自己の陶冶において、これらの習練は別の意味を持っている。すなわち、外的な世界との関係において、個人の自立を確立し、それを証するという点に意味があるのである。

二つの事例がある。その一つは、プルタルコスの『ソクラテスのダイモーン』[*10]におけるものである。対話相手の一人が、ある面でピュタゴラス派に由来する一つの営為に言及する。先ず何より、食欲を増進するスポーツ活動に熱中する。そして、非常に美味しそうな品々がいっぱい並んだテーブルの前に座る。そして、それらをじっと見つめた後で、自分自身は簡単な食物や粗末な品ですませる一方、それらの品々は召使いたちに与えるのである。

セネカは、書簡の一八において、町全体がサトゥルナリア祭の準備の真っ最中のことを語っている。彼は儀礼上のさまざまな理由で、少なくとも何らかの形で、祭りに参加することを考えている。だが、彼にとっての祭りの準備とは、数日間、粗末な衣服を身に着け、粗末なベッドの上で眠り、固い田舎パンの食事しかとらずにいるということである。もちろんこれは、祭りのことを考えて、欲求をより高めるためではなく、窮乏は悪ではなく、窮乏に完全に持ちこたえることができることを、同時に確認するためである。セネカ自身とエピクテートスのその他の箇所においても、短い期間自発的に試練を課すことの有用性に言及している。ムーソニウス・ルーフスもまた、田舎での実習を推奨している。農夫として生活し、そして農夫として農作業に没頭するのである。

3　思考上の習練を行う「熟慮（meditatio）」という極と、実地に訓練を積む「鍛錬

（exercitatio）」という極との間には、自己自身に試練を与えるにあたって、定められた一連の他の一切の可能な営為がある。

そのさまざま事例を挙げているのは、とりわけ『語録』におけるエピクテートスである。それは直ぐ引き続いて、キリスト教的心性においても再び見出されるものだけに、興味深いものがある。とりわけ重要なのは、「表象の監視」と呼ばれるものである。

エピクテートスは、念頭に浮かぶことがありうる表象に関して、それに対して常に監督的な態度で臨むことを人々に要望する。彼はこの態度を二つの比喩によって示している。町や家の住人しか中に入れない夜警の比喩と、両替商もしくは偽金監視官（argurognomon）の比喩である——というのも、提示された硬貨を見つめ、手で重さを測り、金属の種類や刻印された肖像を検査するからである。自分自身の思惟に関して、用心深い両替商でなければならないという原則は、ほとんど同じ表現で、ポントスのエヴァグリウス〔A.D. 346—99〕やカッシアノス〔モンテ・カッシーノ修道院の創設者〕にも再び見出すことができる。しかし、これらの教父においては、自己自身に対する解釈的な態度を義務づけることがその眼目なのである。一見無垢な思考のうちに、欲望によってもたらされうるものを解読し、神から由来するものと誘惑者に由来するものとを識別することが肝要なのである。だが、エピクテートスにおいては、その眼目は別のところにある。表象された事柄によって、打撃を受けたり動揺させられたりしているか否かを知ること、そして、そのような状態にならなくてはならないということの理由を知ることがその眼目なのである。

この意味で、エピクテートスは自分の門弟たちに、さまざまな学派において重視されているソフィスト的な挑戦に着想を得た、監視の習練を推奨している。しかし、それは解決するのが困難な問いを次から次へと投げ掛けるかわりに、それに対して応答せざるを得なくなるような種類の状況を自ら設定することである。「誰それの息子たちが死んだ。——これには〈それはわれわれの左右できる範囲外にあることであり、悪ではない〉と答える。——誰それの父親が彼の相続権を奪った。君ならどう思うだろう？——〈それはわれわれの左右できる範囲外にあることであり、悪ではない〉……——彼はそのことで悩んでいる。——〈それはわれわれの左右できる範囲内にあることであり、悪である〉——彼は潔くそれに耐えている。——〈それはわれわれの左右できる範囲内にあることであり、善である〉。」〔『語録』第三巻八章「心像に対してどのように習練を積むか」〕

こうして、表象の監視は、見かけの現われの背後に隠された真理や、主体自身のものである真理を解読することを目的とするものではない。むしろ逆に、見かけの現われが呈示するような表象のうちに、死や病、苦痛や政治的な生といったことに関わる、一定の数の真なる原則を喚起する機会が見出されるのである。この喚起によって、そのような原則に従って反応できるかどうかを確認することができる。ただしそれは、プルタルコスの比喩によれば、それらの原則が、感情が湧き起こるやいなや直ちに発せられ、それらの感情を沈黙させることのできる統率者の声となった場合のことである。

4　これらの習練の頂点に、周知の meletē thanatou、すなわち、「死への気遣い」、あるいはむしろ「死への訓練」が見出されるのである。それは実質的に人は死すべき運命にあるということを、ただ念押しするだけの警告にすぎないものではない。それは生きながらにして、死を現実的なものとする一つの手法なのである。他のすべてのストア派の中にあって、セネカはとりわけこの営為に熟達していた。それは人が日々を、あたかも最期の日であるかのように生きるように仕向けることを目指しているのである。

セネカが提起しているこの習練を充分理解するためには、異なった時間の周期の間に、伝統的に確立されている対応関係のことを想起する必要がある。夜明けから黄昏に至るまでの一日の刻々の移りゆきは、一年の春から冬への四季の移り変わりに象徴的な関係で結び合わされる。そして、今度はこの四季の移りゆきが、赤ん坊から老人に至るまでの人生の年代に関連づけられる。セネカの幾つかの書簡に言及されているこのような死の習練は、長い人生の持続期間を、あたかも一日を過ごすように生き、また日々をあたかも人生全体がその日しかないかのように生きるということにある。毎朝、人は人生の幼年期にあることになるが、一日を通して、あたかも夕方には死の時が迫っているかのように生きなければならない。書簡の第十二で彼は、「眠りにつくとき、にこやかな顔で、歓喜しつつ、〈われ、生きたり〉と言おうではないか」と述べている。マルクス・アウレリウスが、「道徳的な完全性は、日々をあたかも最期の日であるかのように過ごすことを可能にする」(『自省録』第七巻六九節)と述べるとき、念頭に置いているのもこれと同じ習練である。彼は一挙手一投足が「あたかもこれが最期であるかのように」(『自省録』第二巻五節)振る舞われることを望んでいる。

死への省察に特別の価値を付与しているのは、それが人々の見解において非常な不幸と一般的に考えられている事柄を、単に予期するからではなく、また死が悪ではないということを自ら納得することを、単に可能にするからでもない。死への省察が、予め先取りしてそのように述べるにあたって、その人の人生を最期から振り返って見る可能性を開くことである。自己自身が死の瞬間におかれていると考えることで、個々の行為をそれ自身に固有の価値においてまさに行いつつあるのだと判断できる。エピクテートスの述べるところでは、農民は耕作の最中に死を感じ、水夫は航海の最中に死を感ずるという。「で、いったい君は、いかなる職業にある者と思われたいのか?」。セネカは死の瞬間を、ある形で自己自身へ審判を下し、最期の日までに達成した道徳的な向上を評定することのできる機会だと捉えている。書簡第二十六(老年と死について)では、「人は自らなし遂げることのできた道徳的向上についいては、これを死に委ねようと思う……そして私は、自己自身への審判を下し、自分が徳を備えているのはただ口先においてなのか、それとも心底からであるのかということが判明する、その日に臨むつもりである」。

(翻訳　神崎繁)

## 原書編者註

＊1　プラトン『ソクラテスの弁明』29e（M・クロワゼ訳、パリ、ベル・レットル「フランス大学叢書」一九二五）一五七―六六ページ。

＊2　ニュッサのグレゴリオス『純潔に関する論考』（ミシェル・オビノー訳、パリ、セール社「キリスト教原典叢書」第一一九巻、一九六六）四一一―四一七ページ、および四二二―四三一ページ。

＊3　エピクロス『メノイケウス宛書簡』（M・コンシュ訳、『書簡と教説』、ヴィエ・シュール・メール、メガール社、一九七七）一二二節、二一七ページ、邦訳『エピクロス』（出隆・岩崎允胤訳、岩波文庫、一九五九）六五ページ。

＊4　アレクサンドレイアのフィロン『観想的生について』（F・ドーマ、P・ミケル訳、『著作集』第二九巻、パリ、セール社、一九六三）一〇五ページ。

＊5　プルタルコス『スパルタの箴言』（F・フールマン訳、『道徳論集』第三巻、パリ、ベル・レットル「フランス大学叢書」一九八八）一七一―一七二ページ。

＊6　プラトン『アルキビアデス』（一二七e）（M・クロワゼ訳、パリ、ベル・レットル「フランス大学叢書」一九八五）九九ページ。

＊7　エピクテートス『語録』第三巻二三章三〇節（J・スーイエ訳、パリ、ベル・レットル「フランス大学叢書」一九六三）第三巻、九二ページ、邦訳『人生談義』（鹿野治助訳　岩波文庫・一九五八）(下)九六ページ。

＊8　セネカ『ルキリウス宛書簡』（H・ノブロ訳、パリ、ベル・レットル「フランス大学叢書」一九四五―一九六四、第四巻、二七―五〇ページ）、邦訳『セネカ・道徳書簡集』（茂手木元蔵訳、東海大学出版会、一九九二、四〇七―四三〇ページ）。

＊9　セネカ『恩恵について』第七巻二節（F・プレシャク訳、パリ、ベル・レットル「フランス大学叢

書」一九二七、第二巻、七七ページ)、邦訳『セネカ・道徳論集』(茂手木元蔵訳、東海大学出版会)。

＊10 プルタルコス『ソクラテスのダイモーン』五八五A(J・アニ訳、『道徳論集』パリ、ベル・レットル「フランス大学叢書」一九八〇、第八巻、九五ページ)。

〔訳者付記〕その後、この一九八一・八二年のコレージュ・ド・フランスにおけるフーコーの講義は、*L'herméneutique du sujet-Cours au Collège de France, 1981-1982* (Gallimard / Seuil 2001) として公刊された。『思考集成』で訳者の担当した他の論考、No.329「自己の書法」、No.332「快楽の夢——アルテミドーロスの『夢判断』をめぐって」、No.338「快楽の用法と自己の技法」とも関連するが、『快楽の用法』『自己への配慮』という著作へ組み込まれる諸論考が、講義においてはどのような文脈で語られたのかを知る貴重な資料である。

# 年譜

# 3

人と時代

「わたしたちの自分自身《アイデンティティー》と切り離すことのできぬ、
だが、わたしたちの自分自身をともに運び去ってしまう、
この壊れやすい一瞬――〈今日〉――とはいったい何なのか?」
フーコー「居心地の悪さのモラルのために」
(1979年4月「ヌーヴェル・オプセルヴァトゥール」誌、『思考集成』No. 266)

**1926** ◉10月15日、ポワチエ市ラ・ヴィジタシオン通り(のちのアルチュール=ランク通り)10番地、ポール=ミシェル・フーコー(Paul-Michel Foucault)生まれる。父ポール=アンドレ・フーコー、医学博士、大戦十字勲章叙勲者、1893年7月23日フォンテーヌブロー生まれ、母アンヌ=マリー・マラペール、1900年11月28日ポワチエ生まれ。父はポワチエのオテル・デュー病院外科医。ポワチエ医学校でフーコー博士から教育を受けた細菌学者リュック・モンタニエ氏の証言によれば、父は優秀な解剖医であった。父ポール・フーコー博士の父ポール・フーコー博士もまたフォンテーヌブローの開業医であり、その父もまた、ナンテール市で貧民の診療医であった。ナンテール市にはこの曾祖父の名と偉業をとどめた通りがある。◉母アンヌ・マラペールもまたポワチエの医学校で教えていた外科医の娘であり、女性が医学を修めるには早すぎる時代に生まれたことをいつも惜しんでいた。1924年に結婚した両親には、1925年に生まれた長女フランシーヌがいた。父方の家系がカトリックでむしろ信心家であったとすれば、より生活の豊かな母方は、よきヴォルテール主義の気風を保っていた。父の妹は中国で宣教修道女をしており、母の弟は、ペルーで薬剤師をしていた。

**1930** ◉ポワチエのアンリ4世リセの幼児学級に、年齢に満たないも入学、姉と一緒に通学するため。1932年から1936年にかけて、

同リセの初級学級に通う。

**1933** ◉1月1日、弟ドゥニ誕生。弟はのちに外科医となる。

**1934** ◉7月25日、オーストリア・ナチ党によるドルフス首相の暗殺――「それは死について私に最初の大きな恐怖を引き起こした」(No. 336参照)。

**1936** ◉「子どもたちと英語で話すため」イギリス人保母が住み込む。彼女は戦争後まで家に滞在。ポール＝ミシェルは、ポワチエのアンリ4世リセの第6学級に進級、スペインからの最初の難民児童と机を並べる。

フーコー　少年期　(Droits Réservés)

**1937** ◉息子を外科医にと考えていた父親に対してポール＝ミシェルは、歴史学の教授になるといって驚かせる。フーコーの言によれば、それは、「従兄のプラタール教授(有名なラブレーの専門家)のようになるのでなければ、家族にとって考えられない職」であった。◉この年、フランス厚生省は、エスキロールによって与えられた「〈庇護所〉asile という立派な名称」を「精神病院」(hôpital psychiatrique) に変更。

**1940** ◉5月　ドイツ軍のフランス侵攻にともなって、フーコー家の子供たちは、ヴァンドゥーヴル＝ド＝ポワトゥーに家族が所有する土地に住む母方の祖母レイノオ＝マラペールの家に疎開。◉6月　家族はポワチエの家に避難してきたパリの親戚を迎える。16日、ペタンは戦闘の停止を要請、共和国にかわって対独協力「新秩序」を宣言。ヴァンドゥーヴルの家族の館の一部は、ロシア戦線での戦闘開始までドイツ軍将校たちに接収されることになる。◉10月　教師の不在やパリのリセ生徒たちがポワチエに疎開してくるなどで、リセの生活は混乱。家族はポール＝ミシェルを、〈キリスト教学校修道会〉修道士たちの営む聖スタニスラス中高等学校《コレージュ》に転校させる。

**1942** ◉6月　年齢制限を免除され、「古典バカロレア（大学入学資格）」の第一部に合格。◉8月　聖スタニスラス中高等学校《コレージュ》でのフーコーの哲学教授が、レジスタンスを理由に、流刑となる。母親はポール＝ミシェルに哲学専攻の大学生を雇って個人教授を受けさせる。この哲学科学生ルイ・ジラールはのちにポワチエで『共産党宣言』の註解で有名になる。母親はまた、中高等学校《コレージュ》に、リグジェ僧院のベネディクト派修道士ドン・ピエロを、哲学の教育のために雇わせた。

**1943** ◉10月　バシュリエ（大学入学資格者）として、ポワチエのアンリ4世リセの高等師範学校《エコール・ノルマル・シュペリユール》入学試験準備下位クラス（イポ・カーニュ）に入学。

**1944** ◉6月　ポワチエの解放直前に、連合軍による空襲。

**1945** ◉10月　高等師範学校の入学試験に落第、パリのアンリ4世リセの準備学級（カーニュ）に入学。◉同リセでは、ヘーゲルの『精神現象学』（オービエ書店、1939—1943年）のフランス語翻訳者ジャン・イポリットが、哲学を教えていた。イポリットが、フーコーの論述作文につける高得点が、フーコーの哲学での評判の始めとなる。◉12月　とても親密にしていた姉フランシーヌの結婚。

**1946** ◉3月5日、ウィンストン・チャーチルは、フルトン（ミズーリ州）のウエストミンスター・カレッジで、「大陸に鉄のカーテンが降りた」と宣言。◉7月　ポール＝ミシェル、高等師範学校に合格。◉夏　高等師範学校の口述試験で引用を歪めて使ってしまったことに自ら憤慨、真剣にドイツ語の学習を開始。◉ジョルジュ・バタイユ、「クリティック」誌を創刊。◉「世界戦争の翌日に20歳をむかえること、……ナチズムをゆるしてしまった社会を徹底的に変えること」（No. 281参照）。◉高等師範学校では、学友の何人かと決定的な友情と連帯意識を結ぶ。その仲間たちとは、モーリス・パンゲ、ロベール・モージ、ピエール・ブルデュー、ジャン＝クロード・パスロン、ジャン＝ピエール・セール、ポール・ヴェーヌ等であった。高等師範学校時代は、自身の容姿、性

フーコー　18歳頃　(Droits Réservés.)

的傾向に悩むフーコーにとって不幸な時代であった。

**1947**

◉リヨン大学教授モーリス・メルロー゠ポンティが、高等師範学校の心理学復習教師（レペティトゥール）となり、生徒の大学教授資格試験（アグレガシオン）準備担当となる。マールブランシュ、メーヌ・ド・ビラン、ベルクソンにおける心身の統一に関する彼の講義が、ポスト・デカルト派における心理学の誕生についてのフーコーの学位論文の最初の計画を決定づけることになる。◉ドイツの戦後処理に関するモスクワ会議の失敗――冷戦の開始。

**1948**

◉フーコー、ソルボンヌで哲学学士号を取得。◉10月　ドイツで5年間の強制労働の後1945年に高等師範学校に戻ったルイ・アルチュセールが、哲学の復習教師となり、ストックホルム・アピールが出される状況のなかで共産党に入党。自身の自伝（『未来は長く続く』ストック社、1992年）のなかで、アルチュセールは、「高等師範学校の当時の哲学生活はとくに盛んなものではなかった。サルトルを軽蔑するふりをすることが流行っていた」と述べている。◉12月　ルイセンコ事件が起こる。これを機に、発言事実とその外的決定条件との関係の問題が、哲学者や科学者の盛んに論議することとなる。高等師範学校では、とくに、「我等の世代の希望の二人」とアルチュセールが評した、フッサール派マルクス主義者ジャン゠トゥーサン・デザンティと、ヴェトナム出身の哲学者トラン・デュック・タオの講義において、ブルジョワ科学とプロレタリア科学の対決がおこなわれた。◉フーコー自殺未遂（「デバ」誌1986年9-11月号、41号での、モーリス・パンゲの証言）。

**1949**

◉ソルボンヌの心理学教授に選任されたモーリス・メルロー゠ポンティが、「人間諸科学と現象学」についての有名な講義を行うとともに、高等師範学校生にフェルディナン・ド・ソシュールを発見させる。この発見は、フーコーが構造主義と対立させて形式的思考と呼ぶことになるものに対する好みを与えることになる。「かれ（メルロー゠ポンティ）は私たちを強く魅了していた」（『動かざる時』グラッセ社、1976年、第3巻で、クロード・モーリヤックが伝えるフーコーの言葉）。◉2月　視力検査の知識を応用することで、視力不足のため兵役免除となる。◉1947年に創設された心理学学士号を取得。この時期、仕事と激しい不安とに交互に襲われる。アルコール中毒になりかかり、心理療法を開始——「フロイトの読書はかれに欲望の真理に妥協しないことが良き聖なる道徳であることを暗示した」(モーリス・パンゲ、「デバ」誌、41号)。ジャン・イポリットの指導下に、ヘーゲルについて哲学の高等研究資格論文を執筆。

**1950** ◉フーコー共産党に加盟。フーコーはのちに、インドシナ戦争がそれを決意させたのだと述べている。しかし、この時期について述べた対談やインタビューにおいては、そうした状況へのいかなる言及もない。1950年の2月から3月にかけて、高等師範学校の共産党系生徒はじじつインドシナ戦争に反対して活発に活動していた。フーコーは、フランス共産党が、アルチュセールの私生活に介入し、かれの将来の妻エレーヌ・ルゴティアンと別れるよう圧力をかけることに強く反発。◉6月17日、あらたな自殺未遂。アルチュセールの伝記(グラッセ社、1992年)の中で、著者のヤン・ムーリエ＝ブータンは、1952年から1955年にかけて、18カ月の間に、高等師範学校の生徒の間に11件の自殺事件があったことを報告している。フーコーは精神分析をうけることには躊躇しつつも、ガロ博士(不詳)のもとへ一時通う。6月23日、心配する友人にたいして、「僕に沈黙させてくれ……僕にふたたび面と向かって自分を見つめる習慣を取り戻させてくれ、真っ昼間から僕自身を覆ってしまうようになってしまったこの夜を追払わせておくれ」と書き送る。6月24日、ソルボンヌの助手の職が突然閉ざされる。フーコーは、それを自分の政治活動のせいだと考える。◉1950年—1952年にかけての最も身近な証人で、メシアンの弟子の音楽家ジルベール・ユベールは、ヴィニー、ミュッセ、エリュアール、ネルヴァルをそらんじ、サン＝ジョン・ペルス、フッサール、ヤスパース、ベルクソンを愛読する不安げな青年のことを覚えている。かれはまた、バタイユ流の「極限体験」の誘惑をも報告している。同じ時期を回顧しながらモーリス・パンゲは、「ミシェル・フーコーの私の最初のイマージュ、それは、ぴりぴりしたしぐさと、縁なし眼鏡をして澄んだ警戒的な眼差しをしたよく笑う青年だ。傍を通り過ぎるとき、私には、『ダーザイン(現存在)』、『死に向かう存在』が話題になっていることが聞こえた。私は友人の一人が物知り顔に、『フーコーは、すべてのホモセクシャルと同じで頭がいいんだ』と呟くのを聞いた。それこそ、この友人がホモセクシャルを多くしらないことの証拠ではあったのだが」と記している（「デバ」誌、41号）。◉7月　大学教授資格試験（アグレガシオン）に失敗。この失敗は学友たちを心配させ、共産党員狩りの幻想を流布させることになる。それがフーコーをアルチュセールに近づけることになる。プロチノスを研究することに夏を費やす。ソ連でアンドレイ・ジュダーノフによって展開されていたテーゼをG・アンベールと議論。それらのテーゼは「ヌーヴェル・クリティック」誌に盛んに紹介され、もう少しニュアンスを帯びてだが、「レットル・フランセーズ」誌連載のアラゴンの記事で話題になっていたが、西側で実践されているような音楽、哲学、文学、芸術一般における芸術は、ブルジョワ的形式主義に起因するというものであった。フーコーはこの時期、モーツァルトとデューク・エリントンを愛している。◉8月　ゲッチンゲンへ勉学旅行。◉10月「ヌーヴェル・クリティック」誌がイポリットを攻撃、ヘーゲルへの回帰を大学的修正主義の最終形態と非難。◉短期間の解毒療法。「少し遠いところから戻ってきた」と書簡に記す。父親とサン＝タンヌ病院への入院の可能性について相談。1947年に最初の入院経験をしたルイ・アルチュセールに思いとどまるように説得される。共産党学生新聞に「良き共産主義者」になることに励むと書き、「ユマニテ」（仏共産党機関紙）を売る。

## 1951

◉学業を終えると同時にフランスを離れることを考える。行き先としてはデンマークを考える。カフカとキルケゴールを読む。キルケゴールは、ハイデガー、フッサール、ニーチェといったドイツ哲学の偉大な紹介者でもあった哲学者のジャン・ヴァールがソルボンヌで講読していた。フランス共産党を離党することを考える。◉6月1日、2年間の教職を果たさずとも研究者の資格を得る唯一の可能性であったティエール財団に応募出願するため、ジョルジュ・デュアメルを訪問。14日、ロワイヨーモンの修道院で、ピエール・ブーレーズの知己をえる。ブーレーズは、作曲家はそれぞれ一人の作家から影響を受ける、自分の場合はジョイスだ、と語る。◉8月　哲学の教授資格試験に合格。大授業（グランド・ルッソン）の主題に引き当てた題は、ジョルジュ・カンギレムが出題した「性（セクシャリテ）」であった。ギルベール・アンベールに対して、もう3カ月前から共産党員ではないと述べる。◉10月　高等師範学校の心理学担当復習教師となる。月曜日の講義は、すぐに多くの聴衆を集めるようになる。以後数年間の出席者は、ポール・ヴェーヌ、ジャック・デリダ、ジャン＝クロード・パスロン、ジェラール・ジュネット、モーリス・パンゲ等。◉心理学者として、ヴェルドー博士とその妻ジャクリーヌの電気脳科学研究所の研究に参加。ジャクリーヌ・ヴェルドーとは、戦時中にサン＝タンヌ精神病院のジャン・ドレー教授の研究室で知り合いだった。◉ティエール財団の研究員として、ポスト・デカルト派及び心理学の誕生にかんする学位論文の準備を開始。マールブランシュとメーヌ・ド・ビランに熱中。「正常及び病態心理学報」（Journal de psychologie normale et pathologique）誌の主宰者、イニャス・メイエルソンと親交。◉フランス人最初の国際精神分析協会加盟メンバー（1910年12月3日のフロイト宛書簡）で、フランスで発表された最初の精神分析学論文（「精神神経症者の治療における情動的関係」、「病院通信」Gazette des hôpitaux, 1911年11月14日）の著者で、ポワチエでのフーコー家の友人であったモリショー＝ボーシャン博士が、初期の精神分析関連の雑誌図書をフーコーに贈る。◉ハイデガーを読む。これ以後、高等師範学校の共産党細胞のビラを折り畳んだファイルには、ハイデガーとフッサールについての講演のプランのノートが書きためられていく。

## 1952

◉ドレー教授の研究室で心理学者としての仕事に従事。この研究室では、アンリ・ラボリが最初の神経弛緩薬を実験、精神医学革命の黎明期である。◉5月　作曲家ジャン・バラケ（1928―1973）との濃密な関係の開始。「私たちが、ドビュッシー以後の全現代音楽の最も重要な人物であるということをためらわないこの音楽家の奇妙なパーソナリティ、［……］ペンの最も厳格なコントロールのもとの、最も気ちがいじみた自由」、とアンドレ・オデールはバラケを評している（「ウェーベルン以後の西欧音楽」、「エスプリ」、特集号、1960年1月）。「愛すべき人物、虱のように醜く気が狂ったように機知に富み、悪事の知識にかけては百科全書に匹敵する。僕はもうどぎまぎしてしまって、まだ知らなかった世界を探索するよう招かれて、僕の苦痛をそこで徘徊させるんだ」と、フーコーは友人に書き送っている。その友人によれば、若き現代音楽界がブーレーズの唯一可能なライバルと見なしていた作曲家が、若き哲学者に「大転換」を引き起こし、苦悩からの脱出を可能にしたのだという。◉6月　パリ心理学研究所で精神病理学の学位免状《ディプロム》を取得。◉10月　ティエール財団を離れ、リール大学文学部の心理学助手となる。G・カンギレムによれば、当時リール大学では、ロールシャッハの翻訳者A・オンブレダンが実験心理学に精通した人材を探していた。アルチュセールの同意のもとに共産党を離党。「シオニスト」ユダヤ人医師たちが反スターリン陰謀のかどで告発され、ソ連における反ユダヤ主義が露呈した「白衣事件」が、フーコーが共産党の内部で感じていた不信を明確化するにいたる。共産党から依頼されたデカルトに関する研究が刊行時に大幅に削除を受けたことはフーコーをついに激怒させた。◉モーリス・パンゲとともにシュールレアリスムを研究。

## 1953

◉1月　『ゴドーを待ちながら』の上演を観劇、フーコーはそれを一つの断絶とみなす。「それから、わたしは、ブランショとバタイユを読んだ」(No. 343 参照)。フーコーは、バラケに、発見したばかりのニーチェに対する熱狂を共有させる。バラケの方では、セリー音楽、ベートーヴェン、そしてワインへの愛を教える。アルチュセールの提案で、高等師範学校の共産党学生サークルのために、パヴロフの影響をうけた唯物論的精神病理学の短い試論を書く。サン＝タンヌ病院のラカンのセミナーに出席。◉3月5日、スターリンの死。◉バラケが1950年作曲の『セカンス』を改作。ランボーのテクストにかえて、『この人を見よ』のテクストとニーチェの詩を採用。◉フーコーのルネ・シャールに対する熱狂は、サン＝ジョン・ペルスに対するそれを超えるにいたる。両大戦間のドイツ精神医学を集中的に読みノートをとり翻訳を重ねる。神学（バルト）と人間学（ヘーベルリン）についてもノートをとり翻訳を重ねる。「伝記的現象としての譫妄《せんもう》」を含む、ビンスワンガー（1881―1966）の症例研究と論文を翻訳するが出版せず。◉6月　ダニエル・ラガーシュ、ジュリエット・ファヴェズ＝ブトニエ、フランソワーズ・ドルトが、フランス精神分析協会を創設、ラカンも加わる。

◉ジャクリーヌ・ヴェルドーとフーコー、ハイデガーの現存在分析を精神分析と精神医学の実践に導入したビンスワンガーをスイスに訪問。２人は、ビンスワンガーによる存在論的精神医学の入門書『夢と実存』の翻訳を企てる。ミュンスターリンゲンの病院の精神科医ロラン・クーンのもとで、狂人たちのカーニヴァルに立ち会う。◉J・ヴェルドーが翻訳しバシュラールが序文を寄せたクーンの講演記録をもとに、フーコーはロールシャッハ・テストの解釈に取り組む。ユルム街（高等師範学校）では、ヴァン・ブレダがメルロー＝ポンティとトラン・デュック・タオに渡したフッサールの草稿を研究。◉心理学研究所の実験心理学免状に合格。◉7月「酒をたくさん飲んでいる、もう不幸ではないが、前よりも孤独だ。［高等師範学校の復習教師として］アルチュセールの代わりをしていて、自分のために仕事をする時間がない」と友人に書き送る。科学的心理学の成立についての長い論文（No.2参照）を執筆。バラケの知性だけにつなぎ止められている生活のあり方と絶縁することを考える。◉ロラン・バルトが『エクリチュールの零度』を発表。◉8月 モーリス・パンゲとイタリアに旅行。パンゲによれば、「ヘーゲル、マルクス、ハイデガー、フロイトが、1953年にニーチェとの遭遇が起こった当時のかれの参照軸だった。［……］わたしには、チヴィタヴェッキアの海岸で、陽光を浴びて『反時代的考察』を読むミシェルの姿が目に浮かぶ。［……］しかし、1953年にはすでに、全体の計画の軸は描かれていた」（「デバ」誌、41号）。◉フーコーは折にふれて、ブランショを介してバタイユにたどり着き、バタイユを介してニーチェに到達したのだと述べていた。さらに後では、ニーチェはハイデガーによって自分に明かされたのだと述べてもいる。1978年のトロンバドリとの対話（No. 281参照）中の未公表の一節でフーコーは、「わたしにとって決定的だったのは、サルトルが戦前に書いたバタイユについての論考を戦争後になって読んだことだった。サルトルの論考は、無理解、不当、尊大、憎しみ、そして攻撃性の見本のような代物だったので、そのとき以来わたしは断固として反サルトル、バタイユ支持となったのです」と述べている。◉9月 ラカンが有名なローマ講演「精神分析における言葉と言語活動の機能と領野」を発表。ジル・ドゥルーズが、ジャン・イポリットに捧げられた処女作

『経験論と主観性』を発表。◉10月　リール大学で「人間の認識と超越論的反省」についての講義、さらにニーチェについて何回かの授業を行なう。この時期フーコーを熱中させたニーチェは1880年代のニーチェであった。高等師範学校の講義ではフロイトとカントの「人間学」を講読。

## 1954

◉1月　パリで、フリーメーソンに活動形態の想を得た「同性愛愛好（ホモフィル）」の最初の結社「アルカディー」が創設される。◉4月　アルチュセールによって学生向けの叢書のために執筆を依頼された小冊子『精神疾患と人格』（PUF社）を刊行。「真の心理学は、すべての人間の学と同様、人間を疎外から解き放つことを目的にもたねばならない」と、フーコーは結論に書く。この本では、ピネルはまだビセートルの鎖につながれた患者たちの解放者として描かれている。ビンスワンガーの実存的精神医学についてのコメントはあるが、第2部はパブロフの反射理論を賞賛する記述となっている。「著作および業績リスト」（No. 71参照）では、フーコーはいつもこの著作の発表年を1953年としている。草稿は、1952年から1953年にかけての冬に出版社に渡されたものと思われる。ほとんど同時に、かれの「ビンスワンガー『夢と実存』への序論」が、デスレ・ド・ブルウェール社の現象学的傾向の叢書「人間学のテクストと研究」叢書の一冊として刊行される（No. 1参照）。◉いぜんとして、リール大学心理学助手および高等師範学校復習教師として、哲学的人間学――シュティルナー、フォイエルバッハ――についての講義をおこなう。高等師範学校でフーコーの講義に出ていたジャック・ラグランジュは、発生心理学（ジャネ、ピアジェ、ピエロン、フロイト）に与えられていた重要性を覚えている。◉アルコール中毒の恐怖。ジャン・バラケと別れ、フランスを離れ、それまでの自分の経歴との距離をとりたいと願っていた、とのちにM・クラヴェルに打ち明けている（『私の信条』、グラッセ社、1975年）。◉『精神疾患と人格』のタイプ原稿の裏側に、発表されることのなかったニーチェ論を書きつづる――「夢、酩酊、非理性、それらは三つの隣接した経験である」――さらに、その先の箇所では、「『悲劇の誕生』に定義されたアポロン的性格のすべては哲学的実存の自由で光溢れた空間を形成している」とつけ加えている。1982年、フーコーはジエラール・ローレにたいして、「理性の歴史を書くという展望のなかで、1953年にニーチェに出会った」(No. 330) と語っている。◉友人の貨幣学者ラウル・キュリエルが、スウェーデンに派遣するフランス語講師を探していた宗教史学者ジョルジュ・デュメジルに、フーコーの名を伝える。◉7月20日、ジュネーヴ協定によりインドシナ戦争が終結。◉10月「現象学と心理学」についての講義を開始。◉15日、デュメジルは、自分自身も20年前に就いたことのあるウプサラのフランス会館の講師兼館長の職が空いていることをフーコーに書簡で通知——「この職は、文化関係の最高職のひとつで、一般に将来性のあるものです。先任者は言語学者、歴史学者、哲学者、将来の作家などです。いうまでもなく、カロリーナ・レディヴィヴァ図書館は、ヨーロッパ最良の図書館のひとつですし、町から200メートルもいけば森が拡がるこの地方のすばらしさは言うに及びません。」◉11月 アルジェリア蜂起の勃発。

## 1955

◉フーコーとバラケは、ブランショの記事で知ったヘルマン・ブロッホの『ウェルギリウスの死』に感動。バラケはこれをもとに1968年までかかって巨大な音楽連作を作曲することになる。「音楽は、私にとって、ニーチェに匹敵する役割を果たしてきた」(No. 50)。◉2月「クリティック」誌に、ロジェ・カイヨワ自身の筆による『精神疾患と人格』の書評が掲載される——「これは入門以上のものであり、問題整理というべきものである[……]」。著者が精神病理学において一つの唯物論を定義しえたと考えていることは驚くべきことである。優れた科学的実証主義の書物であって、それ自身においてはいかなる形而上学的立場も含んでいない。唯物論という用語は余計である」(「クリティック」誌、嗄巻、No. 93, pp. 189–190)。◉8月 フーコーは1年の任期で文部省から外務省への出向となる。◉秋 ウプサラ赴任。フランスは当時各国との文化関係を再構築しようとしていた。ワシントン、モスクワ、そしてノーベル賞のせいでストックホルムは重要ポストであった。オルセー河岸(外務省のあるセーヌ河岸)5階の文化関係の行政局は、スウェーデンのフランス会館「ロマンス語科」の講師で館長のフーコーの意見を非常に重視した。フーコーは文化団体組織と文化政策の問題に情熱を傾ける。この文化政策への関心を生涯かれは持ちつづけることになる。ウプサラのフランス会館は、のちのアメリカ・ヴェトナム交渉の成立に重要な役割を果たしたジャン゠クリストフ・エーベルクや、『狂気の歴史』の初版が捧げられることになる将来のテレビ映画監督エリック゠ミケル・ニルソンなど多くの人々が訪れることになる。しかし、ルネ・シャールの詩を暗唱することの出来ない者は昼食に招かれることはなかった。当時ウプサラに滞在していた生物学者のジャン゠フランソワ・ミケルによれば、フーコーの講演はいつも満員の聴衆を集め、ウプサラ大学の2人のノーベル科学賞受賞者スヴェドベルクとティセリウスも姿を見せていた。◉11月　哲学者にして医者、第2次大戦中のレジスタンス運動〈ジャン・カヴァイエス組織〉の元闘士ジョルジュ・カンギレムが、ソルボンヌでガストン・バシュラールの後任となる。◉12月　フーコーはスウェーデンにジャン・イポリットを迎える。イポリットは、「歴史と実存」、「現代フランス思想におけるヘーゲルとキルケゴール」と題した2つの講演を行う。◉クリスマスにパリで、ロベール・モージはフーコーに文化関連行政の仕事に従事したこともあるロラン・バルトを引き合わせる。長い友情の始まり。

## 1956

◉「流謫の拡がり」をした「スウェーデンの長い夜」の体験――「数百メートルのところでは、世界が創成を再開する広大な森がひろがっている。シトグリナで太陽は全く昇らない。この希薄さの底から、ひとびとが再び出現することを願う本質的なものだけが浮かび上がってくる。昼と夜、四つ壁に守られた夕べ、どこにも生えることのない果実、そしてときおり微笑」（友人への手紙、1956年1月27日付）。◉コレット・デュアメルが、フーコーに、ターブル・ロンド社のために精神医学の小史を書くよう要請。フーコーは、この精神医学小史に学問的業績としての意義を与えず、もはやフランスの大学でのキャリアを考えてもいないと言っていた。黒革張りの内装の白いジャガーのスポーツカーに乗り、着こなしのよい服装をして、ストックホルム、パリ間のスピード記録を作るといった生活がこの大学界との絶縁を表していた。それは、友人の間に、ダンディー時代の伝説を残すことにもなった。◉ウプサラ大学の図書館の医学文庫を発見。フランス演劇についての講義をおこない、さらに「サドからジュネにいたる愛」について連続講演（パリでは、当時、ポーヴェール書店主に対してサドの再版にかんする裁判が行われていた）。◉3月「僕には太陽へのニーチェ的な欲求がある」（友人への手紙）。ウプサラでのデュメジルとの出会い、これ以後、生涯を通して、親和的な関係に立つ友愛がフーコーをデュメジルに結びつけることになる。フーコーは、物理学者ティセリウスの科学実験室やスヴェドベルクにあるサイクロトロンにしばしば足を運ぶ。同時に、神経精神科医ワイツゼッカーのテクストの翻訳に従事する。ドミニカ修道会の学識で、ギリシャ・ヘレニズム時代の哲学と宗教の専門家、A・J・フェステュジエールを迎える。かれとは生涯連絡を取り合う仲となる。

**1957**

◉フランスの博士学位準備期間の長さにうんざりして、より準備期間の短いスウェーデンの博士学位論文の提出を決意する。フーコーの精神医学の歴史は、当時すでにじっさいは狂気の歴史の構想となっていたが、その草稿はより実証的なアプローチを期待していたリンドロート教授によって拒否される。◉シャトーブリアンからベルナノスにいたるフランス文学における宗教経験についての講義を予告。しかし、フランクフルトかハンブルクへの出発を考える。◉7月　パリでは当時、毎夏、国立古文書館とアルスナール図書館で仕事することにしていた。ジョゼ・コルティ書店で、レーモン・ルーセルの『視覚』を発見、コルティは、稀覯本となっていたルメール版『著作集』全巻を揃えることを勧める（No. 343参照）。◉12月　ノーベル文学賞の受賞のためにスウェーデンを訪れたアルベール・カミュを迎える。ジャン＝フランソワ・ミケルの証言によると、まばゆいほどの素晴しい講演のなかで、フーコーは戦後のヒューマニズムのこの偉大な代表者の作品をウプサラの聴衆に紹介。フーコーは、ノーベル賞の授与によってスウェーデンの人々はアルジェリアに名誉を与えようとしたのであって、カミュの政治的立場を誤って分析していたと確信を抱いた。◉イポリットが『狂気と非理性』の原稿を読み、カンギレムの指導下にそれをフランスの博士学位論文にするように勧告。

**1958**

◉2月　フーコーとD・ロシェによるヴィクトール・フォン・ワイツゼッカー著『構造の周期』の第4版からの仏語訳刊行（デスレ・ド・ブルウェール社、「神経精神医学」叢書）。◉モーリス・パンゲがフランスを離れ日本へ出発。フーコーはハンブルクに任地をもとめることを考える。◉5月30日、ジャン＝クリストフ・エーベルグとともに、政治の出来事に立ち会うために急いでパリに戻る。◉6月1日、ド・ゴール将軍、政府首班となる。◉9月28日、フランスは、国民投票《レフェランダム》で第五共和制憲法を採択。◉10月 フーコーはストックホルムを離れ、まだほとんど廃墟のままのワルシャワに赴任。ワルシャワ大学のなかに、フランス文明センターを作ることを任される。当時の知識人が集まるカフェのある建物の上階のブリストル・ホテルに滞在。『狂気と非理性』を書き直す。◉東側への政治的門戸開放に関心をもつド・ゴール将軍は、１９３０年代に自らが軍事参事官であったポーランドの外交代表機関を重視した。そこでは、将軍の側近であった新任大使エチエンヌ・ビュラン・デ・ロジエを、ゴーリスト色の強いスタッフが囲んでいた。しだいに、フーコーは、ビュラン・デ・ロジエ氏のもとで文化顧問の役を果たすようになる。◉11月「きみは、『ユビュ王』が、ポーランド、つまり、どこでもない場所を舞台にしていることを知っているだろう。僕は監獄のなかだ。つまり向こう側にいる、それこそ最悪のね。外部にいて、中に入ることができないんだ。鉄格子に擦りむかれて、ようやく頭をこじ入れて、皆がなかではどうどうめぐりをしているのをやっと目にするとする。合図を送ると、彼らはもう遠くに行ってしまっていて、彼らのためになにもすることはできない。せいぜい、次に通り過ぎる時を待ち伏せして、微笑みかけるのを準備するくらいさ。でも、その間にも、彼らは足蹴を食らっていて、もう応えてよこす力も勇気も失せている。フィーリス川からは絶えず雲が立ち昇る。もうだれも光が何かを分からない。ぼくは、社会主義者の御殿に住まわされている。僕の『狂気』を書いているのだけれど、こんな気違い沙汰が延々と続くんじゃ、本当に狂気が語っているみたいになってしまうよ」（１９５８年11月22日、友人宛書簡）。◉クリスマスに非常に分厚くなった『狂気と非理性』の原稿を畏敬していたG・カンギレムに渡す。カンギレムの裁決は、「何も変えることはありません、これで博士論文です」というものだった。

## 1959

◉ワルシャワでは、ビュラン・デ・ロジエとの間に相互的な尊敬の念がつちかわれるなかで、フーコーは、ド・ゴールと共和制やアルジェリアとの関係について、「ファシズムを通すな」と叫んでデモを繰り広げるフランスの左翼とは違った意見をもつようになる。◉フッサールとブレンターノに親しんだフーコーは、当時のポーランド科学アカデミーの会長で、リヴォフ‐ワルシャワ学派の記号論の継承者であったT・コタルビンスキーと親交を結ぶ。◉クラコフとグダニスクで、アポリネールについての講演を行う。カリフォルニアのバークリーか、モーリス・パンゲのいる日本に赴任することを考える。フランス語を話す様々な階層のポーランド人と付き合う。〈閉じこめ〉についての彼の厚い原稿とそうした様々な階層との付き合いは、ゴムルカ政権を警戒させ、警察は若い通訳をつかってフーコーを罠に陥れ、国外退去を要求。◉9月14日、父ポール・フーコー博士死去。◉10月1日、ドイツに派遣となり、フーコーはワルシャワを離れてハンブルクのフランス学院の館長に赴任。

**1960**

◉博士学位副論文『カント人間学の生成と構造』を執筆し、カント『行為学の見地からみた人間学』を翻訳（刊行されることのなかったこの副論文は、タイプ原稿でソルボンヌの図書館に保存されている）。◉2月　ついに完成した『狂気と非理性』の序文を書く（No. 4参照）。◉4月　ジョルジュ・カンギレムは、フーコーを、クレルモン＝フェラン大学哲学科長のジュール・ヴィユマンに推薦。ヴィユマンは心理学准教授（メートル・ド・コンフェランス）の職を提案。これは『狂気と非理性』の刊行を前提としていた。ガリマール社ではブリス・パランが原稿を不採用にする。『18世紀における子供と家族の歴史』でフランスの歴史研究を革新しつつあったフィリップ・アリエスが、プロン社の彼の叢書「文明と心性」に、『狂気と非理性、古典主義時代における狂気の歴史』の正確な題名のもとに引き受ける（刊行は1961年5月）（Nos. 346, 347参照）。◉ハンブルクでは、アフリカ学者のロルフ・イタリアーンデルと交友（No. 12参照）、時には、サンクト・パウリの歓楽街の入り組んだ路地裏に、ロブ・グリエ、ロラン・バルト、当時推理小説王とされたジャン・ブリュースなどを案内。コクトーの芝居の上演を実現させる。◉6月19日、コクトーから礼状。◉10月　クレルモン＝フェラン大学に任命され、フランスに帰国、パリのモンジュ街59番地に住む。ロベール・モージが、サン・クルーの高等師範学校に入学したばかりの学生ダニエル・ドフェールを紹介。ドフェールは、1963年から死にいたるまで生涯フーコーの伴侶となる（No. 308参照）。◉フーコーは、パリに住み地方で教えるというフランスの大学に特有の生活を開始した。

## 1961

◉クレルモン＝フェランでは、ジュール・ヴィユマンのほか、ミシェル・セール、ジャン＝クロード・パリエントといった哲学者たち、歴史学者ベルトラン・ジルと交友。パリでは、国立図書館の閲覧室を見おろす半円形の円屋根のしたで黙々と仕事をするフーコーの姿を何年間も人は見ることになる。◉5月20日、博士学位取得のため、ソルボンヌに二つの学位請求論文を提出。副論文『カント、人間学――序論、翻訳および註解』、報告者ジャン・イポリット。主論文『狂気と非理性――古典主義時代における狂気の歴史』、報告者G・カンギレム及びD・ラガーシュ。◉『狂気の歴史』は歴史学者のロベール・マンドルーとフェルナン・ブローデルから、心性の歴史への重要な貢献として讃辞をうける。モーリス・ブランショは、「豊かな書、必要な繰り返しによって強力に執拗な、ほとんど非理性的なといってもよいこの書物、しかもこの書物は博士論文なのだから、私たちは歓びをもって大学と非理性との衝突に立ち会うことになる」と評す（「新フランス評論」No. 106）。◉J・イポリットが校長をしている高等師範学校の試験審査員に任命される。◉31日、1963年まで続くことになるフランス・キュルチュール放送局のラジオ番組シリーズ「狂気の歴史と文学」を開始する。◉7月　とても愛していた祖母レイノオ＝マラペールの死。◉22日、「ル・モンド」紙のインタビュー、「若き絶対的知識人――時代の外へ」と紹介される（No. 5参照）。◉父の遺産で、ドクトゥール・ファンレー街13番地の新しい建物の最上階に引っ越す。大きな出窓からは、片側は当時セーヌ河の正面になりつつあった現代的な景色、反対側には更地となったもとの冬季競輪場跡を見渡すことができた。◉11月27日、自ら『狂気の歴史』の「裁ち屑」と説明していた『臨床医学の誕生』の執筆を終える。◉12月25日、『レーモン・ルーセル』の執筆を開始。

## 1962

◉『精神疾患と人格』を再版するよう出版社から促されて、フーコーは第2部「疾患の諸条件」を全面的に書き変える。第2部は「狂気と文化」と題され、1954年のパヴロフの条件反射理論と実存的人間学から遠く離れて、『狂気の歴史』のまとめとなる。本の題名はこれ以後『精神疾患と心理学』となる。◉2月『ニーチェと哲学』(PUF)を発表したばかりのジル・ドゥルーズと知り合う。◉3月18日、エヴィアン協定によりアルジェリア戦争終結。◉5月18日、フーコーのノート――「サドとビシャという、お互いを知らぬ双子の同時代人こそが、西洋的人間の身体のなかに、かくも非自然的で、かくも侵犯的、かくも絶対的な異議申し立ての力を帯び、そこから出発して現代の文化が〈自然ノ人(Homo natura)〉を示すことができるようなひとつの知の夢を基礎づけた、二つの経験、つまり死と性《セクシュアリテ》とを位置づけた……」。◉ジャック・デリダの長い序文のついた、フッサールの『幾何学の起源』のフランス語訳刊行。この書物はすぐにパリの認識論的論議の的となる。1950年代にこのテクストを詳しく研究していたフーコーは当時、「この余りにも失望的なテクスト」が自分に「考古学の概念を深めるように強いるのだ」(「書簡」――これ以後、宛名の記載のない「書簡」はダニエル・ドフェール宛の書簡を指す)と述べている。◉クレルモン=フェラン大学心理学教授に昇任。1961年5月4日に突然亡くなったモーリス・メルロー=ポンティを継いでコレージュ・ド・フランス教授となったジュール・ヴィユマンの後任として、クレルモン=フェラン大学哲学科長となる。◉9月 アルチュセールに『臨床医学の誕生』の原稿を見せる。◉構造分析の熱狂が高等師範学校では拡がる。

## 1963

◉1月 ロラン・バルト、ミシェル・ドゥギーとともに、「クリティック」誌の編集委員となる。同誌の編集長でバタイユの義弟ジャン・ピエルによれば、フーコーの実質的な編集参加は『言葉と物』刊行以後であり、彼の名は1977年まで載せているものの、1973年には編集参加は終わっている。◉3月4日、哲学学院(コレージュ・フィロゾフィック)における講演で、ジャック・デリダが、『狂気の歴史』のなかでフーコーがデカルトの『省察』中の第一省察について書いた頁を批判。デリダは2月3日付けの手紙でフーコーをこの講演に招待――「僕は君の本をクリスマスの休暇中とても愉しく読みかえした。僕が示そうとするのは、だいたい次のようなことだ。君のデカルトの読解は正当だし啓示的なものだとおもう。でも、それは君が使うテクストによっては、直接的に意味され得たりあるいは示され得たりしないと僕には思える歴史的で哲学的なレヴェルにおいてであって、僕の考えでは、僕はそのテクストを全面的に君のようには読まないんだ。」しかし、デリダが告発する「構造主義的全体主義」という表現は、まさしく構造主義と自分の考古学とを差異化しようと仕事をしていたフーコーに打撃を与えることになる。「なぜ歴史性はつねに忘却として思考されなければならないというのだろう?」(「書簡」)◉4月 G・カンギレムがPUF(フランス大学出版社)で監修する叢書「生物学及び医学の歴史と哲学」の一冊として『臨床医学の誕生——医学的眼差しの考古学』刊行。◉5月 ジョルジュ・ランブリックが監修する叢書の一冊として『レーモン・ルーセル』刊行。「テル・ケル」誌でフィリップ・ソレルスが「クリティックの誕生」と題して賞賛。この本の刊行はルーセルの作品の再版と同時に行なわれる予定だった。◉7月 モスクワ協定により平和共存が打ち出される。ソルジェニーツィンが収容所の証言を集め始める。◉タンジールとマラケッシュで、R・バルト、R・モージと夏期休暇。◉8月5日、「僕はヴァンドゥーヴルに到着した。りんごの収穫のように丸めた書き損じの紙を籠に集め、樹木を刈りつめるように原稿を揃え、子供の細心さをもって一行ずつ何冊も本を読む、そんな時を過ごしている[……]。毎年の夏の知恵さ」(「書簡」)。カントの『人間学』と、前年に亡くなったバタイユの追悼論文の校正刷りを直す。考古学と批判哲学との関係についてのノートを書き溜める。◉フランス外務省が、長い間希望していた東京日仏学院の館長の職を提案する。◉9月 「ヌーヴォー・ロマン以後の文学の状況についての論点整理」をめざすスリジー・ラ・サールの10日間集中討議に招かれる。「テル・ケル」グループのメンバーたち(ソレルス、プレイネ、ティボードー、ボードリー、オリエ、そして、1962年にはすでにソレルスと訣別していたJ=E・アリエを含む)との個人的関係の始まり。それらの作家たちの本についてフーコーは幾つかの論考を書くことになる。◉10月 哲学の教授資《アグレガ》格《シオン》試験を準備中のダニエル・ドフェールの傍《そば》にとどまるために東京赴任を断念。刑事精神医学の歴史について書かれるはずであった『狂気の歴史』の続編を放棄し、「記号についての書物」を企てる。激しい仕事のために、サンジェルマン・デ・プレでの夜毎のロラン・バルトとの会食の習慣が途切れる。2人の関係は次第に遠ざかったものになる。◉11月　講演のためリスボンとマドリッドを訪れ、リスボンでボッシュの『聖アントワーヌの誘惑』を鑑賞。9日、「書簡」でプラドでの『侍女たち』との出会いを語る。「記号についての書物」の計画はこの絵画を中心にして結晶化することになる（No. 32参照）。◉12月　ハイデガーを読み返す。『言葉と物』のプランを画定。

## 1964

◉国立図書館で研究の長い日々を送る。何冊もの大学ノートには、読書ノート、各章のプラン、論文の粗稿が書き連ねられる。『狂気の歴史』以来、彼の「良き師」となったジョルジュ・カンギレムの『反射概念の形成』を読む。◉ジル・ドゥルーズ、ピエール・クロソフスキーとの交友が定期的なものとなる。ジャン・ボーフレとも会う。4人は、7月、ドゥルーズがロワイヨーモンで組織したニーチェについての集中討議に、ニーチェの新版全集の編集をしていたカール・レーヴィット、アンリ・ビロー、ジャンニ・ヴァッティモ、ジャン・ヴァール、コリ、モンティナーリらとともに参加。◉4月　アンカラと

イスタンブールで講演（「オリエントの脱魔術化」）。エフェソスを訪問（「ヘラクレイトスの行跡を訪れて（……）、僕はかつてこれほど美しい場所を見たことがない」）（「書簡」）。◉8月10日、「僕は、全くものを書かない状態への再転向に近づいているような気がする。そうすれば解放されるのだろうが」（「書簡」）。M・ロウリーの『火山の下で』を熱心に読む。◉9月　アメリカ軍によるトンキン湾空爆に伴い、ダニエル・ドフェールが兵役義務期間中兵役に代わり申請していたヴェトナムへの海外協力員としての赴任が中止となる。ドフェールはチュニジアへの任命となり、フーコーもチュニジアにしばしば滞在することになる。◉新しい新書版シリーズ「10／18」（プロン社）の一冊として、フーコーが好んで使った表現によれば「駅のホール用」の『狂気の歴史』抜粋新書版の刊行。当時、廉価版による学術叢書の刊行について、知識界は意見が分かれていた。多部数のこうした大衆出版を歓迎していたフーコーは、出版社が完全版の刊行を拒否したことに大きく失望した。フーコーがプロン社と袂を分かったのはこの時である。1963年にリッツォーリ社から出版されたイタリア語訳を除いて、『狂気の歴史』

の外国語訳は抜粋版からの翻訳となっている。◉10月18日、「僕は、一日中僕のあのやっかいな記号の書物を書き直しているところだ」(「書簡」)。ドゥルーズ、ヴィユマン、デザンティ、クロソフスキーと交友。クレルモン=フェランでは、性《セクシュアリテ》についての講義をおこなう。学部の多数の同僚とともに、ロジェ・ガロディの哲学科教授への任命に反対。共産党の中央委員であったロジェ・ガロディの任命には、高等師範学校の元同級生ジョルジュ・ポンピドゥー(当時の首相)の強い意向があったと言われていた。◉12月 ジャン・ヴラン書店よりカントの『人間学』の翻訳刊行。博士学位請求副論文であった論考はわずか三頁の歴史的解題に縮められ、「批判思想と人間学的考察との関係は将来刊行の著作で展開される」と最後の註では述べられている。これは、フーコーが「記号についての書物」と呼んでいた『言葉と物』の予告である。◉ブリュッセルのサン・ルイ大学の公開講座の講座担当教授として、「言語と文学」についての講演を行う。◉クリスマス、チュニジアに滞在。記号についての書物の第1稿が完成。

## 1965

◉1月5日、ジェルバ島から離陸する飛行機の中から「海との境界で海中に没する陸地」を眺めながら、一枚の絵はがきに、やがて『言葉と物』の最後の文となる文句を書きつける。カルタゴ湾を見おろすシディ・ブ・サイードの村に住みたいという強い願望。◉アラン・バデュー、ジョルジュ・カンギレム、ディナ・ドレフュス、ポール・リクールとともに、学校教育用テレビ・ラジオのための討論番組シリーズに参加(Nos. 30, 31 参照)。◉ド・ゴール将軍任命の文部相クリスチャン・フーシェによって設置された大学改革委員会に任命される。フーコーは、手段の裏づけのないまま地方大学の数だけを増加させる案を憂慮し、地方ごとに相互補完的にそれらの大学を連携させる対案を用意し、エチエンヌ・ビュラン・デ・ロジエが官房長官となっていたエリゼ宮(大統領府)に提出。◉人文科学高等教育局の副局長にフーコーが任命されるという噂がひろがる。◉2月13日、「僕が語ったのは記号についてではなく、秩序のことだったのだ」(記号についての書物に関する手紙「書簡」)。◉4月4日、「僕の例のものはやっと終わった。スファックス滞在以来300頁を全く違うバランスで書き直したんだ。悪くはないが退屈だ。」序文を書く――「考古学の一般理論だ、結構満足している。」クレルモン゠フェランから脱出するために、コレージュ・ド・フランスに立候補することを考えるが、歴史学者ジョルジュ・デュビィの立候補を聞いて断念。◉5月2日、「記号についての書物」の原稿をカンギレムが激賞。◉フーコーは、何人かの大学人による自分の私生活についての攻撃が、自分が高等教育局副局長に任命されなかったことの理由だったことを知る。◉14日、「記号についての書物」の原稿をガリマール社のG・ランブリックに渡す。◉6月　ロジェ・カイヨワが草稿を絶讃する手紙を送り、彼自身の雑誌「ディオゲネス」のための原稿を依頼（No. 33参照）。◉ビュラン・デ・ロジエはフーコーに、マルローとともに、高等教育局長とは別の計画を彼のために考えていることを告げる。9日、彼の任命に対する陰謀に衝撃を受けたフーコーはスウェーデンに旅行。論理学者のG・G・グラジェが当時教えていたエリザベートヴィル（後にベルギー領コンゴが独立してザイールとなるとルブンバシと名を変える）に任命されるように応募。社会学者G・グルヴィッチはソルボンヌの心理社会学の講座に立候補するよう促すが、余りの敵の多さに断念。◉スファックスとシディ・ブ・サイードに再び滞在。◉8月　チューリッヒのニコラ・ド・スタールの回顧展を訪問。バーゼル美術館でクレーの作品群を見る。アビジャンへの任命申請を考える。◉9月　アルチュセールがフーコーに『マルクスのために』を送付、「これら昔の世迷い言を」という献辞つき。◉10月　ジュール・ヴィユマン、ルイ・アルチュセールと同じく、マルシアル・ゲルーの教え子のジェラール・ルブランにより、サン・パオロ大学哲学科に招かれる。現地では、ジアノッティ、ルイ・ファウストらの哲学者、批評家のロベルト・シュワルツ、女流詩人ルーペ・コトリム・ガラウデ、女流精神分析家ベティー・ミランらと知り合う。フーコーは、『言葉と物』の何章かを読んで聞かせる。週ごとに進行する元帥たちによる政権奪取の動きにより講演旅行は中断を余儀なくされる。アルゼンチンの友人たちは、やがて、元帥たちの軍事政権により職を追われるか亡命を余儀なくされることになる。

## 1966

◉1月　高等師範学校では、ジャック゠アラン・ミレールとフランソワ・レニョーを中心に、ラカンとカンギレムを同時に師と仰ぐ「認識論サークル」が結成される。このサークルの雑誌「カイエ・プール・アナリズ」の趣旨は「論理学、言語学、精神分析など、分析のあらゆる学に関わり、ディスクールの理論に寄与することをめざすこと」だった。このサークルは、それとは区別されるものの、ロベール・ランハルトを中心とした、学生組織としては最初のマオイスト（毛沢東派）的傾向の運動であった「マルクス・レーニン主義共産主義者青年同盟（U. J. C. M. L.）」の創立に対応していた。◉『言葉と物』が印刷中のこの時期、フーコーはこの考古学において提起した方法の問題について書くことを計画。「哲学は診断の企てであって、考古学は思考の記述の方法なのだ」（「書簡」）。◉ウオーフとサピアを読む――「いや、そうじゃない、問題は言語ではなく、発話可能性の諸境界なのだ」（「書簡」）。◉2月　ドゥルーズとともに、コリとモンティナリが校訂した『ニーチェ全集』のフランス語版の編集責任者となることを引き受ける。◉3月11日―13日、アルジャントゥイユで開催されたフランス共産党の中央委員会は、アルチュセールの主張に反して、「共産主義は、現代のヒューマニズムである」と宣言。◉ブダペストの大学劇場で講演。構造主義についてと案内された講演は、ハンガリー当局によってわずかの人々のみの関心を引くものとされ、大学の学長室に会場は限定される。フーコーはそのとき、東側諸国では、プラハとロシアのフォルマリズム的思考に起源をもつせいで、構造主義がマルクス主義にたいするひとつの対抗思想として機能していることを発見。フーコーは、ジェルジ・ルカーチ訪問というおきまりのコースを拒否して、マネによるジャンヌ・デュヴァルの肖像を見るためにスゼプミュヴェゼッティ美術館を訪問。◉31日、ハンガリーの受け入れ関係者は、アラゴンの主宰する「レ・レットル・フランセーズ」誌に、『言葉と物』の刊行を告げるレイモン・ベルールとの対談が出たのを見て大変安心したと打ち明ける（No. 34参照）。彼らの国で自分たちが怪しまれる度合いが減ったのだという。プスタ地方のデブレチェンに旅行――「我らがアルチュ（セール）の思想がステップ地帯のマルクス主義にまで届いているとは少し驚きだった」（「書簡」、No. 281参照）。◉4月　ブカレストに滞在。人間科学の考古学《アルケオロジー》『言葉と物』が、ピエール・ノラがガリマール社に新しく作った〈人間科学〉叢書の一冊として刊行される。フーコーが望んでいた書名は『物の秩序』というものであったが、同名のタイトルがバシュラールが序文を寄せたジャック・ブロスの著作によりすでに使われていて、同名の書名を使うことは許可が出なかった。頑固さのゆえか、忘却のせいか、フーコーはのちに、ブロスの同じ著作の1章の題名である「並列の生（＝列伝）」（No. 223参照）を叢書のタイトルとして使うことになる。◉5月　デリダ、アルチュセールと交友。16日、フーコーは対談のなかで、「私たちの任務は、ヒューマニズムから決定的に脱却することにあります［……］、私の仕事が政治的であるというのはこの意味においてなのです。というのも、東側にしてもあるいは西側にしてもすべての体制は、彼らの商品をヒューマニズムという旗のもとに流通させているからです」（No. 37参照）。『言葉と物』の初版は1カ月半のうちに品切れとなる。23日、「エクスプレス」誌は、この本を実存主義以来の哲学における最大の革命であると紹介。これ以後、「人間の終わり」、「マルクス主義は19世紀の思考においてこそ水を得た魚だ」といった文句が、この著作を象徴する言葉としてマスコミに流通することになる。◉26日、ルネ・マグリットの激賞の手紙。フーコーがマグリットに対してマネの『バルコン』の解釈を尋ねたりすることになる書簡の往復の始まり。マグリットはこの年の暮れにフーコーに会うことを望む。◉6月　マスコミは本そのものと同時にその売れ行きをコメントするようになる。『言葉と物』の売れ行きは時代の兆候として、本自体は断絶として評価され解釈される。1966年は、フランスの人間科学の最高の収穫の年のひとつであり、ラカン、レヴィ＝ストロース、バンヴェニスト、ジュネット、グレマス、ドゥブロフスキー、トドロフ、バルトが、彼らの最も重要な著作の幾つかを発表した年である。それまでは、領域的方法と見なされていた構造主義は、とつぜん思想運動として扱われるようになる。◉7月　ヴァンドゥーヴルで、「人間の死」に対する様々な攻撃に応えるため毎日6時間の執筆。「ドームナックの後で、ジャン・ダニエルまでも。今日哲学的ディスクールが何でありうるのかを示そうとすること」（「書簡」）。フッサールの『形式的論理学と超越論的論理学』を今回はフランス語訳で読み直す。「初めて、僕は推理小説を読むことを始めた」。◉イポリットは、

『言葉と物』について、「これは悲劇的な書物だ」とフーコーに述べる。「この本を読んだのは彼だけだ」とフーコーは洩らす。◉9月　フーコーは、初めて哲学教授の講座（心理学の講座ではなく）の就任の提案を受けたチュニスに行くことを決意。彼の昔からの師、ソルボンヌ大学の名誉教授ジャン・ヴァールの後任。◉フーコーによれば、メディア的成功が彼の仕事の受容を間違ったものにしてしまった。次の著作（『知の考古学』）の取っつきにくさはこうした成功と手を切ろうとする彼の意志を示すものとなる。15日、フランソワ・モーリヤックが『ブロック・ノート』に『言葉と物』の反人間主義をとりあげ、「あなたのおかげで私はサルトルにより好感をもつことが出来る」と結ぶ。これ以後、フーコーは、「人間の死」の論議を、とても遠くから、またとても選別的にフォローすることになる。◉10月1日、フーコーは大学からチュニジアへの3年間の派遣を認められる。◉サルトルは、「アルク」誌のサルトル特集号で、構造主義を攻撃し、歴史に対して構造を特権視するフーコーやアルチュセールの傾向を排撃、「フーコーはブルジョワジーの最後の保塁である」と結論。主要雑誌は1968年5月まで『言葉と物』に対する論戦を繰り広げることになる――「レ・タン・モデルヌ」1967年1月号、「エスプリ」1967年5月号、「ラ・パンセ」1968年2月号、など。◉11月　ダル・ザルークのホテルに投泊し、フーコーはシディ・ブ・サイードの丘の野生の斜面に立つ家を探す――「僕は、文明が関与しない直接的で絶対的な関係を海と持ちたかった」（『書簡』）。12日、1955年以来初めて哲学を教える。講義は、『言葉と物』を受け継いで「哲学的ディスクール」を主題とする。西洋文明についての講義を行う。「ディスクールの理論はまだ未開拓のまま残されている。全396頁を書き直さねばならない」（『書簡』）。16日、「僕は、きのう、けさ、今しがた、もう何年来も必要としていたディスクールの定義を見つけたばかりだ」（『書簡』）。◉12月　当初、スイユ社から出るはずだった『ポール・ロワイヤル文法』の再版への序文を書く。（No. 60 参照）◉アルチュセールがチュニジアの学生の間に浸透していることに驚く――「われわれにとって純粋に理論的な言説であるものが、とつぜんここでは垂直なものと化し、ほとんど直接的な至上命令となるのを目の当たりにするのは奇妙だ」（『書簡』）。◉当時知り合ったジャン・ダニエルが描いているように、シディ・ブ・サイードの、もともとはイスラム都督の厩舎であった白い高い梁の家に居を構える。フーコーはニーチェが願望したように、毎日ギリシャ的に身体を鍛えあげ、日に焼け、厳格な生活を身につけるという自分の生の新たなスタイルを開始した。◉クリスマス　アルジェリアの南地帯のタッシリ・デ・アッジェール高原にロバとラクダの群とともにキャンプ。

**1967**　◉1月「レ・タン・モデルヌ」誌（22号）がフーコー批判の攻撃。フーコーは、彼を困惑させたミシェル・アリオの論文「ミシェル・フーコーの文化相対主義」中の質問項目に個人的な手紙で応えるにとどめる──「私はこの書物に、マニュアルとして役立つであろうような序文をつけることを断念したのです。お手紙を差し上げるのはその説明を行おうというためではなく、真摯な討議を好むゆえ、そしてあなたの論考に対する実際の共感からなのです」。「歴史──少なくとも、思想の歴史──を、影響や、先駆や、遅れ、発見、意識化などを問題とするような使い古された図式から解放しようと考えて、私は経験的な非連続性の規則として働く変形の総体を規定しようとしたのです」と手紙は結論されている。◉当時のチュニジア文化相で、後のアラブ連盟の代表シャディ・クリビとときおり会う。◉31日、「中国で起こっていることに非常に興味をもっている。春には［『知の考古学』を］終えるという希望は来年に持ち越しだ」（「書簡」）。◉2月「歴史学はやっぱり奇跡的に愉しい。孤独の度が少ないし、同じように自由だ」（「書簡」）。地中海に関するフェルナン・ブローデルの著作の再版に際して論文を書く計画、あるいはさらに進めて、「エピステーメー」が世界観を生み出すものでないことを明らかにするような、もう一つの人間科学の考古学ともなるような、歴史学についての著作を書く計画を構想。デュメジルを読む。デュメジルの読書は生涯フーコーに伴うことになる。トロツキーの『永続革命』を読み非常に感動、1968年にはときに自らトロツキストと自称するにまでいたる。事実、チュニジアのかれの学生たちの読んでいる本はフーコーに読書の糧をあたえることになる。◉3月14日、パリ、建築研究サークルで、「ヘテロトピア」についての講演、同一の主題についてラジオ番組を制作（No. 360 参照）。17日、ソルボンヌのレイモン・アロンのセミナーで、経済学のような文化的形成態を、様々に異なるエピステーメーを通してどのような基準によって歴史的に同定することができるのかについて発表。レイモン・アロンはあくまでもエピステーメーを「世界観（Weltanschauung）」と同一視しようとする。このやりとりは、『知の考古学』においてエピステーメーの概念が放棄される一因となる。この認識論的な議論の裏には、コレージュ・ド・フランス選出に向けた両者の戦術が交錯していた。レイモン・アロンのセミナーで提示された論点は、レイモン・ベルールとの第二番目の対談（No. 48参照）で展開されている。◉フーコーがフローベールについての論考（No. 20参照）に集めた図像を使ったベジャールのバレエ『聖アントワーヌの誘惑』のオデオン座での初演を観劇。◉4月「僕はもっと綿密にヴィトゲンシュタインとイギリスの分析主義者を検討するために執筆を全面的に中断した」（「書簡」）。イギリスの分析哲学派に関して、フーコーは、「この冬僕が難儀をしながら探していた分析のスタイルとレヴェル。この冬のあの耐え難い苦悩」と述べる。フーコーは当時、ジョン・デューイとアメリカ哲学に関して、フランスでは稀なあるいは唯一の専門家であった同僚のジェラール・デルダルの蔵書を使っていた。12日、「プレス・ド・チュニス」紙は、「毎週金曜日、チュニス大学の最も大きな講堂も、ミシェル・フーコーの講義を聴きにやってくる数百人の学生と聴講者を収容しきれない」と報ずる。◉5月「エスプリ」誌が「構造主義、そのイデオロギーと方法」という特集号。「すべての個的あるいは集団的主体に立ちはだかるシステムの冷たい思考に抗して」と題して、編集長ジャン＝マリー・ドムナックはフーコーに対して10項目の質問を発表。それらの質問のうち、フーコーは、「非連続性と拘束の思考から出発した政治的介入の可能性」に関する質問のみに回答。運命の皮肉で、長い回答は1968年5月に掲載されることになる（No. 57参照）。◉「イギリスの分析哲学者たちは僕を十分に喜ばせてくれる。かれらは、ひとがいかに言表の非言語学的な分析を行いうるのかを十分に見せてくれる。言表をその機能において論ずるということだ。しかし、それが何において、また何との関わりにおいて、機能するのかをかれらは明らかにしない。おそらく、その方向へと進むべきなんだ」（「書簡」）。◉イギリスで、『狂気の歴史』の英語訳が、かつて自著の『引き裂かれた自己（*The Divided Self*）』をビンスワンガーに捧げたR・D・レインが監修する「実存主義と現象学の研究（Studies in Existentialism and Phenomenology）」叢書の一冊として、デヴィド・クーパーの序文つきで刊行される。この刊行に、レインの記事「正気と狂気――狂気の発明（Sanity and Madness — The Invention of Madness）」（The New Statesman 紙、1967年6月16日）が続く。『狂気の歴史』はこれ以後英語圏では反精神医学の旗のもとで流布することになる。◉教授として誘いをうけると同時に選出の妨害をうけるという繰り返しのソルボンヌを決定的に断念し、出来たばかりのナンテール大学に応募立候補、6月に心理学講座担当教授に選任される。同時に、国立行政院（ENA）の試験審査員に任命される。◉6月1日、チュニジアのブルギバ大統領と会見。◉パノフスキーを読む――より頻繁に記事を書くようになった「ヌーヴェル・オプセルヴァトゥール」誌に記事（No. 51参照）。◉5日から10日、中東「六日間戦争」を機にチュニスのアメリカ大使館に対する反帝国主義デモと、権力当局が反体制活動家の逮捕のために引き起こしたとみられるユダヤ人商人に対する排撃《ポグロム》が勃発。政治化した学生たちはフーコーの家で集会を持つようになる。フーコーは、「かれらは、中国・カストロ主義者たちだ」と記す。ブルギバ大統領のフーコーに対する「大いなるご懸念のために」、チュニジア当局は突然フーコー宅に電話線を設置する。◉7月　ヴァンドゥーヴルへの帰還――「この土地には僕にとっていろんな力が宿っていて、僕はほぼくつろぐことができる」（「書簡」）。16日――「僕はニーチェを読みふけっている。なぜ、ニーチェが僕を魅了し続けてきたか自分で分かってきたように思う。権力への意志の分析のためになおざりにされてきた、ヨーロッパ文明における知への意志の形態論」（「書簡」）。◉8月15日、マグリットの死。25日、『知の考古学』を書き終える――「あとは、この冬2、3カ月読み直すだけだ」。◉10月　フランス文部相がナンテールへの任命を承認するのが遅れると判断して、もう1年チュニスに出発。◉ジャン＝リュック・ゴダールの『中国女』が封切られる。この映画では、親中国派の女子学生アンヌ・ヴィアゼムスキーが、歴史の否定、したがって革命の否定を象徴する本とされる『言葉と物』にトマトを投げつける場面がある。◉11

月「諸科学の系譜学」を特集する『カイエ・プール・アナリズ』誌から良い質問項目を受け取った」（No. 59参照）。「マグリットについてのちょっとしたもの」（No. 53参照）を書き上げる。ミニュイ社に『黒と色』という題でマネ論を約束。リゾリ社から、カンギレムの「人間の死あるいはコギトの消耗」と題された後書きつきで『言葉と物』のイタリア語訳が出たのを機会に、14日から19日にかけて短いイタリア滞在。ローマでは、この時駐イタリアのフランス大使であったビュラン・デ・ロジエに再会。ビュラン・デ・ロジエは文化参事官として彼の元にくるように提案するが、それらの役職はもはやフーコーには魅力がない。◉12月　網膜におそらく腫瘍性の病変が発見される。「死ぬべき身体よ万歳、不安を消すにはこれほどいいものはない。僕は書いている。2年来4度目の書き直しだ。そんなに下手でなく説明できているという感じで、上機嫌だ」（「書簡」）。◉「プルーヴ」誌12月号で、歴史学者のフランソワ・フュレがフランス知識人におけるイデオロギーの凋落に注目し、それをマルクス主義にたいする構造主義の勝利のせいであるとしている──「ドームナックへの回答のなかで斜めに、それに応えよう」（「書簡」）。

## 1968

◉1月　1950年から1953年にかけてのベケットとローザ・ルクセンブルクを読み直す。当時の文部大臣で高等師範学校の同期生アラン・ペイルフィットが自らナンテール大学への任命を伝える。パリに立ち寄ったさい、フーコーはこの大学の学生に会い、「これらの学生たちが教師たちとの関係を階級闘争の用語で語るのは奇妙だ」と驚く。◉2月　チュニスで、イタリア絵画の伝統についての公開講義。この講義は、やがてチュニジアの首相になるベン・サラがひそかに聴講していた。フランスでは、共産党の定期刊行誌「ラ・パンセ」が『言葉と物』に批判的な3つの対談を掲載。フーコーの激しい返答。雑誌の編集部は、フーコーが共産主義の非難用語から系統的に借用した語彙を和らげてくれるように郵便で何度も交渉してきた（No. 58参照）。◉3月10日、「ラ・カンゼーヌ・リテレール」誌は第1面でサルトル－フーコー論争を予告。実際は、「ラルク」誌でのサルトルの発言に対するフーコーの返答を引き出そうとしたもの。フーコーはこれに先手をうつ（No. 56参照）。◉チェ・ゲバラを読む。◉15日から19日にかけてチュニス大学で、前年度から投獄されている学生たちの釈放を求めるデモ。警察は写真にもとづいて、学生運動の主要な指導者たち、とくに「ペルスペクティヴ（展望）」派と呼ばれた「チュニジア社会主義研究行動グループ」の指導者を逮捕。何人かは拷問にかけられ、国家保安に対する罪で起訴される。逮捕を免れた学生たちはビラを非合法で印刷しに謄写機を隠したフーコー宅へやってきた。彼らに同調してフーコーは、彼らの擁護のため物資的財政的支援をすべく、チュニジアに残ることを決意する。彼は、ブルギバとフランス大使ソヴァナルグに会うが会談は不調に終わる。彼はパリから、面識のなかった高等教育全国組合の若い書記アラン・ジェスマール［のちのフランス5月革命の指導者のひとり］を呼ぶ。フランスでは、チュニジアを抗議のため離れなかったとして、フーコーは批判される。22日、ナンテールの学生運動が社会的な話題となる。フーコーは、「ここからはナンテールを高みから見ているようなものだ」と記す。ワルシャワ、マドリッド、ローマで学生デモ。◉4月　車で、シルトの岸辺をめぐり、リビア岸のレプティス・マグナとサブラタを訪問。◉5月3日から13日にかけて、パリで街頭デモ、ソルボンヌの占拠はフランス全土のゼネストへと拡大する。フーコーはチュニスに足どめになる。モーリス・クラヴェルは『私の信条』（グラッセ社、1975年）のなかで述べている——「5月3日にパリに到着したとき、私はリヨン駅で新聞を買った。学生の最初の蜂起の大見出しを見て、私は妻には奇妙に見えたという落ち着きをもって『ほら、着いたんだ、私たちはそこにいるんだ……』と言った。『どこにですって』と彼女は訊いた。『フーコーのまっただ中にさ。……なぜってつまり、『言葉と物』は、1968年5月に起こるべき我らの人間的、人間主義的文化の地殻大変動のおそるべき予告だったのではないかい?』。私はいそいで「ヌーヴェル・オブセルヴァトゥール」誌にゆくと、数分間のうちに5頁の原稿を書き上げた。その冒頭は以下のようだ——『今日、新たなレジスタンスが、ナンテールとソルボンヌとで出現した……人々は、人間の終わりが、スイユとミニュイの間で、つまり出版界において起こると思っていたのだったが。』」◉27日、フーコーは、パリに行く唯一の飛行便を利用して、シャルレティー競技場での、マンデス・フランスを含む左翼の指導者たちの集会に参加することができた。◉6月16日、チュニスから、「ここからは、それは大きな謎だ」と手紙。チュニジア警察の別組織が、フーコーを退去させるために様々な脅しをかけてくる。6月末、フーコーは、ソルボンヌにおける最後のデモと集会とに参加。ブランショは、ソルボンヌでフーコーに話しかけたが、フーコーが彼を同定できたかは確かではないと語っている（モーリス・ブランショ『ミシェル・フーコー、私が想像するままの……』ファタ・モルガナ社、1986年）。フーコーは、知り合いになろうとするには尊敬しすぎていると言って、決してブランショに会おうとはしなかった。30日、ド・ゴール将軍の与党はジョルジュ・ポンピドゥーが組織した総選挙に大勝する。◉7月　チュニジア政府、学生たちを裁くために国家保安法廷を開設。フーコーは夏をチュニジアで過ごすことを決意。◉9月　文部大臣エドガー・フォールがカルチエ・ラタンの外、パリ東郊外のヴァンセンヌに建設することを決定した実験大学の創設に参加するよう、エレーヌ・シクスーから誘いを受ける。9日、チュニスで134名の学生活動家の裁判が開始される。フーコーは、フランスの弁護士たちにかれらの拘置についての情報が伝わるようにしていた。しかし、弁護側はいかなる弁論の可能性も与えられなかった。アフメド・ベン・オトマンは14年の禁固刑を言い渡され、じじつその刑に14年間服すことになる。30日、フーコーの申請により、フランス外務省はかれの派遣に終止符をうち、フーコーは行政上はナンテール大学に戻ることになる。◉10月　フーコーは、アメリカの黒人解放組織ブラック・パンサーのアメリカ語の文章を読み感動する――「かれらは、マルクス主義的な社会理論から解放された戦略的分析を繰り広げている」（「書簡」）。27日、マルセイユへむかう船の上で、フーコーはイポリットの死去を知る。未亡人はフーコーに、イポリットのベケット蔵書を贈る。コレージュ・ド・フランスでの開講講義では、フーコーはこれらの二つの名前を結びつけることになる。◉11月　フランス議会は、大学にたいする国家の権力の一部を教師と学生から選出された会議に移すことを決め、知の諸学部への分割を複数領域的な結合体へと組替えることを決定。ヴァンセンヌの新しい大学は、この新しい権力と知の組織を実験する役割をもっていた。文部大臣に任命されたエドガー・フォールは、フーコーがこの実験の責任者となることを望んだ。フーコーはそれを拒否し、当時アルチュセールに近かったアラン・バデューの助言を受けて、哲学科の教師を募るにとどまった。ラカン派の精神分析学者セルジュ・ルクレールとともに、最初の精神分析学科を創設。社会学者のジャン＝クロード・パスロンとともに、人間科学の学部を作るというよりは、科学と政治との多領域的なアプローチを促進することを希望。アラン・バデューに、『知の考古学』の草稿の余計な部分を刈りこむ作業を任せる。◉マスコミは、多くが極左であるヴァンセンヌ実験学部の人事選任者を告発。◉12月　ヴァンセンヌ大学実験センターの哲学教授に任命される。

## 1969

◉1月　ヴァンセンヌ大学の実際の開講。ヴァンセンヌは、文学研究と人間科学のそうそうたる顔ぶれを集めた政府にとっても、自らの自治の規模を測ろうとする学生運動にとっても、テスト学部であった。最初の紛争で、警察が介入。フーコーは警察に対する実力での抵抗と夜間の建物占拠に参加。彼は逮捕され、200名の学生とともに留置場で夜を過ごす。19日、フーコーは、アルチュセール、シュザンヌ・バシュラール、ジョルジュ・カンギレム、フランソワ・ダゴニェ、マルシアル・ゲルー、ミシェル・アンリ、ジャン・ラプランシュ、ジャン＝クロード・パリアント、ミシェル・セールとともに、高等師範学校で行われたジャン・イポリットの追悼の催しに参加。1971年PUF（フランス大学出版社）から出版されるこの追悼論集の緒言にフーコーは署名することになる。この論集には、ニーチェと系譜学との関係についての最も重要な論考を寄せている（No. 67とNo. 84を参照）。◉2月10日、フーコーは、ラ・ミュチュアリテ公会堂で行われた、30名の学生の大学からの追放に抗議する集会の壇上に招かれる。知識人としてではなく、デモ参加者として発言することにとても満足。サルトルも同じ集会で話したが、彼らが顔を合わせることはなかった。M・コンタとM・リュバルカによれば、「サルトルは壇上の机に『サルトル短くやれ』という紙切れを見出した。この集会で学生たちがしめした彼に対する反応は、サルトルのそれ以後の変化の出発点となった。初めてサルトルは自分が直接に異議申し立てを受けるのを感じた」（J＝P・サルトル『小説作品集』パリ、ガリマール社、「プレイヤード叢書」、1981、91頁）。◉ヴァンセンヌでは、

『知の考古学』で予告されていた研究プログラムに対応した、遺伝と人種衛生の歴史を扱う「性《セクシャリテ》と個人《アンディヴィデュアリテ》」と題する講義と、さらに「ニーチェと系譜学」についての別の講義を行う。◉22日、アンリ・グーイエの求めで、フランス哲学協会で講演。『知の考古学』を承けて、「作者機能」を論ずる（No. 69参照）。このテクストにおいて、デリダ、バルトとの距離を明確化する。「哲学会報」に発表されたこの論考（No. 69）は、協会内部向けで発行部数もすくなく、バルトの「作者の死」と類似のものとされ、アメリカ合衆国での文学理論において果たしたその役割に比べて、フランスでは極めて小さなインパクトしか持たなかった。◉3月13日、『知の考古学』、ガリマール社から刊行。先行著作で述べられたこととの難解な記述と、構造主義と自分とを区別しようとする姿勢が、ひとびとに期待はずれと受けとられる。◉フランス学院で「人間主義と反人間主義」についての講演をするためにロンドンに招待されるが、フランス外務省はイギリスの大学でフーコーが発言するのを望んでいないことを知る。彼が公の場で大学改革法に賛成していないことを表明することは好ましくないという理由であった（「ヌーヴェル・オプセルヴァトゥール」誌、227号、1969年3月17—23日、No. 65参照）。フーコーは、文化関係の常連の聴衆に哲学の話をすることを拒否し、イギリスの学生たちと彼らの具体的な政治活動について自由討論を試みる。イギリスではいかなる講演も行わなかった。◉4月27日、ド・ゴール将軍は、地方分権と企業資本への従業員の参加のための国民投票（レフェランダム）に敗れ、大統領を辞任。◉5月30日および31日、G・カンギレムによって科学史協会で行われたキュヴィエ・シンポジウムに際して、フーコーは科学の領域における作者の問題を展開（No. 77参照）。◉7月　エマニュエル・ル・ロワ・ラデュリー、ジャック・ル・ゴフ、ジェラール・ジュネット、ミシェル・セールとともに歴史学における新たな方法についてのラジオ番組シリーズに出演。◉8月4日、「ヌーヴェル・オプセルヴァトゥール」誌によれば、ソヴィエト作家同盟の機関誌、「リテラトゥーナイア・ガゼッタ」は、フーコーを批判——「マルクス主義においてフーコーを悩ましているのは、そのヒューマニズムである。世界の革命的変革の唯一の源泉であるマルクス主義こそは、われわれの時代の真正で現実のヒューマニズムなのである。」◉11月30日、コレージュ・ド・フランスの教授会議は、ジャン・イポリットの「哲学思想の歴史」の講座を、「思考システムの歴史」講座と変えることを投票で採択。伝統にしたがって、講座の担当者の氏名は投票の際に明らかにされない。講座の計画は、ジュール・ヴィユマンによって報告された——「私が報告します計画は、思考と延長との実体的な結合に関するデカルト理論の流れに属するものではありません。」簡潔に概念史を喚起して、ヴィユマンは「概念につきましては、理論的諸著作は非常に抽象的にしかそれを記述しておらず、それらの概念の出現の日付および起源は、それら概念の性質とは無縁なものとわれわれには考えられています」と宣言。そして、「二元論の放棄と非デカルト的な認識論の構成はそれ以上のことを求めるものであります。すなわち、思考を保持しつつ主体を消去し、人間的本性なき歴史学を打ち立てることを試みることを、であります」と結論。同日、同時に「文明の社会学」講座の創設が採択された。これらの講座の計画はむろんフーコーとレイモン・アロンを念頭においたものだった。ポール・リクールとイヴォン・ベラヴァルも哲学の講座の候補者だった。◉12月6日と7日、「エヴォリューション・プシキアトリック（精神医学の変化）」誌が、2日間の定例年会を『狂気の歴史』批判に当てる。

## 1970

◉1月　新しい文部大臣オリヴィエ・ギシャールは、ヴァンセンヌ大学が出す学士号に国の公認を与えることを拒否。政治とマルクス主義に関する講義が多すぎると表明（No. 70 参照）。◉21日、レオ・スピッツアーの論集『文体の研究』、ガリマール社から刊行。フーコーは、「言語の芸術と言語学」の題で“Linguistics and Literary History” (Princeton U. P., 1948) という原題の論考を翻訳。◉3月　当時、アメリカにおけるフランス研究の中心であった、バッファローのニューヨーク州立大学のフランス文学科に招待される。フランス共産党員であったという理由で、訪米ビザ取得に難渋する。『ブヴァールとペキュシェ』における絶対の探究について、及び、サドについて講演。ドナルド・ブーシャール、ジョゼ・ハラリ、エウジニオ・ドナートは、この時提示された「作者とは何か」の手直しされたヴァージョン（No. 258 参照）を、刊行することになる。フランス文学科長のオルガ・バーナル、及び、ドゥルーズを翻訳することになるマーク・シームと友情を結ぶ。◉アメリカの大学では、軍学協同研究に反対する運動が強まっていた。フーコーは、数多くまた費用もかかる訴訟に直面していた「社会民主主義学生運動（SDS）」を支援。「つまり、パリを1センチも離れていない、ということさ」（「書簡」）。イエール大学で講演。◉4月　フォークナーの土地に旅行。ミシシッピーの渓谷をナッチェまで遡り、スペイン入植時代の歴史的建物エルムズ館に宿泊。◉12日、コレージュ・ド・フランス教授会議により、「思考システムの歴史」講座の教授にフーコー任命選出。この機会に、フーコーは、『資格と業績』（No. 71参照）を発表。議決権をもたないが諮問発言権を持つ「精神及び政治科学アカデミー」は、この投票を批准せず。◉30日、いわゆる「反‐略奪者」法が、政治デモの組織者を念頭に、集団的刑事責任の原則をフランス司法に導入。◉5月『バタイユ全集』の序文を執筆（No. 74参照）。版元のガリマール社は、コレージュ・ド・フランスの新教授の権威が、当時非常に厳しかった検閲から出版社を保護してくれると期待。フーコーは同種の理由から、ミシェル・レリス、フィリップ・ソレルス、ロラン・バルトの序文つきでガリマール社から出版された、ピエール・ギヨタの『エデン、エデン、エデン』のために、報道に介入（No. 79参照）。◉27日、フランス政府は、3月22日反‐権威主義学生運動とマルクス・レーニン共産主義青年同盟の合同から生まれた、非レーニン主義マオイスト運動（毛沢東派）「プロレタリア左派（GP）」に解散を命ずる。◉6月　ダニエル・ドフェールは、非合法化された「プロレタリア左派」内部で、投獄された活動家たちとの連絡および裁判の準備を担当する人々に合流し行動をともにする。◉「ラ・パンセ」誌に、暴力によって機能するか、イデオロギーによって機能するかに応じて区別される国家装置についてのアルチュセールの長い論文が出る。フーコーはこの区別を批判、のちに『監視と処罰』はこの区別に対する多くの返答を対置することになる。◉17日、フーコーのコレージュ・ド・フランスへの任命が、文部省によって実効化される。◉8月8日、「『言葉と物』の再版に後書きを約束していたが、僕にとっていまではそれは興味のないことだ」（「書簡」）。クラヴトチェンコとアメリカの科学史家を読む。◉9月―10月　日本に招待される。当時、フーコーは、東京大学フランス文化科の前田陽一教授の妹で精神科医の神谷美恵子博士の訳で1969年に翻訳の出た『臨床医学の誕生』と1970年に翻訳された『精神疾患と心理学』の2冊によってしか知られていない。前田教授と神谷博士とは1963年—1964年にフーコーに会っていた。フーコーの文学関連の論考は、渡辺守章教授によって紹介されたばかりであった。「マネ」、「狂気と社会」、「歴史への回帰」の三講演を行う。東京、名古屋、大阪、京都に滞在（Nos. 82, 83, 103 参照）。フーコーは、渡辺守章に、ヨーロッパにおける刑罰のシステムと犯罪の歴史についての書物を予告。◉日本の雑誌「パイデイア」の編集長中野幹隆が、フーコーにおける哲学と文学との関係についての特集を準備中で、中野は宮川淳のデリダとフーコーについての論文、デリダの論文「コギトと『狂気の歴史』」を掲載するつもりであった。フーコーは中野にデリダへの返答を提案。◉ガリマール社が『狂気の歴史』の版権を買い取り、1964年の抜粋版以来消えていたデカルトの〈コギト〉の分析を含む完全版を出版する予定になっていた。日本ではこの完全版が翻訳されることになる（No. 104 参照）。◉フランスに帰国すると、フーコーは、ストア派を読み、また『差異と反復』（PUF）及び『意味の論理学』（ミニュイ社）（No. 80 参照）を出版したドゥルーズを読む。マネとイマージュについての長いテクストと、ウォーホルによるマリリン・モンローについての論考を執筆するが、それらは発表されることはない。◉11月　フィレンツェで、マネの『フォリー＝ベルジェール』についての講演。この絵は、『侍女たち』の逆としてフーコーを魅惑しつづける。◉12月2日、コレージュ・ド・フランス開講講義。フーコーは、明確に、批判のプロジェクトと系譜学のプロジェクトを区別。◉これ以後、毎週水曜日17時45分から、年13回、毎年オリジナルの講義が行われることになり、そこでは、フーコーの将来の著作の仮説や題材が探求されることになる。聴講者は最初から国際色豊かで、この最初の年の講義は「知への意志」というテーマで、知への意志の2つの理論モデル——アリストテレスとニーチェ——を対比させたものだった。毎月曜日17時30分からは演習が行われ、この年は王政復古期における刑事精神医学の成立に関するものであった。

## 1971

◉1月　カルタゴ湾の光を懐かしんで、フーコーは、ヴォージラール街285番地の建物の広い出窓のある最上階に居を構える。◉2月8日、政治犯としての身分を求めてハンストをおこなうマオイスト（毛沢東主義）活動家たちの弁護士の記者会見の際に、フーコーは、「監獄情報グループ（GIP）」の創設を発表。本部はフーコーの自宅とする。1970年12月、サルトルを検事とした「人民法廷」は、フーキエール・レ・ランスの災害の真相究明を行おうとした。医師団は珪肺症にかかった鉱夫たちに関する調査報告を提出した。ダニエル・ドフェールは、「プロレタリア左派」に対して、1月14日に投獄された活動家たちが開始するハンストへの反響を大きくするために監獄の状況についても同じような調査委員会を設けるよう提案。フーコーはこの運動の指導を快諾。しかし、彼は、戦略を全面的に修正、裁判という様相を完全に消し去り、1つの社会運動にする。フーコーは、「〈不寛容＝耐え難さ〉調査」と彼が名付けた運動を提唱。それは、耐え難い（＝不寛容な）事例を調査収集し暴露すると同時にそれらの事例の社会にとっての耐え難さの感覚を惹起することをめざしたものとなる。裁判官のカサマイアヤーの助言で、ジャン＝マリ・ドムナックとアルジェリア戦争中拷問を告発した歴史学者のピエール・ヴィダル＝ナケに対して、この計画に同調するように求める（Nos. 86, 87, 88, 90参照）。◉21日、コレージュ・ド・フランスの開講講義当日は時間上の制約で省略や変更されて読み上げられた箇所をもとに戻して印刷された『言説《ディスクール》の秩序』がガリマール社から刊行される。◉28日、*New York Times Books Review* で、ジョージ・スタイナーから、フーコーは「現代の科挙官僚（マンダリン）」と攻撃される（No. 97, 100 参照）。◉3月―4月　フランス全国で、GIPの活動家たちは非合法的に監獄に質問用紙を送り込む。収監者たちのもとで集められた情報の断片がかれらの家族によってフーコー宅に寄せられる。◉4月　マックギル大学の招きでフーコーはモントリオールに滞在。GIPの活動について質問を受ける。MDPPQ及びFLQというケベック独立派の活動家たちと会う。チャートランド、ロベール・ルミュー、ガニョンと知り合い、『アメリカの白いくろんぼ』の著者で獄中にあったピエール・ヴァリエールを訪問。◉5月1日、フーコー、J＝M・ドームナックとGIPの約10名のメンバーは、「煽動家」として刑務所の入り口で警察により逮捕される。警官の一人はフーコーを殴打、「ハイル・ヒトラー！」と叫ぶ（No. 90参照）。◉20日、チュニスの友人たちに招待され、タハール・ハダド・クラブで、マネについて講演する。拘禁されている活動家の釈放のために当局と交渉するが不調におわる。◉21日、GIPの最初の冊子『20の刑務所での調査』の刊行。名前の記載はないが、フーコーが、アンケートに対する回答をモンタージュし、序文を付したもの（シャン・リーブル社、「耐え難きもの」叢書）。◉29日、アンティーユ人デモの後、警察の輸送車で運ばれるけが人に付き添おうとしたジャーナリスト、アラン・ジョベールが血塗れになって病院に運ばれ、警官に対する傷害で逮捕される。フーコーは、人権連盟の弁護士ドゥニ・ラングロワと事態についての調査委員会を組織し、記者会見で調査結果を発表（Nos. 92, 93参照）。ジョベール事件は、警察のこうしたやり方に日々直面せざるを得なくなっていたジャーナリストたちを動かすことになる。日刊紙「リベラシオン」の萌芽となる、モーリス・クラヴェルを代表とする通信社「リベラシオン」が発足。ジョベール事件の際、フーコーは、モーリス・クラヴェルを通じて、クロード・モーリヤックと出会う。当時、ゴーリスト左派の一部の人々と極左との一致があった（クロード・モーリヤック『動かざる時』第3巻）。◉6月カトリーヌ・フォン・ビュロウが、ヴォージラール街にジュネを連れてくる。当時、ジュネは、サン・クインティン及びソールダッドに釈放期限なしで11年前から収監されていたアメリカの黒人活動家、ジョージ・ジャクソンの擁護のために文書を準備していた。フーコーとジュネはこの文書を共に書くことにし、2人の交流が始まる。カトリーヌ・フォン・ビュロウは、獄中のジャクソンとアンジェラ・デーヴィスを訪れるため渡米。◉パリでは、「マオ（毛沢東主義者）」たちが、フランスの人民法廷をモデルに、警察についての人民法廷を組織しようと望む。フーコーは、「レ・タン・モデルヌ」誌からマオとして名指しされていたプロレタリア左派の指導者で、ベニー・レヴィことピエール・ヴィクトール、及び、アンドレ・グリュックスマンとの討論（No. 108参照）で、人民法廷の問題に関しては、意見が異なることを表明。◉18日、法相ルネ・プレヴァンは、「ル・モンド」紙の編集長に対し、6月8日付けの同紙にでたGIP冊子に関する報道記事に抗議。しかし、法相もGIPを告訴するいかなる事実誤認も発見することができなかった。◉7月　日刊紙とラジオが刑務所内で許可される。この成功で、GIPは、拘留施設内部で人気を得る。監獄に関して、フーコーは、「この新しい関心は、文学的事象を前に感じていた倦怠に対する真の出口として、僕に与えられた」と述べる。◉8月　ヴァンドゥーヴルで、フーコーは、司法実践の歴史を研究。『泥棒日記』を読み直す。「まだ読むに耐えるかね」と、『泥棒日記』を自分自身は読み直したことがないというジュネは、不安そうに尋ねた。◉10日、デモ隊に攻撃されたヨルダン大使館の近くで2名の治安機動隊員に至近距離から発砲を受けたクリスチャン・リスの弁護士から呼ばれる。リスは警察によって警備柵の下に置き去りにされる。フーコー、クラヴェル、ドームナックは記者会見を行う。「共和国は危機に瀕している」とクラヴェルは宣言。このとき、フーコーは、イランの反体制派活動家の弁護士ティエリ・ミニョンと知り合う。フーコーはジャン・ジュネと、イラン国王《シャー》がペルセポリスで準備している壮大な記念祭典行事を告発することを計画。◉21日、ジョージ・ジャクソンが獄中で暗殺される。カトリーヌ・フォン・ビュロウは葬儀に参加し、ジュネ、ドゥルーズ、ドフェール、フーコーとともに、ガリマール社の「耐え難きもの」叢書の一冊として、『ジョージ・ジャクソンの暗殺』と題して、アメリカ当局の公式発表の欺瞞を告発する本を刊行。◉9月10日から14日、ニューヨーク州アッティカの刑務所で暴動。◉21日と22日、フランスでは、クレルヴォーの中央刑務所で、2人の拘置囚ビュッフェとボンタンが人質をとり、監視人1人と看護婦を殺害。世論の一部は、刑務所に情報を入れたことによってアッティカの暴動が伝染したものであるとする。報道では、死刑の維持に関する論議が、刑務所の状況の告発にとって変わる。フーコーは、何度にもわたって公的に死刑に反対する発言を行う（Nos. 113, 205, 239 参照）。◉10月　サイモン・レイスの『毛主席の新しい衣装』刊行。フーコーは、特に林彪の謎の失跡以来、こうした批判に対し極めて大きな信をおいていた。中国の現実に非常に懐疑的で、中国から帰還した映画監督のジョリス・イヴェンスとマルスリーヌ・ロリダンに問いただしていた。◉27日、15歳のアルジェリア人少年ジェラリ・ベン・アリが、何千人もの北アフリカからの移民が住むパリのグート・ドール地区の建物の守衛に殺される。通常の犯罪か、人種差別犯罪か？　日夜警察に監視されているこの一帯で、プロレタリア左派と競い合うパレスチナ委員会の圧力のもと、地区は騒然となる。◉11月「刑事理論と刑事制度」と題された講義の始まり。この講義は、古代から19世紀にいたる、ある種の知のタイプの法的‐政治的マトリクスを描き出すものであった。1970年から1976年にいたるまで、コレージュ・ド・フランスでの講義は、規律社会における規範の形成についての、まさしくひとつの連作となる。法医学鑑定をテーマとする月曜日の演習は、フーコーが『衛生年鑑』から見つけだした、19世紀初頭の農民の父殺しの事例である、ピエール・リヴィエールの「発明」の契機となる。フーコーにとって刑事精神医学の歴史はつねに『狂気の歴史』に続く計画であり続ける。◉7日、グート・ドールで、「われわれはジェラリの復讐をするぞ」をスローガンに移民たちのデモ。フーコーは、活動家たちがテロリスト的解答を願っていると確信して戻ってくる。武器による解答か民主的解答かは、当時もっとも活動的であったマオイスト極左が複数の場面で直面していた争点であった。フーコーは、ことあるごとにテロリズムに対する反対の態度を表明。◉11日、ラ・ミュチュアリテ公会堂の大ホールを自費で借り、監獄についての集会を開く。何千人もの人々が、ソーレダッドとサン・クエンティンの刑務所の中で撮影された映像フィルムを見るために詰めかける。通常法の拘留囚の家族と元の拘留囚がこの時初めて公衆の面前で話す。◉27日、プロレタリア左派は「民主的発言」を選択、アラブ人労働者にたいする知識人アピールという行動をおこなう。これはグート・ドール地区の集会場ラ・メゾン・ヴェルト（緑の家）で、ジャン・ジュネに伴われて、フーコーとサルトルとの最初の顔合わせの機会となる（クロード・モーリヤック『動かざる時』第3巻291頁）。とてもやつれてはいるが警察は手出しのできないサルトルの横で、フーコーがメガホンで話し、グリュックスマンとカトリーヌ・フォン・ビュロウがその横に写った有名な写真はこのとき撮影されたものである。フーコー、クロード・モーリヤック及びその他の多くの知識人は、政治的に組織化された人種差別の存在についての調査をおこなうジェラリ委員会を組織し、この地区に常置事務所を設置。ジュネはアラブ人たちにパレスチナ・キャンプでの自分の経験を語って聞かせるが、「フラ

移民支援のデモ1971年11月27日　Photo : © Gérard Aimé & Cie.

ンスの問題に介入して知識人の役を演じたくはない。もっと迫害されたパレスチナ人やブラック・パンサーの側に立っていたい。彼らはあまりに迫害されているので、自分は詩人として行動しているという気持ちになれる」という。12月末には、ジュネは、共産党に近づいて、運動から離れてゆく。◉フーコーは、オランダ・テレビ協会からアインドホーヴェンに招待され、人間的本性の問題についてノーム・チョムスキーと対談（No. 132参照）。チョムスキーはこの対談について、『言語と責任（*Language and Responsibility*）』（Harvester Press, 1979）のなかでコメントしている。◉12月4日、フーコーは、GIPが組織した、ヴァンドーム広場の法務省前での囚人たちの家族のデモに参加。このデモは、クレルヴォーでの事件のあと囚人たちに報復として適用された集団制裁に抗議するものだった。この当局の報復と外部支援の運動は、1971年から1972年にかけての冬の期間中刑務所で起きた35件の暴動の出発点となった。とくに、ツール、ナンシーの暴動のために、フーコーは出かけてゆく。ロベール・リンハルトの周辺のマオイストの一部は、フーコーの立場を「ウルトラ＝左翼」と称してこれに同意せず、監獄の問題についてサルトルに対抗文書を出させてゆく。◉9日から13日、ネイ・ド・トゥールの中央刑務所で暴動が次々起こる。フーコーは暴力の儀式について調査、若い囚人と年をとった囚人との暴動の形態を区別。◉10日、ジャック＝アラン・ミレールとフランソワ・レニョーによって実現されたGIPの2番目の冊子『GIP模範監獄――フルーリ＝メロジでの調査』発行（シャン・リーブル社）。◉16日、ツールで、記者会見の際に、フーコーは、中央刑務所の精神科医エディット・ローズ博士の証言「彼女が職務の行使において見かつ聴いたことについて」を朗読。フーコーにとって、この証言は、固有的知識人の行動の典型的なものであった（No. 99参照）。

## 1972

◉1月5日、フーコーはツールでの新たな集会に参加。サルトルは、「われわれすべてを収容所的世界へと閉じこめておく体制」（「ル・モンド」紙）を弾劾するメッセージを寄せる。15日、ナンシーの刑務所で暴動。フーコーは、「ヌーヴェル・オプセルヴァトゥール」誌で、GIPの歴史を語りつつ、「私たちは、寒さと飢えについての質問をしにやって来たのでした。ところが、囚人たちは他の問いかけをもって応えたのでした。それらは、今日、反乱と要求の核心にある問い、つまり、労働の諸条件、監獄の内部における囚人たちの法的保護、情報への権利、犯罪記録からの脱出と取り消しといった問いです」(「ヌーヴェル・オプセルヴァトゥール」誌、1972年1月17日「プレヴェンの監獄」特集号)。18日、サルトル、これ以後サルトルと彼女が加盟するGIPとの友好的な関係をとり持つ役割をすることになるミシェル・ヴィアン、そして、ドゥルーズ、クロード・モーリヤック、ジャン・シェノー、アラン・ジョベールら、合計約40名とともに、フーコーは法務省の玄関ホールでの座り込みを組織し、様々な刑務所から届く諸要求を聞くように求める。◉2月25日、ビヤンクールのルノーの工場で、マオイストの運動家ピエール・オヴェルネーが守衛により射殺される。その夜行われたデモの最中フーコーは逮捕される。それに続く数日間、彼は車で1度か2度サルトルをビヤンクールの工場に送る。26日、ナンシーでGIPの抗議行動が行われ、アルジェリア解放戦線(FLN)を支援したことで投獄されたことのある男女たちは次のような声明を寄せた――「多くは社会的不正義により刑務所へと送られるにいたった、多くは若者からなる、多数の囚人たちの今日の反乱を、私たちは断固支持する。私たちはすべての人々にこの反乱を支持することを求める。私たちは、一人一人が、彼らの諸要求とたとえ獄中にあってもすべての人間がその権利を持つ尊厳のために、囚人たちの側に立って行動することを誓う」(「ヌーヴェル・オプセルヴァトゥール」誌、1972年3月6日号)。警察は厳しくデモを弾圧。◉3月8日、「プロレタリア左派」の非合法組織「新プロレタリア・レジスタンス(NRP)」、オヴェルネー殺害の報復としてルノーの幹部を誘拐。この時点で、フランスにおいてテロリズムの危険は深刻なものとなる。◉構造主義的解釈を引き起こすような語、概念、表現を削除し、ディスクール形成の分析により多くの配慮を施した『臨床医学の誕生』第2版の刊行。◉ドゥルーズとガタリの、『資本主義と分裂症』の第1巻『アンチ・オイディプス』刊行。冗談に、フーコーがドゥルーズに「フロイト-マルクス主義から脱却すべきでしょう」というと、ドゥルーズは「フロイトの方は私が引き受けるから、あなたはマルクスのほうの面倒を見てくれますか?」と答える。◉「アルク」誌(第49号、ドゥルーズ特集号）に、この2人の哲学者が、政治議論の主要テーマのひとつとなった、権力の問題を強調する対談が掲載される（No. 106参照）。◉GIPをモデルに、厚生‐情報グループ（GIS）、精神病院‐情報グループ（GIA）、さらにのちに、移民労働者‐情報支援グループ（GISTI）など、幾つものグループが生まれる。フーコーは、厚生‐情報グループ（GIS）とともに医学についての宣言書を準備。マオたちは、幾つかの裁判係争をめぐって「真実‐正義委員会」を結成、禁止された「警察についての法廷」の計画に代える。◉バッファローを再訪したフーコーは、経済不況と失業に驚愕。ニュー・ディールの政策史に関心をもつ。アメリカでは、「古代ギリシャにおける真理への意志——ヘシオドス、ホメロス、『イリヤード』、ソポクレスの『オイディプス王』、エウリピデスの『バッコスの女たち』における裁判の形式」、及び、貨幣の起源を主題としてセミナーを行う。◉4月7日、ミネアポリスで開催された、「17世紀フランス文学についての第4回年会会議」で、「17世紀における儀式、演劇、および政治」について講演。◉21日、バッファローの教授J・K・サイモンとともに、アッティカ刑務所を訪問（No. 137参照）、アッティカ支援委員会（Attica Defense Comittee）と会う。監獄的権力には抑圧的機能だけでなく、生産的機能もあることを指摘。◉GIPは、暴動から政治要求的言説への移行を示す『刑務所から持ち出された諸要求ノート』を刊行。これらのノートはエレーヌ・シクスーとジャン・カテニヨにより準備された。◉5月　フェリックス・ガタリが主宰する「施設制度の研究、探究、形成センター（CERFI）」との間で、共同施設の歴史についての連続討議を9月まで続ける。◉6月　初版の序文（No. 4参照）を除いた、『狂気の歴史』の完全版、ガリマール社の「歴史学叢書」から再版される。ドゥルーズの勧めで、フーコーは、既発表の「狂気、作品の不在」（No. 25参照）を収録。さらに、前年に日本の雑誌に原稿を渡した「デリダへの返答」を書き直して追加（No. 102参照）。◉8日、ナンシーの暴動参加者たちの裁判。全国紙の見出しは、「これは刑務所の現状の裁判だ」。極右の新聞はフーコーを糾弾——「『狂気の歴史』の不滅の作者は、偶然のように、ワルシャワからやってきた」（「ミニュット」紙）。アリアンヌ・ムヌーシュキンは裁判を記録し、「太陽劇団」で上演、このスペクタクルは労働者センターでも演じられることになる。フーコーとドゥルーズは警察官の役で出演。◉フーコーは当時、政治の言語に蔓延し始めた道徳主義、とくに、マオが4月に政治テーマにしたブリュエ＝アン＝アルトワの犯罪事件にかんする道徳主義を懸念。フーコーは現地に出向き、鉱夫たちから事情を聴取するが何も公表せず。ブリュエで哲学を教えていたフランソワ・エヴァルドと知り合う。エヴァルドは1977年以後コレージュ・ド・フランスのフーコーの助手となる。◉9月　ジュネに再会。フーコーが「刑罰についての書物」（『監視と処罰』）を書いていたこの当時、ジュネはフーコーにメトレー刑務所の思い出を語る。◉10月　コーネル大学のロマンス研究学科に招待され、「ソポクレスの『オイディプス王』の知」、「文学と犯罪」、「刑罰社会」について講演。◉GIS（厚生‐情報グループ）のフーコーとの円卓会議をまとめ、反医学の宣言書の形式をとった「ラ・ネフ」誌第49号特集号発行。GISは、他の情報グループと同様に、――権力の構造を固めている秘密を打破すること／――医者‐患者関係において調査者と被調査者との間にある距離を打破すること／――利潤医療に反対すること、を目標に掲げていた。◉11月6日、コレージュ・ド・フランスで、「ピエール・リヴィエールとその作品」と題した演習の開始。リヴィエールの記録の刊行の集団的準備が行われる。◉24日、グルノーブルの冬季競技場で集会を主宰。1500人の聴衆を前に、恐喝にからみ多くの若者が焼死したダンスホールの火事に関与したとみられていた「マフィア」の何人かのメンバーを名ざし糾弾。「赤色救援隊」の活動家たちさえも、これらのマフィアを名指しにすることは危険であると判断していた（No. 112, 113）。◉12月　GIPは解散を決定。◉8日、「囚人行動委員会（CAP）」の新聞第1号発行。当時の監獄の反乱の指導者たちが出獄後フランスにおける最初の被拘留者たちの組織を発足させていた。フーコーは当事者たちに席をゆずる。表現の自立が達成された――「ひとはあまりに長く犯罪者たちに、彼らの考えをではなく記憶を語ることを求めすぎてきた」。並行して、ドゥルーズとフーコーの支持を受けた、ドミニック・エリュアール、ヴェルコール、ジャン＝マリー・ドムナックは、「被拘留者たちの権利擁護連盟（ADDD）」を設立。◉16日、パリのグラン・ブールヴァールで、移民労働者モハメッド・ディアブがヴェルサイユの警察署で殺害されたことに抗議するデモ。デモを呼びかけた、ジュネ、モーリヤック、フーコーは、再び逮捕され暴行をうけてボージョンの留置場で夜の一部を過ごす(クロード・モーリヤック、『動かざる時』第2、3、9巻)。自分が受けた暴行のことを新聞が書きすぎるというモーリヤックに対して、フーコーは、「わたしたちは、アラブ人たちがより少なく叩かれるために、よりたくさん語るべきなんだ。声を聞き取ってもらえないアラブ人のために私たちは叫ぶべきなんだ」と語る(『動かざる時』第3巻、430頁)。◉フーコーは、「最も貶められている戦争、つまり、ホッブスでもクラウゼヴィッツでも、階級闘争でもなく、内乱(市民戦争)」(「書簡」)から出発して権力関係を分析することを計画する。◉GIPのためにルネ・ルフォールとエレーヌ・シャトランによって制作された映画『囚人たちも、また』発表。◉26日、刑罰の執行の監視における裁判官の役割を増大させ、犯罪記録からある種の有罪判決を除外することをゆるす法が施行される。犯罪記録の廃止はGIPの要求のひとつであった。◉フーコーは、新しい日刊紙「リベラシオン」の構想に参画。時事問題との関わりで労働者の記憶に関するコラムの担当と、同性愛者たちの運動に関する欄を設けることを提案(『動かざる時』第3巻、422頁)。

## 1973

◉1月 ジル・ドゥルーズの編集と解説による、GIPの4番目の冊子『1972年における刑務所内の自殺』(ガリマール社、「耐え難きもの」叢書)発行。◉3日、「懲罰社会」(当初「規律社会」)についての講義の第1回。この講義で、フーコーは排除の社会と閉じ込めの社会とを対比させる。◉2月 のちにポリサリオ(西サハラ解放戦線)のスポークスマンとなる、アーメド・ババ・ミスケの要請で、第3世界主義の新聞「タンペット(嵐)」(のちの「ゾーン・ド・タンペット」)を検閲から保護するため、名目上の編集長となることを引き受ける(No. 121参照)。◉22日、「リベラシオン」紙の準備号のため、解雇されたルノー-ビヤンクール工場の労働運動家ジョゼ・ドゥアルテと対談。◉3月 尊敬している画家レベイロルの展覧会のカタログ序文を書く(No. 118参照)。ギャラリー・マーグとの接触から、ピカソの『侍女たち』について書く計画が生まれるが、このテクストは発表されなかった。◉8日、クロード・モーリヤック――「大通りでビラを撒くのは初めてだ。フーコーは私に笑いながらこたえる――『私もです』」。「囚人行動委員会」のビラのことである(『動かざる時』第3巻)。◉12日、フランスの総選挙で左翼連合敗れる。◉「懲罰社会」についての講義の一部が海賊版として発行される。こうした海賊版の発行は外国にも拡がる。◉4月 フーコーは、アルスナールの図書館に保存されている封印書の研究を再開(『狂気の歴史』の際にこの研究は開始されていた)。◉2日、セルジュ・リヴロゼの著作『監獄から反乱へ』に序文(No. 116参照)。監獄についての書物(『監視と処罰』)の最初の第一草稿執筆を完了。◉5月 モントリオール(「1971年のあの熱気に溢れたケベックはどこへいってしまったんだろう」)とニューヨークで連続講演。ニューヨークでは、中央図書館で、コルクホーンとベンサムについて仕事、「およそすべての生者たちのいる街の中心にある、およそすべての死者たちのそろった図書館」(「書簡」)。21日から25日、リオ・カトリック聖職者大学(PUC)訪問。講演の幾つかは、『真理と司法形式』の題でのちに刊行されることになる(No. 139参照)。社会医学の歴史をめぐって医師および精神科医との会合。これを機に、ヒステリーの歴史を素描。ブラジルの友人たちはフーコーに、一部が警察と協力関係にあるブラジルの精神科医たちへのアメリカ人精神科医スキンナーの影響を告発し、社会医学から出発する政治行動の必要性を認識させる。哲学者で認識論学者のロベルト・マチャドと親交を結ぶ。30日、ベロ・オリゾンテで、精神医学制度に関する講演、ミナス・ゼライス地方の町々を訪問、マナウスからベレムにいたるアマゾンの長い旅路。ベレムの町はフーコーに強烈な思い出になった。◉7月 労働者たちが自主管理状態におき、1968年―1972年の反‐権威主義の運動に続くものと当時見なされていた時計メーカー「リップ」の工場をブザンソンに訪問。一緒に訪れた者たちに、フーコーは、「これは、反‐権威の戦いじゃない。これは失業だ」と語る。アルク＝エ＝セナンのルドゥー製塩場を訪問(No. 195参照)。◉ヴァンドゥーヴルで、「身体刑についての書物――個人化の大技術――臨床医学、精神医学、教育学、犯罪学について」(「書簡」)の執筆を再開。◉8月10日、ジャン・バラケの死。50年代以降フーコーは作曲家に1度しか再会しなかった。◉9月 コレージュ・ド・フランスの演習参加者の手で、構成、研究され註を付けられた『私、ピエール・リヴィエールは……』（ガリマール－ジュリアール「古文書」叢書）刊行、農民の民俗誌の流行に支えられて大きな成功を収める。◉10月12日、「プロレタリア左派」が密かに自主解散。ゴーシスム（極左主義）の終わりを示す出来事。◉中絶の法制化を訴える、GISのパンフレット『そう、わたしたちは中絶する』（ジット・ル・クール書店刊）の共同責任者として、司法警察から事情聴取を受ける（No. 128参照）。◉フェリックス・ガタリが主宰する「施設制度の研究、探究、形成センター（CERFI）」による2つの研究を後援――正常化の諸施設の系譜学（厚生と学校）（No. 168参照）。／――都市計画における都市諸施設の位置の分析（『フランスのための都市研究協働センター便覧』1973–1974参照）。◉モンペリエのファタ・モルガナ出版から『これはパイプではない』刊行。既発表のマグリットへのオマージュと画家の2通の手紙を付したもの（フーコーの手紙は、1987年7月、ロンドンで、マグリットのアトリエとともに売却された）。◉12月　CERFIの雑誌「ルシェルシュ」グループが進めた研究のまとめとして、「権力の諸施設」を特集。

## 1974

◉1月　かつてソヴィエト収容所に収容されていたジャーナリスト、K・S・カロールに、中国についての困惑を表明（Nos. 133–134）。◉「精神医学的権力」についての講義、及び18世紀の病院建築と1830年以後の精神医学における法医学鑑定を交互に扱う演習の開始。◉3月－4月　モントリオール大学で講演。コート・デ・ネージュの宿舎で、「刑罰についての書物」の数章を書き直す。◉4月25日、ポルトガルの国軍運動がカエタノ政権を転覆。フランスのインテリゲンチャは、「カーネーション革命」と呼ばれた運動に熱狂する。フーコーは、ポルトガルへの訪問はしない（クロード・モーリヤック『動かざる時』第3巻、531頁）。◉26日、「ルシェルシュ」誌、『同性愛大百科』を刊行したことを理由に、「書物による風俗の紊乱」のかどで告訴される。ドゥルーズとフーコーは保証人として召喚される。フーコーは法廷で、「いつ同性愛は、いわゆる正常な性と同じ表現と行使の権利を与えられるのか？」と述べる（No. 138参照）。◉5月19日、ヴァレリー・ジスカール・デスタンがフランス共和国大統領に選出される。新大統領は、政治生活の「緊張緩和（デタント）」の開始を望み、それを知識人との関係にも広げたいと願う。まず、リュシー・フォールが、つづいて、リオネル・ストレリューが、大統領とフーコーとの会見を組織しようとするが、フーコーはつねにそれを拒否。◉6月　ソルジェニーツィン『収容所列島』フランス語訳の出版。◉7月　監獄の反乱を除いては、社会闘争は暴力性を失う。アラン・バデューらの極めて小さな毛沢東派グループは、闘争をイデオロギーの分野、とくに映画の分野に移動させようとする。フーコーはこの論議に「カイエ・デュ・シネマ」（No. 140 参照）で介入。新ドイツ映画（シュトレター、ジルバーバーグ、ファスビンダー）に夢中になる。彼はウェルナー・シュトレターによる、『ピエール・リヴィエール』の映画化を望んでいた。定期的にスイスの映画監督ダニエル・シュミットと交友し、ファスビンダーと会う。◉29日、ジャン＝マリー・ドムナック、ミシェル・フーコー、クロード・モーリヤックの署名した「被拘留者の権利擁護連盟」のための声明は、政府に「監獄制度についての公然とした議論」を要求――「今から4年前、監獄の問題は公衆の面前に、1970年から1971年にかけての冬の政治拘留者たちによるストライキによって提起された。4年来、これらの反乱に関して、当局は外部の支援を理由に挙げてきた。当局は、『責任者たち』を逮捕あるいは訊問する。4年来、当局は、真実が明るみに出るのを妨げようとし、ツールでのように、真実を述べようとする勇気をもつ医師、刑務所付司祭たちを追放している。今日でも何ひとつ変わっていない。かつての惰性の責任者であり、現在では改革を約束する者たちさえ何も変わっていない」（「ル・モンド」紙、9186号、7月28－29日）。◉8月26日、ヴァンドゥーヴルで、フーコーは彼の「身体刑についての書物」の執筆を終える。「僕のはみ出し者たちは、信じられないほどお馴染みのいつも繰り返し現れる連中だ。別のことを研究したい。経済、戦略、政治をだ」（「書簡」）。◉映画監督ルネ・アリオが『ピエール・リヴィエール』の映画化を提案。◉10月　司法の世界への人間科学の進入についての法律家たちとの討議（No. 142 参照）。◉女性の厚生大臣シモーヌ・ヴェイルのヴェイル法（1975年1月17日）は、一定の条件下で、妊娠の意図的な中絶を非犯罪化。◉10月－11月　リオ・デ・ジャネイロで、「都市化と公共衛生」、及び「19世紀の精神医学の実践における精神分析の系譜学」についての二つのセミナーを組織。国立大学の社会医学の講義の枠内で六つの講演を行い、そのうちのひとつは19世紀の精神医学に関するものであった。それらの講演のうちの幾つかだけが刊行されている(No. 170, 196参照)。「歴史学の、規範化された言説を話すだけだ。あらゆる点において、事態は去年よりも厳しい。不況はとても多くの不安を生んでいる。社会医学の人たちは、[北東部の]2千6百万の人々の生活を見ない限りなにも分からないのだ、と言っている」(「書簡」)。フーコーはレシフェを訪れる。

## 1975

◉1月6日、出版を念頭に、精神医学の領域における法医学鑑定について、この学年度のコレージュ・ド・フランスの演習を開始。演習の参加者を何人かの研究者に限定しようと試みる。演習では危険性の問題を扱う(No. 220参照)。ラ・サルペトリエールでシャルコーの記録資料の研究。8日水曜日、いつものように17時45分、心理学による異常性の併合について「異常者たち」と題する講義を開始。◉2月　中国から帰った画家ジェラール・フロマンジェの展覧会の序文を書く。これを機に、19世紀末の絵画と写真との関係について、マネをめぐって企てられたイメージの分析を延長するような重要な研究を行う(No. 150参照)。◉25日、コレージュ・ド・フランスでの授業は、キリスト教による身体の肉としての性格付けを扱う。◉『監視と処罰、監獄の誕生』、ガリマール社、「歴史学」叢書刊行。これ以後フーコーの政治的な立場が彼の著作の受容に大きな比重をもつ。歴史学者のジャック・ルヴェルは「マガジン・リテレール」誌(150号)に書いている――「ひとびとは、かれの政治活動、GIPでのかれの行動を知っていた。ひとびとは戦闘的な本を少しは期待していた。その期待は外されたというべきであろう。[……]この本の戦闘性は、ひとびとが思っていたところにはまったくない。歴史的な迂回がおそらくここでは、批判としての役割を果たしているのである」。歴史学者たちの一定の沈黙が続く。マルクス主義的分析により国家に与えられていた中心的な位置を重視する左翼は、ミクロ権力の概念について慎重な反応を示した。左翼は、抵抗にも自由にも場所がないようなニヒリスト的なヴィジョンとフーコーを非難。左翼は、社会的管理が不可避的なものであり、社会復帰の諸理念や人間科学の貢献は空しいものであるといった、『狂気の歴史』における啓蒙の変革活動の批判よりもさらにラディカルな批判がそこではおこなわれているとして問題視した。この著作はすぐさま世界的に流通した。◉3月5日、授業は、キリスト教による諸個人の統治《グーヴェルヌマン》を扱う。◉4月　フーコーはヤニス・ヤナカキスとしばしば会うようになる。ギリシャ及びチェコの共産党に属したことのある人物で、フーコーにとって東側諸国の反体制知識人の様々な潮流への導入役となる（No.155参照）。◉7日、「ヌーヴェル・オプセルヴァトゥール」誌は、「フランス大学の大僧侶たち」と題して――ラカン、バルト、リオタール、フーコーについてのルポルタージュを載せる。「コレージュ・ド・フランスでは、ベルクソン以来そのまま変わっていないと思われる旧い講堂は、壇上まで人で真っ黒である。フーコーがこの闘技場に入ってくる。すばやく、水に飛び込む水泳選手のように突き進んで、かれは何人もの身体を跨ぎこし席にたどり着き、自分の原稿をおくためにテープレコーダーを押しやり、上着をぬぎ、卓上ランプを灯し、時速100キロでスタートする。力強い、よくとおる声がスピーカーで増幅される。スタッコ装飾の受水盤の形をした照明にかろうじて照らし出されたこの教室では、スピーカーだけが現代生活への唯一の譲歩である。席数300に対して500人の聴衆が、埋められる隙間はすべて埋めてぎっしりと埋め尽くしている」。フーコーはこの特集号で説明している――「私は私たちの時代の関心事に自分を結びつけることを自分の義務としてきたのです。今年、私は、何世紀もかかって異常の概念がどのようにつくり出されてきたのかを説明しています。来年は、軍人たちの政治思考について語るつもりです。私はいつも、最大限の人たちの役に立ちうる主題を論じるようにしています。私は、精神科医であろうと、心理学者、医者、教育者であろうと、あるいはそれ以外でも、かれらが、あとでかれらの領域でかれらの好きなように使えるような道具をかれらに与えるのです」（「ヌーヴェル・オプセルヴァトゥール」誌、543号、54頁）。◉4月―5月　バークリー校のフランス文学科のレオ・ベルサニに招待されて、初めてカリフォルニアに旅行。二つの未刊の講演が保存されている――「ディスクールと抑圧」及び「フロイト以前の幼児性愛」。アーヴィンとクレアモンの両大学から招待される。「テロス」誌に翻訳された、ドゥルーズとの対談（No.106参照）が非常に多く学生を引きつける。デス・ヴァレーのザブリスキ・ポイントでLSDを飲んだことをきっかけに、カリフォルニアの人々が麻薬の周辺に発展させた快楽主義的文化を発見する――「麻薬――権力、労働、消費、局所化からなる身体作法との絶縁」（「書簡」）。禅、菜食主義、フェミニズム、同性愛などの小さな共同体に惹かれる。マックス・ウェーバーがかつてアメリカの宗派の分析をしたのと同じような興味をもってそれらの小共同体が生み出す実存のスタイルに接近。◉フランスに帰国後、自身の軌跡を明らかにする必要を感じて、ジャーナリスト、ロジェ＝ポル・ドロワとインタビュー本を計画。失望して試みを中止。フーコーはインタビューよりは、むしろ対話に近い試みを望んでいた。◉9月　映画『カミザール派』（1972年）を高く評価していた映画監督ルネ・アリオが、ノルマンディー農民を使ってじっさいの犯罪が起こった現地で『ピエール・リヴィエール』の撮影を開始する。演劇のほうでは、『ピエール・リヴィエール』の芝居としての上演は複数の劇場ですでに行われていた。フーコー――「私たちは、驚くべき少年を見つけたんです。

1人で暮らしていて、［……］日記を書いている［映画に主演したクロード・エベールのこと］。クロード・モーリヤック――「あなたは、［一家殺しを］やらせようというわけでしょう［……］」。フーコー――「いいえ、お母さんはもう死んでる。」（『動かざる時』第3巻、531頁）。フーコーは、興行化されなかったロング・ヴァージョンの中で判事の役を演じている。◉19日、カトリーヌ・フォン・ビュロウが、フーコーに、フランコ体制と戦っていた11名のスペイン人に対する間近にせまった絞首刑判決に反対する行動を起こすように要請。ジャン・ダニエル、レジス・ドゥブレ、クロード・モーリヤック、コスタ・ガブラス、ジャン・ラクーチュール、ドメニコ会ラドゥーズ神父、イヴ・モンタンとともにマドリッドでの行動の準備。フーコーは次のような声明文を起草［『動かざる時』第3巻、546頁による］――「11名の男女が死刑を宣告された。かれらは、非常法廷で刑を宣告されたのであって、司法にたいする権利を持たなかった。判決のためには証拠を求める司法への権利さえ持たなかった。受刑者に弁護をする権利をあたえる司法にも、起訴理由がいかに重大であれ、かれらに法の保証を与える司法にも、病気の人間を保護する司法にも、囚人に対する拷問を禁ずる司法にもかれらは権利を持たなかった。ヨーロッパでは、人々は、そのような司法のために闘ってきたのである」。かつてスペインで死刑を宣告されたマルロー、ピエール・マンデス・フランス、ルイ・アラゴン、ジャン゠ポール・サルトル、フランソワ・ジャコブの署名が寄せられた。レジス・ドゥブレの求めで、スペイン共産党の指導者、サンチャゴ・カリヨがこの声明をスペイン語に翻訳した。◉22日、マドリードのトーレ・ホテルにおける記者会見で、イヴ・モンタンがこの声明を読み上げた。私服刑事たちが、ジャーナリストを小機関銃で威嚇しつつ排除、フランス代表団の7名をマイクロバスに乗せ国外に追放。世界各国の報道関係者がロワシー空港でかれらを迎える。フランスおよび外国の幾つもの都市で多くのデモが起こるが、活動家たちの処刑をくい止めることはできなかった。◉27日、パリのスペイン大使館前でデモの一夜。一人のスペイン人学生がマルクスについての講演を求めると、フーコーは激昂して答える――「もうマルクスの話を私にしないでくれ。そのムッシューのことはもう聞きたくない。その人のことなら、商売にしている人たちに聞いてくれ。かれらはそのために給料を払われ、そのための官僚なのだからね。私は、もうまったくマルクスとはおさらばしたんだ」(フランソワ・モーリヤック『動かざる時』第3巻、581頁)。◉29日、「ヌーヴェル・オプセルヴァトゥール」誌（第568号、41頁）に、「知りうる限りすべてのスペインの住所に、私たちが持っていったメッセージの写しを送ってくれるように」という、マドリッドから国外退去となった7名のアピールが載る。同じ号の社説欄で、ジャン・ダニエルは報告している――「7名の友人たちがマドリッドの小さなコマンドを組織したときには［……］、その時点で、フランコに働きかけるというオランダの提案にフランスが反対していたことを、かれらは知らなかった。［……］私たちの7名の友人たちがマドリッドに出発したという速報は世界を駆けめぐることになった。［……］そして、エリゼ宮でヴァレリー・ジスカール・デスタンはそれを読んだに違いない。数分間のうちにフランスの態度は変わった。［……］7名の知識人は、知らない間に、ヨーロッパ9カ国をスペインの反対勢力のために動かすことに成功したのである。」◉10月―11月　サン・パウロ大学を再訪（10月5日―11月18日）――精神医学化と反精神医学についての講演。「毎度フロイトとマルクスだ。政治の仕事は、元の組合幹部と知識人を担い手としている」（「書簡」）。29日、ジャーナリスト、ヘルツォーグがサン・パウロ警察署内で殺害される。フーコーは大学でこの暗殺についての文書を読み上げ、学生たちはそれをビラにして配布。ストライキが起こる。フーコーは絶えず尾行されているように感じる。フランス外交筋が保護のために尾行させていることを知らされる。ニューヨークに再びゆき再度ルーズベルト・ホテルに滞在――「ブラジルのあとではニューヨークは耐え難い」（「書簡」）。◉11月19日、コロンビア大学で、「医学、暴力、そして精神医学」についての討論に参加――「精神病棟にかんしてはたまたま語るだけで、医学についてはまったく語らないように見えるかもしれない、このように脇道にそれた話をお許し頂きたい。しかし、事実においては、この新たな拷問のテクノロジーの中には、いまでは拷問の儀式につねに介在しているある人物が導き入れられたのです。その人物とは、医者です。じっさいには、すべての大がかりな拷問には、今では医者がいて、その役割は、第一に最も効果的な拷問とは何かのべること、第二には患者が死んでしまいはしないか知るために医学検査をすること（10日前に獄中で死んだヘルツォーグは、十分に監視されていなかったから死んだのです）、そして、第三には、患者が身体的にも心理的にも拷問を耐えることができるよう患者に元気を出させる様々な注射をすることなのです」（シルヴィー・ロートリンガーとジョン・ラクマンにより作成されたテクスト）。◉コレージュ・ド・フランスに、ロラン・バルトのために、文学記号学の講座の創設を提案。◉12月　雑誌「シネマトグラフ」に、パゾリーニの映画『サロー』（『ソドムの120日』）についてのインタビューが載る――「ジェラール・デュポンという青年がやってきて、このインタビューをやってくれれば自分は500フランもらえるという。それで、インタビューをしてあげた。かれが500フランもらえるように、なんでもすきなことをいったんです。［……］これを機会に、サドについての私の胸のうちをついに述べたのです」（クロード・モーリヤック『ある激情』、パリ、グラッセ社、1977年、34―35頁）（No. 164参照）。◉11日、『監視と処罰』の書評で、ジル・ドゥルーズは、

『知の考古学』とこの本とを距てている実際の闘争の経験がもつ意義を強調――「作家、いや、あたらしい地図作成者」(「クリティック」誌、343号)。◉18日、フーコーは兵士の組合の創設のための集会に参加。

**1976** ◉1月7日、「社会は防衛しなければならない」と題されたこの学年度の最初の講義。あまりの聴講者の多さを避けようとして、講義を朝9時30分からに変える。フーコーは、権力のメカニズムが抑圧のメカニズムとして扱われてきた5年来の研究に終止符を打ちたいと宣言。権力関係を理解するために戦争の仮説を試みると述べる。◉パリに到着したソ連の反体制派知識人レオニード・プリウチに会う。収容所化したソヴィエト社会と社会主義の世界とを分けることが緊急に重要なことだと考えているというジャーナリストのK・S・カロールに対して、フーコーは、「そうとさえもはや言えない、と考えざるをえない」と答える。◉14日の講義では、フーコーは、「5年来の講義を規律《ディシプリン》に当ててきた。これからの5年は戦争、闘争［……］に当てられるであろう。私たちは、真理を生産することによってしか、権力を行使することができない」と述べる。パルカーレ・パスキーノとアレッサンドロ・フォンタナはこの2回の講義の翻訳を行い、その翻訳はイタリアで、論集*Microfisica del potere*(権力のミクロ身体学)(Nos. 193, 194参照)のなかに収録される。当時、この同じタイトルで、ドイツでは、司法、精神医学、医学に関するこれより以前にかかれたテクストが刊行されていた(*Mikrophysik der Macht*, Berlin, Merve Verlag)。◉2月4日、多くの知識人と社会党の指導者が署名した、イランにおける人権侵害についてのフランス政府の沈黙を告発する宣言に賛同。◉3月29日、モントリオール大学で開催された、監獄に代わる解決法についての討議週間で講演――「監獄に代わるものという問いに対しては、最初の懸念、最初の疑問、あるいはお望みなら最初の笑いで答えるべきでしょう。そして、もし私たちが、それらの人々、それらの理由によって、処罰されたくないとすれば、さらには、私たちが全く処罰されたくないのだとしたら? そして、結局のところ、私たちは、処罰するとはなにかということを実際には知りえないのだとしたら?」(未公刊タイプ原稿)。フーコーは、軍隊制度について本を書く意図を表明。ニューヨークにたちより、クロード・モーリヤックの証言によれば、アメリカとヨーロッパとの関係に懸念をもってフランスに帰国。◉5月　バークリーとスタンフォードで講演。◉6月　アレッサンドロ・フォンタナとパウカーレ・パスキーノに対し、1968年以前とそれ以後の自分の仕事の政治的意味について長いインタビュー。このインタビューは、*Microfisica del potere*（『権力のミクロ身体学』）（Einaudi 社、1977年）（No. 192 参照）に収録される。◉7月　ベンサムの『パノプチコン』の再版のために、ミシェル・ペロー、ジャン＝ピエール・バルーと仕事（No. 195 参照）。コレージュ・ド・フランスに1976−1977学年度について休暇年を申請。◉8月　ヴァンドゥーヴルで『知への意志』の執筆を終える。「封印書にかんする序文を下書きしようとしている。何年も前から、自分が何を言いたいか分かっていたような気がしていたのだが、いざ戸棚を開ける時になると、すべてが消えていることに気がつくんだ」（No. 198 参照）。「僕は、アメリカではオッペンハイマーからチョムスキーにいたる、そして現在のソ連における、科学的な知と制度から発せられる異議申し立てを研究することをまた考えている」（「書簡」）。招へいされたワシントンのウィルソン・センターに滞在することを考える。◉11月1日、バヒヤ大学哲学部で講演。権力の司法的理解、マルクスとフロイト、社会民主主義、そして、国家による性的領域の包囲という考え、をそれぞれ批判。「皆が僕に赤褐色の目をした親殺し（ピエール・リヴィエール）のことを語る。それは、世界を一周しているというわけだ。それは僕に大きな喜びを与える」（「書簡」）。◉ロベルト・マチャドとともにベレムとレシフェに再び滞在。「突然、南米の貧困が、都会で目の当たりにする貧困とはとても違ったものだということが見えてきた。この貧困は何千キロも続いているのを感じることができる。」◉12月　『性の歴史』第1巻『知への意志』刊行。この著作はフーコーによって、時代を画すべきマニフェストと考えられていた。『監視と処罰』でのようにフーコーは、解放の運動におなじみの抑圧の仮説を批判することで読者の期待を逆手に取る。著作は全6巻からなる『性の歴史』への序論と提示されているが、作者はそれらの後続の巻を書く意図はないと断っている。フーコーは書き方の体制を変えようと考えている。リヴィエールの記録の一種匿名で資料によって包み込まれた言葉のあり方が、フーコーを魅了していた。この形式で、『衛生年鑑』の中に発見したアレクシナ・Bの事例について集めた資料から出発して、両性具有や性の決定の問題を研究したいと望む。◉他方、フーコーは、1975年に、『ピエール・リヴィエール』の撮影のためルネ・アリオに対する20万フランの前貸しをガリマール社に依頼していた。ガリマール社の弁護士は、もはや出版契約の切れたフーコーに、5年間の独占契約をサインさせた。フーコーは、そこで次の著作を小さな判の本として出版し（それが『知への意志』であった）、以後5年間は本を出さないことを決めた（多くの人々はそれをフーコーの思索における危機であると解釈した）。

**1977** ◉1月15日、ジョルジュ・ランブリックが主宰する「カイエ・デュ・シュマン」誌に、一般施療院からバスティーユ監獄にいたる、閉じ込めの古文書記録のアンソロジーの序文『汚辱にまみれた人々』を掲載――「もっとも卑小な生が権力と交わす短く金切り声のように鋭い言葉たち」。この計画は、ガリマール社からのエルキュリーヌ・バルバンの回想の出版によって、アンソロジーから叢書に発展する（Nos. 198, 223 参照）。◉24日、「エクスプレス」誌は、『知への意志』に関して――「進歩的思想の先導者が、性の解放と性についてのあらゆる禁止の解除をもとめる戦いのただ中で、『性にはもううんざりだ』と宣言。［……］この衝撃を飲み下し消化することから始めなければならない。」◉ジル・ドゥルーズは、『知への意志』は、ほぼ同じ頃起こりそこで自分が論争した（「ミニュイ」誌、第24号、1977年5月刊）「ヌーヴォー・フィロゾフ（新しい哲学者）たち」をめぐる出来事よりも、フーコーと自分とを遠ざけるものだったという感想をもった。ドゥルーズが感じていたのは、フーコーは自分が彼の分析に反対であると考えているのではないか、さらにフーコーは新しい方向に踏み出し支援を必要としているのにそれを見出せずにいるのではないか、ということだった。事実において、『知への意志』への反応は、知識人の世界でよりは、フェミニズムやゲイの世界で熱狂的であった。このことが、そうした運動に表われている新しい現象に対して、フーコーをさらに注意深くさせたことは十分にありうる。◉マーク・シーンによる『アンチ－オイディプス』のアメリカ訳に序文を寄せる（No. 189 参照)。◉『監視と処罰』の翻訳にともなって、アメリカでは、フーコーの著作にたいする大きな関心の動きが生まれる。ドナルド・ブーシャール編によるMichel Foucault : *Language, Counter Memory, Practice, Selected Essays and Interviews*(『言語、対抗記憶、実践——評論及びインタビュー選集』)(Cornell University Press)刊行。1962年から1972年の間に発表された、ディスクール、言語および文学に関するテクストの選集。◉2月8日、デヴィド・クーパーと共に、ヴィクトール・ファインバーグと雑誌「シャンジュ」を発起人とする、レニングラード特殊精神病院に収容されたウラジミール・ボリソフの解放をもとめるアピールに署名(No. 209参照)。◉3月 モスクワで、『言葉と物』の翻訳が出版される。この翻訳は、すぐに、すべてのソヴィエト陣営諸国で、半ば反体制的な流通をすることになる。これらの国では、フーコーの著作の受容は、ゲオルギのメラブ・ママルダフヴィリの思想によって準備されていた。◉23日、活動家ピエール・オヴェルネーの殺害者が、「人民自治のための武装中核(NAAP)」により処刑される。この出来事は、フランスにおけるテロリズムについての論議を再び呼び起こす。◉4月 左翼が地方選挙に勝利。自ら望んでいない総選挙での勝利を心配してフランス共産党は、「政府共同綱領」の見直しを要求。◉雑誌「フランス革命歴史年鑑(*Annales historiques de la Révolution française*)」が監獄についての一連の歴史研究論文を掲載。巻頭には、歴史学者ジャック・レオナールの『監視と処罰』に対する批判が載る。これはフーコーと歴史学者たちとの論議の機会となる。フーコーはこの批判に、「埃と雲」のなかで応える(No. 277参照)。◉5月「ヌーヴェル・オプセルヴァトゥール」誌のために、アンドレ・グリュックスマンの『思想の首領たち』の書評(No. 196参照)。かつてのゴーシストたちは、次々とマルクス主義と訣別。彼らの出版者ベルナール=アンリ・レヴィは、1976年6月10日の「ヌーヴェル・リテレール」誌での特集で、彼らをまとめて「ヌーヴォー・フィロゾフ(新しい哲学者たち)」と呼び、この呼称は流行となる。◉12日、刑法改正の審議会は、フーコーにたいして、性に関する刑法条項に関する意見を求める。19日、フーコーは、グートゥラで裁判官の組合の研修会に参加。1978年3月の総選挙で左翼が政権につくかもしれないという状況の中で、フーコーは、ロベール・バダンテールの監修で発行された本『自由、複数の自由(リベルテ、リベルテ)』(1976年)に表明されているような、社会党が判事および司法権に社会統御の手段としてより大きな役割を与えようとする動きを批判。◉6月17日から19日、ナントの社会党大会で、ミシェル・ロカールは、左翼の二つの政治文化を区別——ひとつは、ジャコバン的、国家的で、共産党との同盟を受け入れる文化、もう一つは、脱中央集権的で地域主義的で、共産党との同盟を拒否するもの。後者はやがて、「第二の左翼」と呼ばれる。◉21日、ソヴィエトの反体制運動についての反応がフランスで大きくなるなかで、レオニード・ブレジネフがフランスを訪問し、ヴァレリー・ジスカール・デスタンに迎えられる。アンドレ・グリュックスマンと、失明したサルトルの秘書をしていたピエール・ヴィクトールは、フーコーに対抗の催しを組織するよう要請。レカミエ劇場で、東側の反体制活動家とパリ市民との交歓の夕べが開かれる。呼びかけ人は、バルト、ブールセイエ、デックス、グリュックスマン、フーコー、ジャコブ、モーリヤック、サルトル、シュワルツ。参加した反体制知識人は、レオニード・プリウチ、シュテルン博士、ウラジーミル・ブーコフスキー、アンドレイ・シニアフスキー、アンドレイ・アマルリク、ナターリヤ・ゴルバネフスカイア。アレクサンドル・ガリッチが、ギターを片手にロシア語で、収容所から収容所へと語り継がれる物語をひき語った。◉ソルジェニーツィンはサルトルとの催しに名を連ねることを拒否した。フーコーは、アルメニアの映画監督パラジャーノフを支援するデモとプレイエル公会堂での集会に参加。◉7月4日、TF1テレビで、モーリス・クラヴェルについてのテレビ番組が放送される。ヴェズレーのクラヴェル宅に集まった、「ヌーヴォー・フィロゾフ」たち、およびフィリップ・ソレルス、フーコーが参加。◉ボローニャでの激しいデモで、ベルリンゲルが「ウントレーリ(ペストを播く者たち)」あるいは「ペストをもたらす連中」と形容したイタリアの「自立派」労働者の弾圧に対して、フェリックス・ガタリと28人のフランス知識人の呼びかけによる抗議声明に署名。しかし、フーコーは、それにつづく抗議行動には、テロリズムを支持していると思われないよう参加せず。◉エウナウディ書店から *Microfisica del potere* 出版。この本は、ブラジルおよび、ドイツでは *Dispositive der Macht*（権力の装置）の題で翻訳される。これらの政治テクストはイタリアでは「自立派（アウトノミア）」、ドイツでは「対抗派（アルテルナティヴェ）」と呼ばれたグループの間で広く流通してゆく。そしてそれは、フーコーの仕事の政治的受容に影響を与える。それらのテクストは、オーストラリアでは *Power, Truth, Strategy*（Feral, 1979）という題名で、アメリカでは、*Power/Knowledge*（Pantheon, 1980）という書名で出版される。◉8月　ヴァンドゥーヴルで、フーコーは、教父について書く。ブーレーズに招待されて、パトリス・シェローー演出ブーレーズ指揮のバイロイト百年祭の『指輪』を観劇にバイロイトに行く。◉9月「ヌーヴェル・オプセルヴァトゥール」誌と自主管理的社会主義の雑誌「フェール」によって組織された、左翼と社会的実験についての、「第二の左翼」のフォーラムに参加。エドモン・メールによれば、「『共同綱領』に対する対案というのでなければ、［社会党の］支配的文化のくびきを揺さぶることがめざされて」いた（No. 207 参照）。◉27日及び28日、フランス共産党は左翼連合と絶縁。この絶縁は衛星諸国への影響をおそれるソ連の圧力が原因と解釈される。◉9月−10月　イタリアの雑誌「アウト‐アウト」（第161号）は、「ドゥルーズとフーコーにおける政治批判の合理性と非合理性」と題したイタリア共産党の哲学者マッシモ・カッチアリの論文を掲載。カッチアリは、イタリアの極左がますます拠り所とする『監視と処罰』とドゥルーズの『リゾーム』を攻撃。◉10月「テル・ケル」の運動が、フランス共産党とさらにのちには毛沢東主義と接近した際に分裂して生まれた雑誌「シャンジュ」に、狂気と反体制運動についてインタビュー（No. 209 参照）。◉13日、フーコーの二度目の日本訪問を準備するため、パリで、蓮實重彥と知と権力についてインタビュー（No. 216 参照）。◉24日及び26日、クラーク精神医学協会で行われた、「法と精神医学」についてのトロント・シンポジウムで、「19世紀の法医学における『危険な個人』の概念の変化」についての発表。これは1976年のコレージュ・ド・フランスでの演習をまとめたもの（No. 220 参照）。◉11月16日、アンドレアス・バーダーの西ドイツ赤軍派の弁護士クラウス・クロワッサンが、フランスからドイツ連邦共和国に引き渡しになり、テロリズムとの共犯のかどで西ドイツで起訴される。フーコーは、この身柄引き渡しの条件に対して抗議。かれは、サンテ刑務所の前で警察により激しい暴行をうける（Nos. 210, 211, 213, 214, 226参照）。◉12月　良心的兵役拒否の法制化を求める運動を支援するため軍法裁判に関する調査に序文を寄せる（No. 191参照）。◉ベルリン滞在。西ベルリンから東ベルリンへ入る。ベルリン自由大学で対抗運動との会合。監獄についての討論。フーコーの翻訳の版元メルヴ書店のペーター・ゲンテとハイディ・パリス、ダニエル・ドフェールとともに、連邦警察により逮捕される。ハイディ・パリスが、当時指名手配中の西ドイツ赤軍の闘士インゲ・ヴィエトと似ていたため（No. 217参照）。◉フーコー特集として予告された、「アルク」誌第70号「頭の中の危機」発行。フーコーは個人特集の形式を拒否。この特集号に際して問われていたのは、フーコーが、ヌーヴォー・フィロゾフたちによる、現代の全体主義を啓蒙の哲学から導き出すという考え方に担保を与えるかどうかということだった。特集号は、左翼の支配的な政治イデオロギーにおける危機の要素を扱うことになった。◉『住居の政治学、1800−1850』（コルダ書店、1977年）出版。これは1975年から1977年にかけてフーコーを責任者に、フーコーの講座付の研究スタッフ（ジャン＝マリー・アヨーム、ブランディーヌ・バレ＝クリージェル、フランソワ・ベガン、ダニエル・ランシエール、アンヌ・タラミー）によって実現された共同研究。◉ひとりのイラン人のマオイスト学生がフーコーに、イランの宗教都市で40日ごとに起こるであろう出来事に注意するように知らせる。

## 1978

◉1月4日、「治安－領土－住民」と題されたこの学年度の講義開始。権力の問題で始まるが、突然、フーコーにとっても聴講者にとっても新しい「統治性（グーヴェルヌマンタリテ）」の問題へと移行する。◉9日　19世紀初頭における司法思想の危機についての公開演習と、フランソワ・エヴァルドが組織する「治安の諸科学の系譜学」についての別個の演習の開始。規則によって、コレージュ・ド・フランスでおこなわれるすべての教育は公開でなければならないが、フーコーはかねてからことあるごとに何人かの専門家向けの演習で仕事をすることを願っていた。統治性と自由主義政治理性の問題を扱った2年間、フーコーの演習で発表をする研究者グループは、彼の研究室で集まった。ポール・ヴェーヌの『歴史をいかに書くか』所収の論文「フーコーは歴史学を革命する」（パリ、スイユ社、1978年、345－385頁）に述べられたヴェーヌの唯名論の命題が分析されたのもこの演習においてである。フーコーとヴェーヌとの間には、ギリシャ・ローマ古代に対するフーコーの新たな関心をめぐって、定期的な意見交換が行われるようになった。◉ジョルジュ・カンギレムの『正常性と病理性』のアメリカ語版に序文。フーコーは、知的倫理からも概念哲学からもこの本に愛着を感じている。◉キリスト教の肉の概念を扱う『性の歴史』第2巻のために仕事。当時は、トリエステ公会議以後発達する西欧キリスト教における告白と良心指導の実践を通した肉欲の系譜学が考えられていた。この草稿は完全に廃棄されることになる。国際ジャーナリズムの記事のうちの最良の経済政治分析記事を再録し出版するような新聞の創刊を考え資金集めを検討する。◉2月　ピエール・ブーレーズ、ジル・ドゥルーズ、ロラン・バルトとIRCAMで、音楽の時間についてのセミナー。◉1日、この日の講義は、統治性の歴史についての、開始講義と考えられてもよいもの。この講義はイタリアで雑誌「アウト－アウト」に「統治性」と題して掲載される（No. 239 参照）。◉3月2日、社会党の週刊誌「ポリティック－エブド」は、3月12日から19日にかけて行われる総選挙での投票意志についてフーコーに質問（No. 227 参照）。フーコーは、選挙での選択について公に発言する必要はないと回答。フーコーにとってそれは権威的な立場にたつことであって、批判的な立場をとることではない。かれは1981年の大統領選挙のときも同じことを述べた。選挙からの距離をおいたこの態度は、のちにフーコーと社会党の人々との間に「知識人の沈黙」について起こる論争を準備することになる。同じ時期、モーリス・クラヴェルは「コティディアン・ド・パリ」に――「68年5月の生の変革は、死んだ世紀の血の気の失せたイデオロギーによって回収することはできない」（1978年3月2日）と書く。左翼は総選挙に敗北。◉アンドレ・グリュックスマン、カトリーヌ・フォン・ビュロウとともに、新しい戦略を求める対抗主義左翼の「チュニックス」と呼ばれる会合のためにベルリンにゆく。レインとクーパーとの傍らに座らされて、フーコーは、反精神医学をではなく、知識人の政治的役割について語る。ハノーヴァーでは、大学で職務を禁止された政治学者ペーター・ブリュックナーを擁護する集会に参加。◉4月2日から29日、フランス大使館文化参事官ティエリ・ドボセの組織で、2回目の日本滞在。「性と権力」について東京大学教養学部で講演。13日、京都で、キリスト教神秘思想との比較における禅の仏教神秘思想について討議。キリスト教牧人権力についてフーコーは発表。かれは、数カ月前からこの滞在を準備し、ドゥミエヴィル、ヘリゲル、ワッツ、鈴木大拙などを読む。福岡では、精神病院と監獄を訪問、裁判官と精神科医に会う。17日には九州大学で、日本とフランスでの精神病院と監獄の実践を通じて分析される権力について討議。昔のイエズス会士が到着した平戸に旅行。20日、東京大学において、渡辺守章と『性の歴史』についてのセミナー。23日、富士山の麓、上野原の禅寺にて、ミュンヘン・オリンピックの柔道代表だった僧侶の指導で、座禅を組む。25日、吉本隆明とマルクス主義について討議（No. 235 参照）。吉本とはその後マルクスとヘーゲルについて書簡を交わす。中国から帰国したばかりの日本社会党党首飛鳥田一雄と、横浜、グルノーブル、ボローニャの市政の実験について議論。政治学者丸山真男と会談。26日、NHKテレビで、フランスの現代思想についてインタビュー――「ここで私が興味があるのは、西洋的理性の歴史と限界だ。この問いは不可避的に問われざるをえない。というのも、日本は西洋的理性と対立関係にはないからだ。」◉ティエリ・ヴォッツエルの『20歳とその後』（グラッセ社）の刊行。「20歳の青年からひとりの年上の男への」快楽と政治参加についての対談。この年上の男はフーコーだと多くのひとは考える。◉5月「アウト-アウト」誌編集長リヴァトリのいう「フーコー効果（effeto Foucault）」がイタリア左翼に絶大であることをうけて、「コリエーレ・デラ・セーラ」紙の株主で、出版社主のリッツォーリが、フーコーに、時事問題についての意見を定期的に執筆することを要請。フーコーはこの申し出を断るが、かわりに思想の動きをリポートする知識人リポーターのグループを編成する案を示唆。◉20日、「フランス革命歴史年鑑（Annales historiques de la Révolution française）」に掲載されたジャック・レオナールの『監視と処罰』についての論文をうけて、モーリス・アギュロンが会長をつとめるフランス革命歴史学会の主催によるフーコーと歴史学者との討論。討議の記録は、歴史学者モーリス・アギュロンとフーコーの後書きとともに『不可能な監獄』(No. 279参照)として刊行される。◉27日、フランス哲学協会で講演。この講演は、「フランス哲学協会報(Bulletin de la Société française de philosophie)」に、「批判とは何か?」と題して1990年に刊行されることになる。フーコーを招いたアンリ・グイエに、「この講演の題名については、長い間迷いましたが、唯一ふさわしいのは、『啓蒙とは何か? (Was ist Aufklärung ?)』です」と述べていた。カントの歴史についての『小論集(Opuscules)』、とくにピオベッタの版(オービエ書店、1947年刊)での読書は、以後恒常的なものとなり、最期の日々までフーコーはそれを読んでいた。◉『エルキュリーヌ・バルバン、別名アレクシナ・B』、ガリマール社、「生の列伝」叢書から刊行。アレクシナ・Bの両性具有の症例の記録。精神医学報告の描写を手がかりに、オレロン島からラ・ロシェルにいたるまで、真の性の決定にかかわるこの法医学の実話の場所と記録をフーコーは探し出した。フーコーは、同じような幾つかの事例を出発点に、『性の歴史』の一巻にしようと考える。この前年に知り合った若い作家エルヴェ・ギベールはこの実話から映画シナリオを執筆。当時は、イザベル・アジャーニがヒロイン役を引き受けていた。◉6月17日、「コリエーレ・デラ・セーラ」のパリ支局長、カヴァラーリが、フーコーと思想的ルポルタージュのプログラムを練る。フーコーは、スーザン・ソンタグによるヴェトナム、アラン・フィンケルクロートによるアメリカ、アルパド・アジュトニによるハンガリー、ホルヘ・センプランによるスペイン、などのルポルタージュを提案。◉7月—8月　自宅前で車にはねられ数日間ヴォージラール病院に入院。意識を失わなかったが頭部打撲の後遺症で1年近く頭痛に悩まされる。かれは1980年、サルトルの葬儀の際にクロード・モーリヤックに対して、「あのとき以来、私の人生は変わった。車の衝撃があってボンネットに叩きつけられ、もうこれでおしまいだと考える時間があったんです。私は死ぬんだ。これでよし。私に異存はなかった」(クロード・モーリヤック『動かざる時』、第6巻)。◉8月　アバダンでの事件がイランに対する国際的関心を呼ぶなか、リッツォーリは思想的ルポルタージュの計画を了承。フーコーはそのシリーズの先鞭をつけることを引き受ける。彼はイランの研究を開始。◉9月16日、シャー（イラン国王）の軍隊がデモ隊に発砲した、ジャレ広場の虐殺事件の発生により予定より早くテヘランに到着。フーコーは、ティエリ・ヴォツエルおよびカリム・サンジャビに近いイラン人関係者とこの旅行を準備。フーコーは、「リベラシオン」紙のジャーナリスト、クレール・ブリエールとピエール・ブランシェとともに紛争が最も激しい地域にゆく。20日、宗教的首都クオムで、シーイスムの宗教的伝統をくむ、当時最も重要な人物のひとり、リベラルなシャリ・マダリ師に会う。シャリ・マダリの分析が、フーコーの状況理解に影響を与える。人権擁護委員会会長メヘディ・バザルガン［のちの首相、フランスに亡命後暗殺される］がこの会談の通訳をつとめる。フーコーは、大部分の政治勢力の代表と会う。この時期、イラクに亡命中の、ホメイニ師はまだ西欧では知られていなかった。◉24日、パリに帰還、「コリエーレ・デラ・セーラ」のための最初の記事数篇を執筆。一般の見方に反して、イスラム蜂起により崩壊したシャーの軍隊に政治的決定の力がもはやないことを確信（Nos. 241, 243, 244, 255 参照）。パリでは、ホメイニがフランスに亡命する直前のこの時バニ・サドルと知り合う。フーコーがホメイニと会うことはなかった。◉10月16日、「ヌーヴェル・オプセルヴァトゥール」誌に、「コリエーレ・デラ・セーラ」のためのルポルタージュのひとつの翻訳が載る。フーコーが政治的倫理的主体化についてすすめていた考察と深い関わりがあった、「政治的精神性（＝宗教性）」という表現が、左翼では、若者をのぞく人々を、いらだたせる。この件は、様々な投書や私的書簡を呼ぶ（「ル・モンド」紙掲載、１９７９年９月のクロード・ロワの手紙参照）。◉11月「ボート・ピープル」のためのアピールを、ベルナール・クシュネール医師、ジャック・ブロワイエル、クローディーヌ・ブロワイエル、アラン・ジェスマールが発表。このアピールは、サルトル、アロン、モンタン、シニョレ、ボーヴォワール、フーコー、ロカール、クラヴェル、バルト、イヨネスコの支持表明を受ける。「ボート・ピープル」の支援活動は、知識人左翼のあいだに新しい分割を導き入れる。◉フーコーはトーマス・マンの体系的な読み直しをおこなう。◉9日、フーコー、イランを二度目の訪問。フーコーは、できるだけ最初の訪問の時と同じ人々に会って、かれらの立場の変化を観察しようとする。フーコーが述べていた関心事は、今日、マルクス主義の圏域の外で、集団的な実存に不可欠な目標がどのように成立するのかを知ることであった。石油精油所でのストが行われているアバダンに旅行。「人民のフェデイン」党の使者が、ホメイニとの同盟の理由をフーコーに説明。◉15日、パリにもどり、イランの出来事について最後の記事を書く（Nos. 252, 253 参照）。◉19日、イタリアの週刊誌「エスプレッソ」が、それと知らずに、「アウト‐アウト」誌のための記事を、フーコーと、イタリア共産党の哲学者マッシモ・カッチアーリ及びその他の「収容所の手先」との論争であるかのようにして掲載。これに、イタリア共産党関係の反論がつづくが、フーコーは、「ウニタ」紙への手紙でそれに終止符をうつ（No. 254 参照）。◉12月「ウニタ」のジャーナリスト、ドゥッチオ・トロンバドーリは、フーコーにイタリアのマルクス主義知識人との討論を提案して、10頁ほどの質問状を送ってくる。この質問状への回答は、一連の連続的インタビューを通じてフーコーの知的伝記となる（No. 281 参照）。◉アメリカ哲学協会がワシントンで、フーコーの思想についての会合。主要な出席者は、ヘイドン・ホワイト、ライナー・シュルマン、ヒューグ・シルヴァーマン、ピーター・カウズ。

## 1979

◉1月7日、フーコーは記す――「諸々の普遍相を歴史のおろし金にかけるのではなく、歴史に糸を、普遍相を拒絶するようなひとつの思考の糸をとおすのだ。だがそれでは、どんな歴史か？」◉告白の歴史はフーコーを、教父、カッシアヌス、アウグスティヌス、テルトゥリアヌスら、キリスト教初期の大著作の研究へと導くにいたる。次第に、『性の歴史』第2巻、『肉の告白』のための新たな題材が生まれる。キリスト教初期のテクストの研究は、かれの系譜学的な研究を、古代末期のギリシャ・ローマのテクストへと向かわせる。◉10日、「生命政治《ビオポリティクス》の誕生」と題された講義の開始。実際は、リベラルの統治性を扱うことになる。「思想史の方法」と題された月曜日の演習は、近代社会における危険の管理の技術を扱うことになる。◉31日、講義で、「国家は本質を持たない。国家は普遍相ではない。国家はそれ自体では権力の自律的な源泉ではなく、国家はたえざる国家化以外の何ものでもない」と表明。◉2月1日、197

8年10月以来フランスのノーフル＝ル＝シャトーで亡命生活を行っていたホメイニが、イランに勝利の帰還。バニ・サドルはフーコーに、ともにイランに再び行くことを提案するが、フーコーは断る。◉3月6日、「ル・マタン」紙で、世界女性デーに際して、フーコーはイラン革命を支持しているという理由で批判される。◉14日と15日、「レ・タン・モデルヌ」誌（第398号、1979年9月）主催のイスラエル＝パレスチナ・シンポジウムの会場に自宅を提供。テロ攻撃の懸念で、サルトルは目立たない場所を見つけるのに苦労していた。◉17日、私兵組織が、イラン新体制に対する反対派の処刑を始める。◉23日と24日、ディジョン大学で、「核エネルギーとエネルギー新秩序」に関する2日間の研究会議に参加。討議に参加せず。原子力発電所を見学することを拒否。◉24日、クレール・ブリエールとピエール・ブランシェの『イラン——神の名のもとの革命』（スイユ社）出版。本はフーコーとの対話で終わる。そのなかで、フーコーは、「イラン人民の集団的意志は自分に強い印象を与えた。この意志は、われわれの革命の図式によっては分節化されていない」と述べる。この本は数々の反応を引き起こすが、反発はフーコーに集中する。しかし、実際は、批判された主張の大部分は、後書きからではなく、本の本体から引かれたものであった。フーコーはこのことを非常に気にする（No. 259参照）。◉26日、ピーター・ブリュックナーの『国家の敵』（ラ・パンセ・ソヴァージュ社、No. 256参照）のフランス語版に序文。◉ロナルド・レインに、ガイアナでおこったジョーンズ師の新興宗派「人民寺院」の集団自殺事件について思想的ルポルタージュを提案。この宗派は、ソ連で活動することを考えていた。◉4月1日、フーコーは、フランスにおける最初の同性愛者の新聞で、その語呂合わせの紙名を彼が命名したと考えられている「ゲ・ピエ」紙（「陽気な（ゲイな）足（快楽）」と同時に「蜂の巣」とも理解できる）の創刊号に、自殺を肯定する記事を掲載。この記事のために、「ル・モンド」紙及びその他の新聞から批判される。◉14日、「ヌーヴェル・オプセルヴァトゥール」誌に、メヘディ・バザルガンへの公開書簡。この書簡でフーコーは、イラン体制の暴虐を告発、当時首相であり、自身もテロリズムに反対であると言われていたメヘディ・バザルガンに態度変更を求める（No. 265参照）。◉22日、モーリス・クラヴェル、ヴェズレーで死去。◉6月　プオロ・ビドン沖で「光の島（リル・ド・リュミエール）」号を病院船にして難民救済活動をするベルナール・クシュネールやアンドレ・グリュックスマンとともに、ヨーロッパ、とくにフランスへのボート・ピープルの受入れ増加を求めて、コレージュ・ド・フランスで記者会見を開催、サルトルとアロンも記者会見に同席する。◉8月17日、日本の週刊誌「週刊ポスト」の「世界のVIP」のインタビューで、「難民の問題は21世紀の大移動の前兆である」（No. 271参照）と表明。◉10月　10日から16日、スタンフォード大学のタナーズ・レクチャーの教授として、「Omnes et singulatim（全体ナルモノと個ナルモノ）」というタイトルで、統治性についての仕事の総合的な要約を講義（No. 291参照）。「物の秩序について――ミシェル・フーコーとハイデガーについての解釈」という著作を計画中のハバート・ドレイファスとポール・レイビノウと共同作業を相談。◉19日、サクラメント大学で講演。

**1980**

◉1月　1978年5月4日、フーコーの親しい友人ラウル・キュリエルの兄で共産党活動家のアンリ・キュリエルが殺害された事件の発端となったといわれる記事を書いたG・シュフェールを告発する署名に賛同。◉〈真実を言うこと〉に考察の焦点をあてた「生きる者たちの統治」についての講義の開始。演習の方はリベラル思想についてだった。フーコーは、次の年の演習で19世紀末のニヒリズムを扱うことを考える。◉24日、ポーランドの「視えざる大学」〔反体制知識人たちの運動〕を擁護する*New York Review of Books* 掲載の声明に署名。◉2月「ル・モンド」紙に、匿名希望でインタビュー。フーコーは、このインタビューに「覆面哲学者」として登場。サルトルは病気であり、フーコーはますます大知識人の役割を演ずることを求められることになる。それをフーコーは忌避する。この表面に出ないという意志は、知識人の沈黙に関する将来の論争を準備することになる（No. 285参照）。◉3月26日、交通事故がもとで、ロラン・バルト死去。◉4月19日、ジャン＝ポール・サルトルの葬儀。フーコーは、ブルーセ病院からモンパルナスの墓地へと続く巨大な葬列に参加。◉5月　弁護士クリスチャン・レヴォンとジャック・ヴェルジェスとともに、「自由弁護」と名づけられた運動のための綱領を準備。その第2条は、「私が自己を弁護する資格があるのは、法律があるからでも、私が諸権利を持つからでもない。私が私を弁護するからこそ、私は私の諸権利を持ち、法律は私を護るのである。従って、なによりも、弁護のダイナミズムこそが、法律と権利とに、私たちに不可欠な価値を与えるのである。権利は、それを発動させる弁護のなかで生きるのでなければなにものでもない。そして、唯一、弁護のみが、有効に法律に力を与えるのである」と宣言。第3条は、「〝弁護する〔自らを擁護する〕〟という表現において、再帰代名詞〔＝自らを〕は肝要である。事実、生、実存、主体性、個人の現実そのものを、法の実践のなかに記入することが問題なのである。弁護する〔＝自己を擁護する〕というのは、自己防衛するというのとは違う。自己防衛は、自ら正義と化すということ、すなわち、ひとつの権力の審級に自己同一化し、自らの判断でそれらの活動を延長することを意味している。弁護する〔自己を擁護する〕とは、それとは逆に、権力の諸審級のゲームを演ずることを拒否し、それらの審級の活動を制限するために法律を行使することなのである」(「自由弁護のために」1980年5月23日―26日のラ・サント・ボームでの自由弁護の大

会準備のための「アクト」誌第24―25号付録)。クリスチャン・レヴォンによれば、フーコーがこのテクストを書いた。◉7月　友人たちと共同作業を行なえるように、ヴァンドゥーヴル・ドゥ・ポワトゥー近くのヴェリューに、昔の修道会士の館を購入。◉8月　バイロイトで、シェローとブーレーズの『指輪』の最後の大成功をおさめた公演を鑑賞(No. 286参照)。◉英語での最初の長いフーコー研究の書である、アラン・シェリダン『真理への意志』(Alan Sheridan, *The Will to Truth*, London, Tavistock) 出版。◉9月 *Power/Knowledge, Selected Interviews and Other Writings, 1972-1977* (Brighton, The Harvester Press) 刊行、イギリスの雑誌 *Ideology and Consciousness* の責任者のひとりコリン・ゴードンの編集と解説付。◉10月20日と21日、バークリーのホウィソン・レクチャー委員会により“Truth and Subjectivity”について2回の講演をするために招待される。フーコーが、キリスト教の告白制度の始まりを語るのを聴くために、フイラー・ホールには800人が押し掛け、入れなかった他の700人は外で抗議集会。1970年代以来はじめて、バークリーのキャンパスに

警官隊が入る（「デイリー・カリフォルニア」紙、1980年11月1日号参照）。「古代末期と初期キリスト教における性的倫理」についての演習を指導。講演の大部分は直接英語で書く。「ワシントン・ポスト」紙にのった（1981年3月15日号、14頁）、ドナルド・ブーシャール、コリン・ゴードン、アラン・シェリダンのフーコーに関する著作の書評のなかで、レオ・ベルサニはこの時期を次のように描いている——「私は、千人以上ものバークリーの学生が、セネカから最初の教父たちにいたる自己の解釈における戦略の変化についてのフーコーの講演に、熱心に聞き入るという、元気の出る光景に立ち会うことができた。古代のテクストのこの綿密な読解のなかに、若い聴衆たちは、極めて博学な贖罪山羊が、かれ自身のうえに、私たちのおそらくは奇形化した自我についての抑圧的な知を引き受け、おそらくは生からそれらの自我を切り離し、新たな快楽のエコノミーへと誘う作業を認めたに違いない。」◉11月　ニューヨーク滞在。ジェームス・レクチャーの枠内で、ニューヨーク大学の人文学研究所でリチャード・セネットとともに英語で演習と指導。この演習は、『性と孤独』というタイトルで一部が出版されている。◉16日、エレーヌ・アルチュセールの死を知る。フーコーは、最後まで、アルチュセールを精神病院および自宅に見舞う。◉17日と24日、ダートマス・カレッジで、“Subjectivity and Truth”, “Christianity and Confession” について講演。◉ハンナ・アーレントの弟子、マイケル・デニーと数々の議論。フーコーは、アメリカの同性愛コミュニティーに生じつつある変化を見て取る。友愛のテーマが、性的解放のテーマよりも優位に立ちつつある（No. 293参照）。講演の最後で聴衆に、グリーニッチ・ヴィレッジでのゲイ殺害のあとのデモにともに参加を呼びかける。マーク・ブラシアスの招待で、プリンストン大学で「生命政治の誕生」（The Birth of Bio-politics）について講演。◉12月　この学年度、自分の著作の直接的題材にかんする2時間の講義を行うことにして、コレージュ・ド・フランスでの演習を廃止することを決める。

## 1981

◉1月7日、「主体性と真理」の題の講義で、自己の統治の諸様態としての自己のテクニックについての研究を開始する。思考システムの歴史講座の一環として、フランソワ・エヴァルドを副責任者として法の社会学の月例演習が実施される。法についての研究を進めたいとねがっていたフーコーは、翌1982―1983学年度におこなわれた法の哲学の演習に参加した。◉3月―4月　フランス共和国大統領の選挙にフランソワ・ミッテランを選出するよう求める遅まきの署名活動への同調を、知識人は選挙の良心指導者ではないという常に繰り返していた原則にもとづいて拒否。◉5月4日から25日、コレージュ・ド・フランスに、サン・パウロ大学のフェルディナンド・ヘンリック・カルドーソを、「第3世界における新しい社会の出現」についての講義のために招く。◉10日、大統領選出の夜、レイビノウ一家とともにバスチーユ広場の群衆に合流する。意見をもとめるジャーナリストたちに対してあらゆる表明を拒否。哲学の授業で彼のテクストにどれほど苦しんだかを語る女子高校生に対し、笑いながら、「それは、資本主義の悲惨だったんだよ、今や社会主義の下ではそれは終わりだよ！」と約束。◉ルーヴァン・カトリック大学のフランキ講座で、「悪くすること、真実をいうこと。司法における告白の機能」と題して、6回の講演。「社会の防衛」の誕生についてのセミナーを指導。この機会に、ビデオによる長い自伝的なインタビューが実現される。◉31日、「リベラシオン」紙で、社会党の勝利における極左の役割を強調。医療や精神病院や監獄などの組織のような幾つかのプロジェクトにおいて、どのように社会党と協力しうるかを語る。◉6月　ジュネーヴで、ベルナール・クシュネールとイヴ・モンタンとともに、「ボート・ピープルを擁護し、海賊行為に反対する国際委員会」の創設に参加。フーコーは、「統治された者たちの権利」の名において国際政治に介入する権利を支持する（No. 355参照）。◉23日、共産党の大臣の入閣（フーコーはこれに反対）。◉9月30日、フランスの死刑制度廃止。◉10月から11月　マーク・ポスターによって、ロサンジェルスのデーヴィッドソン・コンフェレンス・センターのシンポジウム「知、権力、歴史――ミシェル・フーコーの仕事への学際的アプローチ」（10月26日から11月6日）に招かれる。今回アメリカ政府は、フーコーがホメイニをフランスにかくまうことに関わったと考えて、入国ビザ発給を渋る。シンポジウムでは、とくにレオ・レーヴエンタールやマーチン・ジェイといったフランクフルト学派の信奉者に出会う（ウィリアム・ハックマン

「フーコー・コンフェレンス」「テロス」誌第51号、1982年、参照)。◉「タイム・マガジン」はこの機会に「フランスの権力の哲学者」についてのルポルタージュを載せる(第46号、1981年11月16日)。この号で、フーコーは、「私に興味があるのは、権力よりは、むしろ主体性の歴史です」と語る。バークリーに滞在。恒常的なセミナーとして、フーコー・ハーバーマス・セミナーの開設を提案される。ハーバーマスはセミナーの自分のパートを、「モデルニテ」と名づけたいと希望。かれのポスト・モダン批判は、ドイツおよびアメリカでのフーコーの受容の方向付けに寄与する。◉12月14日、フランスの外務大臣クロード・シェイソンが、ヤルゼルスキー元帥によって布告された軍事事態令はポーランドの内政問題でありフランスは明白に介入しないと表明したことに対し、ピエール・ブルデューとミシェル・フーコーは抗議するよう呼びかける――「フランス政府は、モスクワやワシントンと同じように、ポーランドにおける軍事独裁体制の樹立が、ポーランド人に彼ら自身の運命を決定する余地をのこす内政問題であるなどと信じさせるべきでない。そのような主張は、非道徳的で偽りに満ちたものだ。

[……]フランス共産党との協調の方が、軍靴による労働者運動の圧殺よりも重要なのだろうか? 1936年には、社会党政府はスペインにおける軍事クーデターに直面した。1956年にも社会党政府はハンガリーの弾圧に直面した。そして、1981年、社会党政府はワルシャワのクーデターに直面している。[……]私たちは、社会党政府に対し、彼らがリアルポリティクスに対して国際的道徳の義務を優先することを約束したことを思い出させよう」。「重要な日付となった」(「ル・モンド」紙、1983年7月27日)、この抗議声明は、何百人もの知識人の賛同をえる。そして、12月23日、「フランス労働連合(CFDT)」はそれらの知識人たちに、「連帯(ソリダルノスチ)」の精神にのっとった共同アピールを提案。「ル・モンド」紙社長ジャック・フォーヴェは「81年5月を引き受けなかったこれらの〝左翼知識人〟」を激しく非難。社会党書記長リオネル・ジョスパンは、ラジオで、声明の起草者たちを攻撃。文化大臣ジャック・ラングは、「共産党閣僚の完璧な忠誠を知識人たちの典型的に構造主義的な無責任」と対比(「リベラシオン」紙、1981年12月23日号)。◉CFDTは、ポーランド人支援委

員会を設置。フーコーは、「連帯」の行動調整委員会の亡命メンバー2名及び総評のパリ支局の日本人代表とともに、数カ月に亘って、会計と支援資金の使途を担当する。「私は、かれに貴重な時間を無理に浪費させているという気がした。かれは、例えば、私たちの監査委員会のメンバーだった。私は数字でいっぱいのかれの会計報告を覚えている。かれにはすべきもっとましなことがあるという考えを、私は自分に禁じえなかった」(セウェリン・ブルムスタッジン、フランスの「連帯」委員会責任者)。◉映画監督ウェルナー・シュトレーターと知り合う。フーコーは彼に、「私は、自分の人生をひとつの作品に変える人と、自分たちの人生において作品をつくる人との区別をしない」と語っていた(No. 308 参照)。

**1982** ◉1月6日、「主体の解釈術」についての講義開始。◉4月から5月 プラハでのジャック・デリダの逮捕に抗議。デリダの釈放の機会に、2人の哲学者は和解する。フーコーは、定期的に、ソ連の専門家アレクサンドル・アドラーに会う。彼が強く翻訳を勧めていた、同性愛の歴史に関するK・J・ドーヴァーとJ・ボスウェルの著作の出版の宣伝のために、複数のインタビューを引き受ける。◉18日、グルノーブル大学の哲学科で、友人のアンドレ＝ジャン・フュスティジェールが新たに翻訳した、アルテミドロスの『夢占い』について講演。この講演は、『自己への配慮』の第1章となる。◉ジェラール・ローレとのインタビューで、ハーバーマスの自分に対する批判に答える(No. 330 参照)。◉5月から6月 ジョン・サール、ウンベルト・エーコ、シービオックらと共に、トロント大学での“The Third International Summer Institute for Semiotic and Structural Studies”(5月31日から6月26日)に参加、「自己自身について真実を言うこと」についてのセミナーを主宰。かれは、精神的な変形という角度から告白の規則を検討。セネカ(De tranquillitate animi「魂の静穏について」)、カッシアヌス(De institutis coenobiorum「修道士綱要」)、アウグスティヌス(『告白録』)を分析。「古代文化における自己への配慮」について講演。これ以後、フーコーは定期的にストア派について仕事。カナダの雑誌 *Body Politic* のためのインタビューで、どの点において「自分の性の政治学は解放の運動とは違うか」を説明(No. 358 参照)。◉6月　コレージュ・ド・フランスを辞任し、バークリーから提案されている常勤セミナーと著作権料で暮らすことを考える。◉7月　慢性的副鼻腔炎をわずらう。◉8月9日、パリ、ロジエ街のユダヤ人レストラン、ゴールデンベルグで多くの死者を出した爆弾テロ事件が発生。フーコーはこれ以後、テロリズムへの抵抗の印に、出来る限りこのレストランに夕食に行く。◉28日、フランス共和国大統領府は、国際テロ組織の大規模な検挙を発表。これは、エリゼ宮のテロリスト対策組織によるヴァンセンヌでの3人のアイルランド人の逮捕のことであったが、フーコーはこの逮捕の不当な状況を新聞で指摘（No. 316参照）。この真相は1985年に完全に暴露されることになるが、これが新しい政府の最初の失策となる。◉9月14日、エリゼ宮に、フランソワ・ミッテラン大統領から、シモーヌ・ド・ボーヴォワール、ピエール・ヴィダル＝ナケらとともに、中東、特にイスラエルについての懇談のために招かれる。フーコーがミッテランにレバノンについて質問すると、大統領は――「ダメだ、おしまいだ」と答える。その夕方、フーコーは、ジェマイエル大統領の暗殺を知る。◉22日、シモーヌ・シニョレ、人道団体「世界の医師たち」の医師、ベルナール・クシュネール、ジャック・ルバ、ジャン＝ピエール・モーベールとともに、薬と許可された物資の最後のトラック搬送のためにポーランドへ。3千キロにわたって、代わる代わるかれらはワゴン車を運転。5人はアウシュヴィッツを訪問。かれらはワレサとの会見を許可されなかった。帰国後、シモーヌ・シニョレとフーコーはテレビで証言。◉10月『家族の混乱――バスティーユの記録文書中の封印書』（ガリマール－ジュリヤール社、「古文書」叢書）、歴史学者アルレット・ファルジュとフーコーの共編による、書き手の個別化なしの共同執筆になる書物刊行。◉10月から11月　バーリントンのヴァーモント大学の宗教学科で“The Technology of the self”についてのセミナー（10月15日から11月5日）を指導。フーコーは、このセミナーのために集められた資料を、〈自己のテクニック〉についての著作で出版することを考える。かれはスイユ社に『自己と他者たちの統治』と題した本を提案。

## 1983

◉1月「自己と他者たちの統治」と題して、パレージアという、古代文化における真実を言うことの概念についての講義を開始。この問題に、フーコーは実際は2年を費やす。◉2月　スイユ社から、「仕事（Des travaux）」叢書が、フーコー、ポール・ヴェーヌ、フランソワ・ヴァールを責任者に発足。一般向けの出版のメディア化された流通経路からはずれた大学での研究の価値をみとめさせることはフーコーの永年にわたる構想であった。かれは、この叢書の一冊として、『自己と他者たちの統治』を出版しようと考える。『自己と他者たちの統治』は、倫理と政治学との分節化をめぐって、〈アルキビアデスあるいは自己と政治的生の概念〉、〈エピクテトゥス、聴くこと、書くこと〉、〈自己と他者たちの実践〉といった、幾つかのプランを立てていた。◉3月　フーコーが『快楽の活用』と名づけた、『性の歴史』第2巻の分厚い草稿は、当時4部から成り立っていた――／――快楽の活用、この第1部はそれ自体大きな2章に分かれる。(1)概念と原理、(2)ひとつの例、夢占い／――節制の諸実践／――自己の函養／――謹厳さの諸要請、この部分は三つの章に分かれる。(1)身体、(2)配偶者、(3)少年たち（No. 326 参照）。◉7日から22日にかけて、ハーバーマスはポール・ヴェーヌによりコレージュ・ド・フランスの連続講演のために招かれる。

ハーバーマスとフーコーとは何度も会う。ハーバーマスは、自分の知的履歴を語り、長い間ニーチェについて議論、フランス共産党について訊ねる。◉マイケル・クラークの *Michel Foucault, an Annoted Bibliography* ――フーコーについての大がかりな最初の書誌、3000件以上の項目を数える――刊行。◉ローゼンツヴァイグを読み、失望したという。ベルナール・クシュネールに、書くことと図書館での仕事をやめるつもりだと打ち明ける。クシュネールは、「世界の医師たち」と一緒に出発することを勧め、次の「ヴェトナム行きの船」の責任者となることを提案。◉4月　グラン・パレでのマネの回顧展を訪問、ロジェ・ステファンと、展覧会役員フランソワーズ・カシャンに、マネについての分厚い草稿を保存していると打ち明ける。◉4月から5月　バークリーの研究指導講師（Regent Lecturer）。自己のテクニックと自己のエクリチュールについて講演。ポール・レイビノウ、ハバート・ドレイファス、チャールズ・テイラー、マーティン・ジェイ、リチャード・ローティ、そして、フランクフルト学派の最後の代表者レオ・レーヴェンタールとともに、自分の仕事の現在についての複数の討論を録音。それらの議論は、部分的に、ドレイファスとレイビノウの『ミシェル・フーコー、哲学的軌跡』（ガリマール社、1984年）に収録されている。◉5月「ル・デバ」誌に、組合運動が直面している危機についての、フーコーとエドモン・メールとの対談が掲載される（No. 334参照）。フーコーは、CFDTの内部資料を読み、経済学者たち、シモン・ノラ、ピエール・ロザンヴァロンと話し合って、長い時間をかけて質問を準備して対談にのぞんだ。これは、『CFDTは問う』（ガリマール社、1984年）という題で出版される一連の論議の出発点となった。フーコーは、社会保障のシステム及び厚生政策について、組合運動家との共同の考察を継続する。彼は、「むしろ、消去としての死に、意味と美とを与えよう」と結論している（No. 325参照）。◉7月　政府の新任のスポークスマン、マックス・ガロが、政府と社会との関係についての懸念を述べる。ガロは、フーコーと大統領との会見を希望。フーコーは、「それは、社会党の果たすべき役割でしょう」と答える。◉26日、マックス・ガロは、ポーランド事件いらい姿を見せない知識人たちを、社会党の側に再び呼び戻そうとして、「ル・モンド」紙に「知識人、政治、そして現代性」と題する論考を掲載。27日、「ル・モンド」紙は、「左翼知識人の沈黙」にかんする調査を開始。フーコーは当初から、この調査には答えないと同紙に通告。ポーランドの軍事政権の樹立以来CFDTとすすめている活動ゆえに、自らを沈黙しているとはみなさないというのが理由だった。この話題は、マスコミに8月中旬まで盛んに論議された。特に、フーコーの距離をおいた態度（「ヘラルド・トリビューン」紙によれば、鍵になる中心的なケース）、かれの沈黙、かれのアメリカ滞在は強調され、1981年にアメリカ大使館文化担当参事官のポストを断ったことも暴露された（フーコー自身はその提案を、好意というよりは遠ざけと思っていた）。この論議については、フーコーは1984年まで公に発言しない（No. 350参照）。◉「アカデミー・タルニエ」の誕生。ベルナール・クシュネール、アンドレ・グリュックスマン、イヴ・モンタンとその他の友人のグループは、フーコーと、タルニエ病院の講堂で集会を持ち、新しいやり方で、国際政治状況について考える試みを始めた。◉フーコーは社会党政治についての白書を提案。かれは、「社会党には統治という問題系はあるのか？　それともかれらは、国家の問題系しか持たないのか？」と問う。◉秋、フーコーは、バークリーの学生たちにたいし、1930年以来の統治性の歴史の研究を行うことを提案。ジョーレス、ブルム、ミッテランの著作を読む。◉8月『快楽の活用』の構成が2巻に再配分される。序文も書き直される（No. 340 参照）。◉9月『快楽の活用』の執筆を終了したとみなし、アンダルシア地方をグラナダからコルドバへ旅行。◉10月―11月　再びバークリーに招かれる。6回の講演で、エウリピデスの悲劇からはじめて古代の民主制度の危機を通して、パレージアの歴史を描き出す。ボールダーとサンタ・クルスで二つの講演。◉ラカン派の雑誌「アーヌ」に、『監視と処罰』について、当時の法務大臣ロベール・バダンテールによるラウシュとキシュハイマーに想をえた解釈が載る。フーコーはこれに抗議。このとき始まった2人の関係は、やがてフーコーがフランソワ・エヴァルドを責任者として、一緒に仕事をする研究者の拠点となるようにねがった法の哲学の研究センターの構想へと次第に具体化してゆく。◉コレージュ・ド・フランスの講義を休講とすることを考えるが、周囲を心配させることを懸念。マリタン・ツィグラーとノルベルト・エリアスの『死にゆく者たちの孤独』(*Die Einsamkeit des Sterbendes*) の翻訳を計画する。◉12月29日、診察したジャン・ポール・エスコード医師が、肺の精密検査を指示。

## 1984

◉1月　抗生物質治療で活力を回復する。フーコーは、モーリス・パンゲに――「僕はエイズに罹ったと思ったのだが、懸命の治療で立ち直った」と書簡で書く。◉2月　再び消耗していたが、パレージアについて、コレージュ・ド・フランスでの講義を再開。3月末まで。『性の歴史』第2巻のゲラを校正。◉3月　1930年代における統治性の変化についてフーコーがともに研究を進めようとしていたバークリーの学生のグループが、キース・ガンドール、デイヴィッド・ホーンズ、スティーヴン・コトキンによって書かれた計画書を送付。かれらは、いかに西洋社会が、第一次世界大戦後に、社会生活のプログラム、新たな経済計画、新たな政治組織を再構築したかを研究することを提案。かれらは、新たな政治理性の出現に関する五つの研究を提唱。すなわち、アメリカにおける Welfare State（福祉国家）と進歩主フランスにおけるファシズムと余暇の組織――フランスにおける Etat-providence（摂理 - 国家）と植民地における都市の実験――ソ連における社会主義の建設――バウハウスの建築とワイマール共和国、である。◉タルニエ病院でフーコーは定期的に診察をうける。医師たちは、彼の唯一の問いは――「あとどれだけの時間が残されているか？」だったと感じた。彼の方から病状の診断を求めもせず受けることもなかった。1978年、フィリップ・アリエスの死に関して、フーコーは、「患者がかれ自身の死との密かな関係の主人であり続けるために受け入れる、知と沈黙との戯れ」について語っていた。◉10日、『性の歴史』のゲラを校正するかたわら、クロード・モーリヤックとともに、援助を求めにやってきた、警察により住居から追い出されたマリ人およびセネガル人の労働者の代表たちに会う。彼らのために何通もの手紙を書く。◉4月　カフカの日記を読み直し、『肉の告白』の草稿執筆を再開。パレージアについての最後の講義のさい、フーコーは自分の分析に施されるべき変更があると述べるが、ジャック・ラグランジュは、「もう遅すぎる」と呟くのを耳にする。◉6日、自宅で、詩人ブライオン・ジェイシンを伴って訪れたウイリアム・バロウズを迎えてパーティー。これが最後のパーティーとなる。◉5月　『性の歴史』第2巻及び第3巻の刊行の機会に、「マガジン・リテレール」誌はフーコー特集号を刊行。フーコーは、「知識人の沈黙」について発言（No. 350参照）。◉14日、『快楽の活用』刊行。「ラ・ルヴュ・ド・ラ・メタフィジック・エ・ド・モラル」誌のジョルジュ・カンギレム特集号に論文を送る。オリジナルのテクストを約束していたが、1978年に『正常性と病態性』の英語版のために書いたテクストを修正することしかできなかった――「このテクストにこれ以上手を入れられません。文体上の不手際があれば、遠慮なく修正して下さい」（出版社への手紙）。◉29日、自宅で、ジル・ドゥルーズに近い若い哲学者アンドレ・スカラのインタビューに応じる。フーコーは、非常に消耗、自分にとってハイデガーの読解がもつ重要性を初めて語る。このインタビューに自ら手を入れることができず、ダニエル・ドフェールに最終的な体裁を整えることを任す（No. 354参照）。◉6月3日、フーコーは発作を起こし、弟のドゥニの手配で自宅近くのサン・ミシェル病院に入院。9日、サルペトリエールの、シャルコーが仕事をした旧い建物を見おろす神経科に移される。◉10日、集中治療室に入る。◉20日、小康を保つ間に、刷り上がった『性の歴史』第3巻『自己への配慮』を受け取る。◉25日、13時15分、ミシェル・フーコー死去。◉29日、サルペトリエールでの短い別れの儀式のあと、遺体はヴァンドゥーヴル・デュ・ポワトゥーに運ばれ、近親者と村人の見守るなか埋葬される。◉根強い伝説とは反対に、また死因を公表しないというフランスの医学的慣行にも反して、遺族の要請で、臨床的にエイズを記述するコミュニケがカステーニュ教授とソーロン博士により発表された——「ミシェル・フーコー氏は、1984年6月9日、悪性の敗血症を引き起こす神経学的兆候に関する必要な追加検査のために入院した。検査は、脳の化膿巣の存在を突き止めた。［……］病状の急激な悪化が有効な治療のあらゆる希望を奪い、6月25日13時15分死に至った。」◉ミシェル・フーコーは、1982年9月、ポーランドに出発する前に、「事故の場合に」開封すべき遺書を書き残していた。その遺書の3箇条の指示のうち2つには、「不具よりは死を」、そして、「死後出版は認めず」と記されている。

編集

小林康夫　東京大学名誉教授
石田英敬　東京大学名誉教授〔本巻編集〕
松浦寿輝　作家・詩人

ブックガイド・キーワード解説執筆〔上記以外〕

小野正嗣　早稲田大学教授
原　宏之　明治学院大学教授
高桑和巳　慶應義塾大学教授

コレージュ・ド・フランス講義要旨翻訳〔上記以外〕

慎改康之　明治学院大学教授
高桑和巳　慶應義塾大学教授
石田久仁子　翻訳家
中澤信一　早稲田大学講師
神崎　繁　専修大学教授（2016年没）

フーコー・コレクション4 権力・監禁

ミシェル・フーコー 小林康夫／石田英敬／松浦寿輝編

政治への参加とともに、フーコーの主題として「権力」の問題が急浮上する。規律社会に張り巡らされた巧妙なるメカニズムを解明する。（松浦寿輝）

フーコー・コレクション5 性・真理

ミシェル・フーコー 小林康夫／石田英敬／松浦寿輝編

どのようにして、人間の真理が〈性〉にあるとされてきたのか。欲望的主体の系譜を遡り、「自己の技法」の主題へと繋がる論考群。（石田英敬）

フーコー・コレクション6 生政治・統治

ミシェル・フーコー 小林康夫／石田英敬／松浦寿輝編

西洋近代の政治機構を、領土・人口・治安など、権力論から再定義する。近年明らかにされてきたフーコー最晩年の問題群を読む。（石田英敬）

フーコー・コレクション フーコー・ガイドブック

ミシェル・フーコー 小林康夫／石田英敬／松浦寿輝編

20世紀の知の巨人フーコーは何を考えたのか。主要著作の内容紹介・本人による講義要旨・詳細な年譜で、その思考の全貌を一冊に完全集約！

マネの絵画

ミシェル・フーコー 阿部崇訳

19世紀美術史にマネがもたらした絵画表象のテクニックとモードの変革を、13枚の絵で読解。フーコーの伝説的講演録に没後のシンポジウムを併録。

間主観性の現象学 その方法

エトムント・フッサール 浜渦辰二／山口一郎監訳

主観や客観、観念論や唯物論を超えて「現象」そのものを解明したフッサール現象学の中心課題。現代哲学の大きな潮流「他者」論の成立を促す。本邦初訳。

間主観性の現象学II その展開

エトムント・フッサール 浜渦辰二／山口一郎監訳

フッサール現象学のメインテーマ第II巻。自他の身体の構成から人格的生の精神共同体までを分析し、真の関係性を喪失した孤立する実存の限界を克服。

間主観性の現象学III その行方

エトムント・フッサール 浜渦辰二／山口一郎監訳

間主観性をめぐる方法、展開をへて、その究極の目的（行方）が、真の人間性の実現に向けた普遍的目的論として呈示される。壮大な構想の完結篇。

内的時間意識の現象学

エトムント・フッサール 谷徹訳

時間は意識のなかでどのように構成されるのか。哲学・思想・科学に大きな影響を及ぼしている名著の新訳。詳密な訳注を付し、初学者の理解を助ける。

新編 現代の君主
アントニオ・グラムシ
上村忠男編訳
労働運動を組織しイタリア共産党を指導したグラムシ。獄中で綴られたそのテキストから、いま読み直されるべき重要な29篇を選りすぐり注解する。

孤島
ジャン・グルニエ
井上究一郎訳
「島」とは孤独な人間の謂。透徹した精神のもと、話者の綴る思念と経験が啓示を放つ。カミュが本書との出会いを回想した序文を付す。（松浦寿輝）

ハイデッガー『存在と時間』註解
マイケル・ゲルヴェン
長谷川西涯訳
難解をもって知られる『存在と時間』全八三節の思考を、初学者にも一歩一歩追体験させ、高度な内容を読者に確信させ納得させる唯一の註解書。

色彩論
ゲーテ
木村直司訳
数学的・機械論的近代自然科学と一線を画し、自然の中に「精神」を読みとろうとする特異で巨大な自然観を示した思想家・ゲーテの不朽の業績。

倫理問題101問
マーティン・コーエン
榑沼範久訳
何が正しいことなのか。医療・法律・環境問題等、私たちの周りに溢れる倫理的なジレンマから101の題材を取り上げて、ユーモアも交えて考える。

哲学101問
マーティン・コーエン
矢橋明郎訳
全てのカラスが黒いことを証明するには？　コンピュータと人間の違いは？　哲学者たちが頭を捻った101問を、譬話で考える楽しい哲学読み物。

マラルメ論
ジャン＝ポール・サルトル
渡辺守章／平井啓之訳
思考の極北で〈存在〉そのものを問い直す形而上学的〈劇〉を生きた詩人マラルメ——固有の方法的批判により文学の存立の根拠をも問う白熱の論考。

存在と無（全3巻）
ジャン＝ポール・サルトル
松浪信三郎訳
人間の意識の在り方（実存）をきわめて詳細に分析し、存在と無の弁証法を問い究め、実存主義を確立した不朽の名著。現代思想の原点。

存在と無 I
ジャン＝ポール・サルトル
松浪信三郎訳
I巻は、「即自」と「対自」が峻別される緒論「存在の探求」から、「対自」としての意識の基本的在り方が論じられる第二部「対自存在」まで収録。

存在と無 II
ジャン=ポール・サルトル
松浪信三郎訳

II巻は、第三部「対他存在」を収録。私と他者との相剋関係を論じた「まなざし」論をはじめ、愛、憎悪、マゾヒズム、サディズムなど具体的な他者論を展開。

存在と無 III
ジャン=ポール・サルトル
松浪信三郎訳

III巻は、第四部「持つ」「為す」「ある」を収録。この三つの基本的カテゴリーとの関連で人間の行動を分析し、絶対的自由を提唱。（北村晋）

公共哲学
マイケル・サンデル
鬼澤忍訳

経済格差、安楽死の幇助、市場の役割など、私達が現代の問題を考えるのに必要な思想とは？ハーバード大講義で話題のサンデル教授の主著、初邦訳。

パルチザンの理論
カール・シュミット
新田邦夫訳

二〇世紀の戦争を特徴づける「絶対的な敵」殲滅思想の端緒を、レーニン・毛沢東らの《パルチザン》戦争という形態のなかに見出した画期的論考。

政治思想論集
カール・シュミット
服部平治／宮本盛太郎訳

現代新たな角度で脚光をあびる政治哲学の巨人が、その思想の核を明かしたテクストを精選して収録。権力の源泉や限界といった基礎もわかる名論文集。

神秘学概論
ルドルフ・シュタイナー
高橋巖訳

宇宙論、人間論、進化の法則と意識の発達史を綴り、シュタイナー思想の根幹を展開する——四大主著の一冊、渾身の訳し下し。（笠井叡）

神智学
ルドルフ・シュタイナー
高橋巖訳

神秘主義的思考を明晰な思考に立脚した精神科学へと再編し、知性と精神性の健全な融合をめざしたシュタイナーの根本思想。四大主著の一冊。

いかにして超感覚的世界の認識を獲得するか
ルドルフ・シュタイナー
高橋巖訳

すべての人間には、特定の修行を通して高次の認識を獲得できる能力が潜在している。その顕在化のための道すじを詳述する不朽の名著。

自由の哲学
ルドルフ・シュタイナー
高橋巖訳

社会の一員である個人の究極の自由はどこに見出されるのか。思考は人間に何をもたらすのか。シュタイナー全業績の礎をなしている認識論哲学。

**ハーバート・スペンサーコレクション**
ハーバート・スペンサー
森村進編訳
自由はどこまで守られるべきか。リバタリアニズムの源流となった思想家の理論の核が凝縮された論考を精選し、平明な訳で送る。文庫オリジナル編訳。

**ナショナリズムとは何か**
アントニー・D・スミス
庄司信訳
ナショナリズムは創られたものか、それとも自然なものか。この矛盾に満ちた心性の正体を、世界的権威が徹底的に解説する。最良の入門書、本邦初訳。

**反解釈**
スーザン・ソンタグ
高橋康也他訳
《解釈》を偏重する在来の批評に対し、《形式》を感受する官能美学の必要性をとき、理性や合理主義に対する感性の復権を唱えたマニフェスト。

**声と現象**
ジャック・デリダ
林好雄訳
フッサール『論理学研究』の綿密な読解を通して、「脱構築」「痕跡」「差延」「代補」「エクリチュール」など、デリダ思想の中心的〝操作子〟を生み出す。

**歓待について**
ジャック・デリダ
アンヌ・デュフールマンテル序論
廣瀬浩司訳
異邦人＝他者を迎え入れることはどこまで可能か？ギリシャ悲劇、クロソウスキーなどを経由し、この喫緊の問いにひそむ歓待の（不）可能性に挑む。

**省察**
ルネ・デカルト
山田弘明訳
徹底した懐疑の積み重ねから、確実な知識を探り世界を証明づける。哲学入門者が最初に読むべき、近代哲学の源泉たる一冊。詳細な解説付新訳。

**哲学原理**
ルネ・デカルト
山田弘明／吉田健太郎／久保田進一／岩佐宣明訳・注解
『省察』刊行後、その知のすべてが記された本書は、デカルト形而上学の最終形態といえる。第一部の新訳と解題・詳細な解説を付す決定版。

**方法序説**
ルネ・デカルト
山田弘明訳
「私は考える、ゆえに私はある」。近代以降すべての哲学は、この言葉で始まった。世界中で最も読まれている哲学書の完訳。平明な徹底解説付。

**宗教生活の基本形態（上）**
エミール・デュルケーム
山﨑亮訳
宗教社会学の古典的名著を清新な新訳で。オーストラリアのトーテミスムにおける儀礼の研究から、宗教の本質的要素＝宗教生活の基本形態を析出する。

宗教生活の基本形態(下)
エミール・デュルケーム
山﨑亮 訳
「最も原始的で単純な宗教」の分析から、宗教を、社会を「作り直す」行為の体系として位置づけ、20世紀人文学の原点となった名著。詳細な訳者解説を付す。

社会分業論
エミール・デュルケーム
田原音和 訳
人類はなぜ社会を必要としたか。社会はいかにして発展するか。近代社会学の嚆矢をなすデュルケーム畢生の大著を定評ある名訳で送る。(菊谷和宏)

公衆とその諸問題
ジョン・デューイ
阿部齊 訳
大衆社会の到来とともに公共性の成立基盤は衰退した。民主主義は再建可能か? プラグマティズムの代表的思想家がこの難問を考究する。(宇野重規)

旧体制と大革命
A・ド・トクヴィル
小山勉 訳
中央集権の確立、パリ一極集中、そして平等を自由に優先させる精神構造――フランス革命の成果は、実は旧体制の時代にすでに用意されていた。

ニーチェ
ジル・ドゥルーズ
湯浅博雄 訳
〈力〉とは差異にこそその本質を有している――ニーチェのテキストを再解釈し、尖鋭なポスト構造主義的イメージを提出した、入門的な小論考。

カントの批判哲学
ジル・ドゥルーズ
國分功一郎 訳
近代哲学を再構築してきたドゥルーズが、三批判書を追いつつカントの読み直しを図る。ドゥルーズ哲学が形成される契機となった一冊。新訳。

基礎づけるとは何か
ジル・ドゥルーズ
國分功一郎／長門裕介／西川耕平編訳
より幅広い問題に取り組んでいた、初期の未邦訳論考集。思想家ドゥルーズの「企画の種子」群を紹介し、彼の思想の全体像をいま一度描きなおす。

スペクタクルの社会
ギー・ドゥボール
木下誠 訳
状況主義――「五月革命」の起爆剤のひとつとなった芸術＝思想運動――の理論的支柱で、最も急進的かつトータルな現代消費社会批判の書。

論理哲学入門
E・トゥーゲントハット／U・ヴォルフ
鈴木崇夫／石川求訳
論理学とは何か。またそれは言語や現実世界とどんな関係にあるのか。哲学史への確かな目配りと強靭な思索をもって解説するドイツの定評ある入門書。

ちくま学芸文庫

フーコー・コレクション　フーコー・ガイドブック

二〇〇六年十一月十日　第一刷発行
二〇二三年九月二十日　第十刷発行

著者　ミシェル・フーコー
編者　小林康夫（こばやし・やすお）
　　　石田英敬（いしだ・ひでたか）
　　　松浦寿輝（まつうら・ひさき）

発行者　喜入冬子
発行所　株式会社　筑摩書房
東京都台東区蔵前二―五―三　〒一一一―八七五五
電話番号　〇三―五六八七―二六〇一（代表）

装幀者　安野光雅
印刷所　明和印刷株式会社
製本所　株式会社積信堂


ISBN4-480-08997-7 C0110